죽음미학

일러두기

1. 옮긴이주는 *로 표시했다.
2. 인명, 지명, 도서명 등은 한글맞춤법, 외래어표기법에 의해 표기하는 것을 원칙으로 했으나,
   일부는 통용되는 방식으로 표기했다.
3. 성경 구절, 성경에 나오는 인명 등은 새번역 성경을 참고했다.

WHAT IS DEATH

죽음미학

양주이 楊足儀 지음 / 강은혜 옮김

(주)박이정

차례
What is Death

삶과 죽음에 관한 이야기 _ 6

제1장 죽음의 경이와 만나다
고대인의 불사신앙이 우리에게 전하는 것 _ 17   죽음을 발견하다 _ 30

제2장 사신이 내려오다
죽음을 맞이하는 심리 _ 37   죽음을 체험하다(임사) _ 44   고향으로 돌아가는 길 _ 49

제3장 죽음을 갈망하다
신의 고향은 어디인가? _ 63   천국의 유혹 _ 70   부활과 영생 _ 73

제4장 죽음에 대한 경시
평범한 사람은 죽음에 무관심하다 _ 83   철학가는 죽음에 초연하다 _ 87

제5장 죽음에 해탈하다
삶과 죽음의 고통 _ 109   괴로움에서 벗어나 즐거움을 누리다(이고득락) _ 115
불교의 이상 세계, 불국정토 _ 119

제6장 죽음을 초월하다
원시 신앙식 죽음의 초월 _ 125   문명 신앙식 죽음의 초월 _ 134   세속적인 죽음의 초월 _ 147

제7장 죽음을 예찬하다

죽음에 깃든 비극 정신 _ 157   죽음의 낭만을 노래하다 _ 165
죽음의 아름다움 _ 169

제8장 죽어서도 썩지 않는다

죽음의 가치는 무엇인가? _ 177   숭고함을 지닌 죽음 _ 184
삼불후 _ 189

제9장 죽음과 화해하다

귀신과 전쟁을 선포하다 _ 195   귀신과 화해하다 _ 206

제10장 죽음, 그 아이러니

거대한 죽음의 파도가 세상을 덮치다 _ 225
'죽음의 예술'이 우리에게 전하는 것 _ 234

제11장 죽음의 권리를 주장하다

스스로 죽을 권리, 죽음권 논쟁 _ 241   죽음권의 구조 살펴보기 _ 259
죽음권을 보호하다 _ 269

제12장 우리가 죽음을 학습해야 하는 이유

죽음의 선배들에게 죽음을 배우다 _ 277   죽음의 전례를 살피다 _ 285
존엄하게 죽을 권리, 안락사에 대한 논쟁 _ 295

삶과 죽음에 관한
이야기

모든 인간에게 죽음은 가장 확실하면서도 가장 불확실한 사건이다. 누구나 죽음을 맞이하지만 모두가 그것이 언제 닥칠지는 모르기 때문이다.

죽음, 영원히 풀리지 않는 수수께끼

죽음은 영원히 그 비밀을 풀 수 없는 수수께끼다. 아주 오래전부터 사람들은 하늘 끝에서부터 지하 황천까지 탐구했지만 죽음은 여전히 매우 넓고 넓어서 아득한 존재다. 하늘과 땅, 해와 달처럼 오래오래 살고 싶다는 소망에는 인간의 가장 달콤한 꿈이 반영된 동시에 가장 깊은 공포가 숨어 있다.

모든 생명에는 죽음이 있고, 삶의 마지막 여정을 죽음이라고 한다. 그렇다면 죽음이 정말 끝일까? 뭔가가 계속 남아 있지는 않을까? 죽음은 왜 생겨난 것일까? 예부터 위대한 사상가나 철학가, 문학가, 예술가는 물론이고 평범한 사람, 심지어 천민이나 범죄자까지 모두 같은 문제를 고민했다. 그리고 저마다의 답을 내놓았다.

죽음이 삶에서 가장 설명하기 어려운 질문인 것은 특유의 기이함 때문이다. 삶은 생명을 긍정하는 상태, 즉 생명이 있음을 의미한다. 반면에 죽음은 생명을 부정하는 상태, 즉 생명이 없음을 의미한다. 그런데 우리는 살아 있거나 죽어 있거나 둘 중 하나의 상태에만 속할 수 있다. 죽음을 논하는 사람들 중에서도 죽음을 직접 경험해 본 사람은 없다. 살아 있는 사람은 아직 죽지 않았으니 죽음을 모를 수밖에 없고, 일단 죽고 나면 다시는 말할 수 없으니 죽은 사람조차 죽음을 모르는 것과 마찬가지다. 그럼에도 죽음이 인생의 일부임은 부정할 수 없다.

죽음에 대한 해석 중 가장 오래된 것은 원시 신화다. 전 세계의 여러 원시 신화를 통해 고대인이 죽음의 존재를 인지했으면서도 대체로 죽음을 부정했음을 알 수 있다. 많은 원시 부족의 신화에서 인간은 불사의 존재나 각종 우연한 사건으로 죽게 된다. 악마의 소행이거나 불사의 선물을 가진 사자가 신의 뜻을 잘못 전달했거나 조상이 어리석은 선택을 했거나 죄를 저질렀거나 등등. 다시 말해 고대인은 모종의 방식으로 죽음을 부정하면서도 죽음의 이유에 대해서는 깊이 탐구하지 않았다.

과학이 발전하면서 사람들은 죽음이란 무엇인가라는 물음에 대해 치밀한 연구와 설명을 시도했고, 이 과정에서 의학, 법률, 도덕 윤리, 문화 등 여러 분야와 연결되었다. 오늘날에는 절대다수의 사람들이 병원에서 죽음을 맞기 때문에 과학적인 죽음의 정의 가운데 의학적인 정의가 가장 중요해졌다. 의학에서 생명과 죽음의 정의는 다음과 같다.

생명: ① 살아 있는 상태, 즉 신진대사, 생장, 번식, 환경에 대한 적응성, 동식물 기관의 기능이 완전한 상태. ② 유기체가 출생에서 사망에 이르기까지의 기간. ③ 생명체가 비생명체와 구별되는 특징.

죽음: 감수성과 반응성, 운동성, 호흡, 반사작용이 없고 뇌파가 정지된 상태.

현대 의학에서 죽음을 판단하는 기준은 뇌사 여부다. 1968년, '뇌 기능의 불가역적인 소실 상태'를 기준으로 한 세계 최초의 뇌사 기준이 제정된 이래 현재 전 세계 80여 개 나라가 뇌사를 입법한 상태다. 법률상의 사망 기준 역시 의학적 사망 기준을 기초로 한다. 메리엄 웹스터 사전에 따르면 생명은 동식물 또는 유기체가 존재하는 상태로, 동식물 또는 유기체는 자연 기능을 발휘하고 생리 운동을 완성하거나 그들의 기관으로 해당 기능을 실현할 수 있다. 이에 따르면 죽음은 생명이 끝나 더 이상 존재하지 않는 상태다.

이외에도 죽음에 대해서는 사회, 문화, 심리 등 여러 측면에서 바라본 다양한 해석이 존재한다.

죽음, 인생이라는 학교의 필수 과목

지금 우리가 죽음에 대해 이야기할 수 있는 것은 우리가 '살아 있기' 때문이다. 그런 우리도 언젠가는 죽는다. 누구나 맞닥뜨릴 수밖에 없는 것이 죽음이다. 우리가 죽음을 탐구하는 것은 인생의 의미와 가치를 깨달아 장엄하고도 태연하며 자연스럽고 편안하게 죽기 위함이다. 우리는 잘 살고 또 잘 죽는 법을 배워야 한다.

사느냐 죽느냐, 모든 인간은 꼼짝없이 이 갈림길에 놓인다. 삶이 있으면 죽음도 있다는 사실은 인간을 죽을 운명에서 벗어날 수 없게 만든다. 이것이 생존의 역설이다. 우리가 초월적인 존재라면 죽음을 두려워하지 않을 것이다. 반대로 보통의 동물이라면 죽음을 두려워할 줄 모를 것이다. 그러나 인간은 생리적인 육체와 자의식을 갖춘 유일한 존재이기에, 죽음을 인지하면서도 두려워할 수밖에 없는, 생존 딜레마와 생존 역설이 첨예하게 맞선다. 이것이 인간만의 독특한 운명을 만들어 냈다.

인생에서 삶과 죽음은 서로가 서로를 규정하면서도 전환된다. 따라서 삶을 이야기하는 것이 죽음을 이야기하는 것이고, 죽음을 이야기하는 것이 삶을 이야기하는 것이 된다. 유한한 인생에 영원하고 무한한 의미와 가치를 부여하는 것과 같으며, 결국 인생의 의미와 가치의 문제에 다다른다.

동양 철학 가운데 공자로 대표되는 유가는 살신성인과 사이불후死而不朽, 죽어서도 썩지 않는다를 적극 숭상했다. 노자는 사이불망死而不亡, 형체는 죽어

사원에 놓인 오색 경번(불교에서 사용하는 장식품*). 세계의 꼭대기에서는 영혼의 바람 소리를 들을 수 있다고 한다.

도 도는 사라지지 않는다을 이야기하며 죽어서도 잊히지 않는 사람이 장수하는 것이라 했다. 순자는 태어나는 것은 삶의 시작이고 죽는 것은 삶의 끝이라면서 시작과 끝을 잘 다스리는 것이 사람의 도리를 다하는 것이라고 했다. 반면에 서양 철학에서는 죽음을 예비하는 것이 자유를 예비하는 것이라고 말했다. 인간은 죽음을 향해 가는 존재기에 '죽음을 향한 자유'를 주장하는 존재다. 또 철학은 죽음의 연습이고 죽음은 철학적 영감의 수호신임을 강조했다.

철학자들의 죽음에 대한 사유는 그들이 죽음 앞에서 보여 준 태도에서도 드러난다. 데모크리토스는 자신의 두 눈을 멀게 만들고 단식으로 죽음에 이르렀다. 에피쿠로스는 따뜻한 물이 가득 담긴 욕조에 앉아 술잔을 들고 행복하게 죽음을 맞았다. 반면 소크라테스는 선을 위해 독주를 마시고 자살했으며, 친구에게 자기 대신 이웃에게 수탉 한 마리를 돌려주라는 부탁까지 남겼다. 무신론자 브루노는 종교 재판 앞에서 담담하게 외쳤다. "판결을 선포하는 너희가 판결을 듣는 나보다 더 떨고 있구나." 영원함을 갈구했던 쇼펜하우어는 자신의 묘비에 달랑 이름만 새기게 했다. 삶과 죽음을 직시했던 철학 대가들의 초연적인 태도와 죽음에 대한 깊은 깨달음은 그동안 인류가 얼마나 투철하게 죽음을 탐구해 왔는지를 보여 준다.

인간이 영원한 삶을 추구하며 끊임없이 창조해 낸 각종 신화神化 작업, 즉 종교, 신화, 서사시, 그리고 현대 과학 기술은 모두 인류의 생사와 관련 있다. 그러나 하나같이 죽음에 항거하고 헛된 운명을 부정하는 진실한 거짓말이다. 물론 나름의 중요한 의미를 지니지만 인간의 본성을 거스르는 시도였으며, 무엇보다 그 모든 노력에도 '죽음'의 존재를 없애지는 못했다.

삶에는 필연적으로 죽음이 존재한다. 따라서 삶의 의미를 탐구하려면 첫째, 죽음의 모든 과정을 이해해야 한다. 그래야만 삶의 소중함이 드러나기 때문이다. 죽음을 직시하고 죽음을 사색하는 것은 삶을 탐구하는 것과 같다. 둘째, 인생을 직시하고 삶과 죽음을 이해하며 죽음을 향해 살아야 한다. 어떻게 사느냐는 개인의 의지나 모든 사람이 생로병사의 과정을 살아간다는 점은 공평하다.

죽음은 두려움의 대상이 아니다. 죽음은 부드럽고 평온하다. 우리가 성숙한 자세로 삶과 죽음을 대하고 어떻게 죽을 것인가 배운다면 누구나 장엄하고도 당당하게, 자연스럽고도 평온하게 죽음을 향해 걸어갈 수 있을 것이다. 그러므로 죽음을 배워야 한다. 죽음을 배우는 것은 죽음을 알고 이해하는 것이며, 죽음을 가르치는 것은 사실상 삶을 가르치는 것이다.

죽음을 배우는 것은 네 가지 측면에서 이롭다. 첫째, 지식 측면에서 사람들이 죽음과 관련된 지식을 얻도록 도와준다. 둘째, 정서 측면에서 각자 죽음의 문제를 이해한 후 죽음에 대한 자신만의 생각과 태도를 정립할 수 있게 한다. 내면의 충돌과 죽음에 대한 공포를 어떻게 효과적으로 해결하고 처리할 것인가 등이다. 셋째, 행위 측면에서 죽음과 관련된 문제를 해결하는 기술을 습득해 관련 문제에 맞닥뜨렸을 때 적절하게 대응하게 한다. 언제 유언을 작성해야 하는지, 인생 계획에 죽음을 포함시켜야 하는지, 죽음 앞에서 감정을 어떻게 조절해야 하는지 등이다. 넷째, 가치 측면에서 죽음에 대한 정확한 가치관을 수립하게 한다. 삶과 죽음에 대해 정확한 자의식과 가치관을 수립하여 삶과 죽음의 문제를 이성적이고 논리적으로 사고함으로써 마음의 평안을 얻는 것이다.

오늘날 죽음의 수수께끼는 과학의 범주에서 연구 중이다. 종교, 문학, 예술은 물론이고 생물학, 의학, 심리학, 정치학, 법률학, 윤리학 등 여러 구체적이고 정확한 과학 분야에서 죽음을 연구한다. 정보 사회에 들어선 후로는 '죽음학'이라는 종합적인 신흥 학문이 등장할 정도로 현대 물리학, 환경 과학, 사회 심리학 등의 분야에서 죽음은 중요한 연구 주제가 되었다. 또한 철학에 대한 사람들의 관심이 높아지면서 '죽음 철학'도 탄생했다.

죽음 철학은 죽음이라는 사실과 현상을 전체적이고 전방위적이고 형이상학적으로 고찰한다. 이론적인 사유 방식으로 죽음의 필연성과

동물의 머리뼈. 이처럼 죽음은 편안하고 평화롭다.

우연성(불가피성과 회피 가능성), 죽음의 궁극성과 비궁극성(영혼의 소멸성과 비소멸성), 인생의 유한성과 무한성(죽어도 죽지 않는, 죽어도 썩지 않는), 죽음과 영생의 개체성과 집단성, 죽음의 필연성과 인생의 자유, 삶과 죽음의 배척과 융합 등 죽음과 관련된 여러 형이상학적인 문제를 탐구한다.[1]

죽음에 관한 다양한 문제를 탐구하고 정확한 죽음 교육을 실시하는 것은 우리로 하여금 삶과 죽음이라는 인생 중대사를 이해하고, 나아가 생명의 의미와 가치를 소중히 여기도록 해 준다. 이로써 삶은 더욱 충실해지고 목표가 뚜렷해진다. 그리고 우리는 건강하고 행복하게 살고, 침착하게 죽음을 맞을 수 있다. 살아서는 그 혜택을 누리고 죽어서는 돌아갈 곳이 있는 사람, 이런 사람이야말로 진정한 삶을 산다고 할 수 있다.

1. 돤더즈段德志, 《죽음 철학死亡哲學》 서문, 호북인민출판사, 1991

제 **1** 장

죽음의 경이와
만나다

What is Death

철학은 경이에서 비롯되었다고 할 수 있다. 고대 그리스의 철학자 플라톤은 "경이로움이 인류가 세상을 탐구하도록 촉진하면서 철학이 탄생했으니, 이는 신이 인간에게 선물한 최고의 혜택이다"라고 했다. 19세기 독일 철학자 칼 야스퍼스도 《지혜의 길Way to Wisdom》에서 "옛날이든 지금이든 사람들은 경이로움에 힘입어 철학적인 이치를 규명하기 시작했으며, 지금도 마찬가지다. 처음에는 분명하게 어려운 일에 경이로움을 느끼다가 점차 비교적 어려운 일을 설명해 나갔다. 해, 달, 별의 현상과 우주의 창조 같은 것들 말이다"라고 했다.

광활한 우주와 자연 앞에서 놀라움을 느낀 인류는 세상의 본질을 탐구하기 시작했다. 이에 철학 영역에서의 세계관, 본체론, 형이상학이 형성되었다. 한편으로는 덧없이 흘러가는 인생 앞에 곤혹감을 느끼며 생명의 의의와 가치를 탐구했고, 그 결과 철학에서의 생존론, 인생관과 윤리학이 형성되었다. 죽음 철학 역시 죽음과 죽음의 본성에 대한 인류의 의혹에서 탄생했다.

고대인의 불사신앙이
우리에게 전하는 것

What is Death

고대인에게 죽음에 관한 문제는 원시 종교,
신화와 긴밀하다. 그들은 영혼의 존재와 만물에 영혼이 있다는 관념
을 바탕으로 종교와 신화 형식을 통해 죽음을 배제하곤 했다. 원시적
인 죽음관의 가장 기본적인 특징은 죽음에 완강하게 반항하고, 죽음
을 확고하게 부정하는 것이다. 실제로 고대인에게 자연적인 사망을
상상하는 것은 불가능한 일이었다.[1] 원시 종교 신화가 관심을 두었던
것은 죽음이라기보다는 죽지 않는 '불사不死'였다. 즉, 신화는 곧 불사
에 관한 신앙이었다. 독일의 철학자 에른스트 카시러는 《인간이란 무
엇인가An Essay on Man》에서 "어떤 의미에서 모든 신화는 죽음 현상에 대
한 확고하고도 완강한 부정이라고 해석할 수 있다. 각각의 신화에 내
포된 생명의 파괴 불가능에 대한 일치된 감정은 지극히 강렬하고 끄

떡없어, 죽음이라는 사실을 부정하고 멸시하는 지경에까지 이르렀다"고 했다.

원시 종교 신화로 표현되는 원시 죽음관의 기본 관념은 두 가지다.

첫째, 죽음의 필연성을 부정한다.

고대인도 당연히 죽음을 접했다. 하지만 당시에는 모든 인간이 언젠간 죽는다는 인식이 없었다. 그들의 눈에 비친 죽음은 우연한 현상이었으며 따라서 필연적이지 않았다. 고대의 많은 신화는 각자의 방식으로 죽음의 기원에 답한다. 그리고 여기에는 죽음이 우연하게 발생한다는 고대인의 관념이 반영되어 있다. 이를 통해 그들이 인간은 원래 죽지 않는 존재며, 죽음은 피할 수 있는 대상이라고 생각했음을 알 수 있다. 그들에게 죽음은 특수한 사건이나 우발적인 사고로 인하여 발생하는 것이었다.

오스트레일리아, 중앙아시아, 시베리아와 북아메리카 지역의 신화에서 죽음은 창조주의 적인 악마가 가져온 황당한 일이었다. 인류의 조상이 저지른 단 한 번의 어리석은 선택으로 말미암아 죽음이 세상에 들어왔다는 것이다. 아프리카에 이에 관한 이야기가 전해진다. 신이 카멜레온을 불러 인간은 늙지 않고 오래오래 살 것이라는 말을 전하라 했고, 귀뚜라미를 불러서는 인간은 반드시 죽는다는 말을 전하라 했다. 그런데 카멜레온이 시간을 지체하는 바람에 귀뚜라미가 먼저 인류에게 신의 말을 전했고, 그때부터 죽음이 인간 세계에 들어왔다고 한다.

인도네시아의 신화에 따르면 세상이 갓 창조되었을 때 하늘과 땅

인류의 시조인 아담과 하와가 추방당하기 전까지 살았던 에덴동산.

사이는 매우 가까웠다. 당시 신은 인간에게 줄 선물을 밧줄에 묶어 땅
으로 보냈다. 하루는 신이 밧줄에 돌을 묶어 내려보냈는데 인간의 조
상은 다른 것을 원했다. 그러자 신은 바나나를 보냈다. 인간의 조상
은 기뻐하며 바나나를 받았다. 그때 하늘에서 신의 목소리가 들려왔
다. "너희가 바나나를 선택했으니 너희의 생명도 바나나처럼 언젠가
는 죽어 사라질 것이다. 너희가 돌을 택했더라면 너희의 생명은 돌처
럼 영원했을 텐데."

　《성경》의 〈창세기〉에도 죽음에 대한 원시적인 해석이 나온다. 어
느 날 교활한 뱀이 아담과 하와에게 신 몰래 선악과를 먹도록 유혹했
다. 아담과 하와는 유혹에 넘어갔다. 그 사실을 안 신은 뱀에게 평생
배로 기어 다니며 흙을 먹어야 하는 벌을 내렸다. 아담과 하와도 그때
부터 흙에서 태어나 다시 흙으로 돌아가야 했다. 이를 보면 기독교에
서 사람은 원래 불사의 존재였음을 알 수 있다.

둘째, 생명의 종극성을 부정한다.

고대 사회에서 죽음은 생명의 절대적인 끝을 의미하지 않았다. 이에 대한 신념이 매우 확고했는데, 몇 가지 측면에서 확인할 수 있다.

첫 번째로, 죽은 사람이 살아 있다는 것을 믿었다.

고대인들은 '죽음'이라는 단어를 지극히 제한적으로 사용했다. 주로 적에게나 부정적인 의미로 사용했으며, 자신의 부락에 긍정적으로 사용하는 일은 없었다. 일례로 고대 이집트 피라미드에서 발견된 기록에는 '죽음'을 뜻하는 상형문자가 없다. 대신에 죽음에 관한 확고한 부정과 반항을 뜻하는 상형문자들이 그 의미를 대체했다. 죽음은 부정적인 의미로 쓰이거나 적에게 사용하는 경우를 제외하고는, 한 번도 등장하지 않았다.

그들은 사람이 죽으면 일부가 영원히 남거나 다른 형식으로라도 계속해서 존재한다고 믿었다. 유령이나 영혼 또는 환생 등의 방법으로. 루퍼트 머독이나 카시러를 비롯한 여러 문화 인류학자들의 연구에 따르면 대부분의 고대인은 사람이 죽으면 유령으로 계속해서 존재하며 산 사람의 사회에 섞여 들어가거나 그도 아니면 또 다른 세상에서 계속해서 살아간다고 믿었다고 한다. 고대인에게 영혼과 교류할 수 있는 다양한 방식이 존재했음은 여러 사료를 통해 알 수 있다. 예를 들어 죽은 사람이 가까운 사이였을 경우에 망자의 영혼을 자신의 곁에 두고자 자신의 집에 망자를 묻기도 했다. 망자의 영혼이 집을 지키는 신이 됨으로써 그의 도움과 은혜를 받는다고 여겼기 때문이다.

중국의 조상 숭배 전통은 '죽은 자는 죽지 않는다'의 관념을 가장 잘 보여 주는 사례다. 카시러는 중국을 조상 숭배의 기준, 인류의 조상 숭배를 연구하는 표본으로 삼았다. 카시러의 저술인《인간이란 무엇인가》에는 "중국의 조상 숭배 전통에서 망자와 그 가족의 연결고리는 결코 끊어지지 않으며, 망자는 계속해서 자신의 권위를 행사하며 가족을 보호한다. 중국인에게 망자는 자연적인 수호신이자 악귀를 내쫓고 액운을 막으며 상서롭고 뜻하는 바를 이루어 주는 조왕신竈王神이다⋯ 가족 구성원들은 조상을 숭배함으로써 망자의 비호 하에 재산을 늘릴 수 있었다. 따라서 살아 있는 사람의 재산은 실제로는 망자의 재산이다. 이러한 재산은 살아 있는 자의 세상에 남겨지긴 하지만, 가부장 제도의 부권 권위에 따르면 조상이 곧 한 사람이 가진 모든 것의 물주다⋯ 따라서 우리는 양친과 조상 숭배를 중국인의 종교와 사회생활의 핵심으로 봐야 한다"는 구절이 나온다.

한편, 악인의 영혼이나 익사, 자살 또는 기타 방식으로 갑작스레 죽은 사람의 영혼은 악귀가 되어 사방을 배회하며 또 사람을 해친다고 봤다. 이때 산 사람은 망자의 영혼이 그가 생전에 살던 집 또는 인간 세상으로 되돌아오는 것을 막기 위해 갖은 방법으로 영혼을 자신으로부터 멀리 떼어 놓았다. 고대 인도나 미얀마, 인도 제도 등의 지역에서는 여성이 임신 또는 분만 중 사망할 경우 그녀의 영혼이 악귀로 변해 그의 남편과 가정을 괴롭힌다고 여겼다. 이러한 일들이 발생하는 것을 막기 위해 취한 비교적 온건한 방법은 망자가 죽은 곳에 못을 박는 것이었다. 망자의 눈이나 머리에 못을 박는 강력한 방법을 취하기도 했다. 경우에 따라 망자의 눈에 후춧가루 등을 뿌리고, 망자의

이집트 파라오의 무덤인 피라미드와 피라미드를 지키는 스핑크스.

관이 지나는 길에 장애물을 설치하거나 관 뒤쪽에 석회 가루를 뿌리기도 했다. 또 시신을 훼손하거나 눈을 가려 악귀가 길을 가지 못하게 방해하고, 집으로 돌아가는 길을 잃어버리게 만들었다.[2]

두 번째로, 죽음과 부활을 믿었다.

고대인들은 망자에게도 산 사람과 마찬가지로 감각이 있다고 여겼다. 망자는 여전히 사람의 의식과 욕망, 갈구를 가지며 심지어 특정 조건에서는 부활할 수도 있다. 고대 이집트인들의 영생과, 사신死神 신화와 신앙이 대표적이다. 그중에서도 오시리스 신화가 가장 중요하다.

아주 오래전에 오시리스라는 영웅이 살았다. 땅의 신인 아버지와 하늘의 신인 어머니 사이에 태어난 그는 농업과 식물의 생장과 풍년을 담당하는 신이었다. 반면 그의 동생 세스는 마음씨가 악독하여 형을 죽이고 왕위를 차지할 계략을 꾸몄다. 그러던 어느 날 세스가 연회

를 열고 오시리스를 초대했다. 연회 도
중 세스는 화려하게 치장한 커다란 상
자를 보여 주며 사람들에게 들어가 누
워 보게 했다. 누웠을 때 크기가 딱 맞
는 사람이 있다면 선물로 상자를 주겠
다면서 말이다. 여러 명이 상자에 몸을
뉘였지만 딱 맞는 사람이 없었다. 이윽
고 오시리스의 차례가 되었다. 그가 상
자에 들어가 눕자 세스와 공모자들은
얼른 상자 뚜껑을 닫아 잠그고 나일 강
에 던졌다. 오시리스의 부인이자 여동
생인 이시스는 오시리스가 살해당했다

이집트 신화에 나오는 죽음의 신 오시리스.

는 소식을 듣곤 시체를 찾아왔다. 하지만 세스가 오시리스의 시신을
열네 조각으로 잘라 각기 다른 곳에 버렸고, 이시스는 갖은 고생 끝에
다시 남편의 시신 조각을 찾아와 한곳에 묻었다. 이후 오시리스의 유
복자 호루스가 장성해 세스를 물리치고 아버지의 원수를 갚았다. 그
리고 이시스와 함께 오시리스의 시신 조각을 맞추어 미라로 만들었
다. 결국 오시리스는 신의 도움으로 인간 세상이 아닌 저승의 왕으로
부활해 망자를 심판하고 인간들을 보호하게 되었다. 그때부터 고대
이집트에서 사신 오시리스는 인자하고 선한 신이자 영생과 부활을 주
재하는 신으로 숭상을 받았다.

　고대 이집트인들은 망자의 부활도 믿었다. 사신을 신봉할 뿐만 아
니라 사람의 몸에 각종 영생의 요소, 즉 불사의 영혼이 들어 있다고

고대 이집트의 파라오였던 투탕카멘(기원전 1333~기원전 1323년에 재위)의 순금으로 만든 관(왼쪽)과 관의 머리 부분(오른쪽).

여겼다. 영생의 요소는 총 다섯 가지다. '바^{ba}'는 영원히 사는 것을 의미한다. 주로 사람의 머리를 한 새로 표현된다. 사람이 죽은 후에 치르는 제사 의식은 망자가 육신의 껍데기를 벗어나 천상계로 올라갈 수 있도록 도와주기 위함이다. '카^{ka}'는 사람이 태어났을 때부터 몸 안에 기거하는 신비한 분신으로, 인간을 보호하는 신이다. 사람과 동일한 모습으로 존재하다가 사람이 죽으면 카가 먼저 내세로 떠난다. 이집트인들이 무덤에 대량의 부장품을 넣는 이유가 바로 카가 사용해야 하기 때문이다. '이브^{ib}'는 심장이다. 감정의 핵심이자 개개인의 양심으로도 여겨지며 선악을 구분하는 능력이 있다. '아크후^{aakhu}'는 사람이 죽은 후 얻게 되는 신성하고 자연 초월적인 능력이다. '카트^{khat}'는 인체를 의미한다. 부패할 수 있으나 향유를 바르는 등 적당한 조치를 취하면 오랫동안 보존할 수 있었고 바, 카와 함께 죽은 후에도 영생을 얻을 수 있었다. 고대 이집트인들 사이에 미라 제작이 유행했던 근본적인 원인이 이것이다.

물론 다소 차이도 있지만 각 민족의 죽음과 부활에 대한 묘사는 상당히 비슷하다. 사실상 불사를 부정하고 영원한 생명을 추구했다

저승의 신이 심장의 무게를 재고 있다.

는 것이 모든 원시 부활 신화의 핵심 사상이다. '죽었다가 다시 살아
나는' 전형적인 신화의 주제는 바빌론, 시리아, 프리기아, 이집트 등
동방 민족과 에게해 연안 및 해상 제도의 민족 사이에 널리 이어져 내
려왔다. 고대 이집트의 부활 신화 외에도 중국의 형천 신화와 정위 신
화, 고대 그리스의 하데스와 페르세포네 신화, 인디언의 곰 인간 신
화, 바빌론 수메르의 이난나 신화 등은 각기 다른 방식으로 동일한 주
제를 말하고 있다. 생명은 영원하고 죽음은 잠시뿐이라는 것. 어떤 의
미에서 고대인들은 원시 종교 신화의 방식으로 죽음을 부정하고 배제
함으로써 죽음에서 승리했다고 할 수 있다.

세 번째로, 만물에는 영혼이 있다고 믿었다.
이는 고대인의 주요 관념이자 가장 기본적인 신앙이었다. 아주 먼
옛날 사람들이 자신의 신체 구조를 아직 모르던 시절에, 꿈에서 본 광

경에서 영향을 받아 다음과 같은 관념이 생겨났다. 생각과 감각은 육신의 활동이 아니라 해당 육신에 부여된 영혼, 즉 죽으면 육신을 떠나는 영혼의 활동이라는 것이다.[3]

고대인들은 직관적인 느낌과 꿈에서 본 모습을 바탕으로 꿈속에서 본 자신과 타인 또는 망자를 또 다른 존재, 즉 영혼이라고 봤다. 이렇게 되니 자신의 존재도 이중성을 띠었다. 생명과 의식이 있는 개체로서 실제로 존재하는 동시에 언젠간 육신을 떠나는 단독의 영혼으로도 존재하기 때문이다. 이러한 어렴풋한 의식은 모든 객체에까지 확대되었다. 사람들은 천둥번개, 날짐승과 들짐승, 산천초목, 일월성신 등에도 모두 영혼이 있다고 여겼다. 자연 사물과 자연의 힘 또한 인격화되었고, 이것이 점차 만물에는 영혼이 있다는 설로 굳어졌다. 이를 바탕으로 토템 숭배, 자연 숭배, 영물 숭배, 조상 숭배, 우상 숭배가 나왔으며 점차 원시적인 종교와 신화가 등장했다.

네 번째로, 죽음의 완전한 끊어짐을 부정했다.

고고학, 인류학, 민속학, 민족지학 등 여러 학문의 연구에 따르면 여러 사람의 시체를 한 무덤에 묻는 합장은 고대 원시 사회의 일반적인 매장 풍습이었다. 그 기원은 구석기 말 고분의 등장이다. 신석기 중기와 말기에 이르러 무덤의 형태, 크기와 부장품의 수량에 차이가 생겼고 점차 성대하게 장례를 치르는 풍습도 나타나기 시작했다. 당시 사람들은 사람이 죽으면 그가 생전에 사용하던 물건과 죽은 후 필요할 물건을 태우거나 무덤에 함께 묻었다. 망자가 또 다른 세계에서 사용할 수 있게 하기 위함이었다. 이것을 순장이라고도 부르는데, 물건이나 가축 또는 살아 있는 사람을 망자와 함께 매장해 망자의 명복을 비는 행위를 가리킨다.

다섯 번째로, 영혼의 불사를 믿었다.

고대인에게 영혼은 가장 보편적이고 주요한 관념이었다. 고대 그리스어에서 영혼은 psyche 또는 noos라고 썼다. psyche는 원래 폐 또는 호흡, 숨결을 의미했으나 후에 영혼, 정신, 신령이라는 의미로 바뀌었다. noos는 훗날의 nous로, 의식을 가진 정신을 의미했다. 영어에서 정신mind은 영혼soul에서 변형된 것이다. 이러한 변화는 선형 문자 B(가장 이른 시기의 그리스어인 미케네 그리스어 기록에 쓰인 음절 문자*)에서 시작해 솔론의 개혁에 이르러 완성되었다. 사실 고대 사회에서는 각 민족마다 영혼 관념이 존재했다.

이와 같은 신념 체계에서 영혼은 공기 또는 숨결과 같은 것으로 여겨졌다. 사람의 육체 안에 존재하며, 때로는 육체를 벗어나 자유롭게 공기 중에 떠다닐 수도 있다. 혹은 나무나 산, 들, 또는 각종 동물의 몸에 깃들 수도 있다. 고대인들은 산 사람의 육체와 시체가 명확히 다르다는 것을 알고 있었지만 죽음을 생명의 형식상의 전환이라고만 여기고, '죽은 사람이 살아 있다'는 것을 고집스레 믿었다.

영혼 신앙은 근본적으로 사람을 이중적인 존재로 만든다. 하나는 눈에 보이고 살아 움직이며 육체가 실재하는 사람, 다른 하나는 보이지 않고 형태가 없는 정신 또는 영혼의 사람. 이는 보고 만질 수 있는 실체적인 세계와 보이지 않고 만질 수 없는 정신적인 세계, 두 가지 세계의 존재를 믿는 것과 같다. 고대인의 사고방식으로는 이 세계의 체계를 자각적으로 파악하기란 불가능했기에 직관, 상상, 추측, 유추, 비유 등을 빌려 세계의 신비로움을 설명했다. 이를 보다 잘 파악하고 설명하기 위해, 솔 크립키와 퍼트넘이 말한 소위 '명명식'을 거행해 정신세계에도 이름을 붙였다. 그리하여 마음, 정신, 영혼 등 각양각색의 단어가 만들어졌다.

중국의 민간 신앙을 보면 영혼은 종종 신령 또는 귀신과 연결되어 있다. 귀신은 혼백의 개념에서 비롯된 것이며, 혼백은 천지의 기운을 상징한다. 혼魂은 양陽에 속하고 하늘에서 비롯되며, 정신을 가리킨다. 백魄은 음陰에 속하고 땅에서 비롯되며, 형체를 가리킨다. 혼백이 결합되면 살고 분리되면 죽는다. 사람이 죽으면 혼은 하늘로 돌아가 신이 되고, 백은 땅으로 돌아가 귀신이 된다. 신은 지위가 높은 귀신, 귀신은 지위가 낮은 신이라고 할 수 있다. 귀신에게는 신과 같은 엄청난 위력이 없다. 다만 사람은 죽은 후 모두 신이 되지는 않지만, 예외 없이 귀신이 된다. 사람이 죽으면 귀신이 되어 이승에서 저승으로 들어가고, 저승에서 고통을 받거나 복을 누리는 것이 아주 오래전부터 지금까지 이어져 오는 기본 신앙이다.

사람들은 죽음이 삶의 끝이라는 것을, 그래서 사람은 결국 허무로 돌아간다는 것을 믿지 않았다. 오히려 죽음 이후에는 또 다른 세계가 존재하며, 사람은 죽은 후 귀신으로 변해 그 세계로 들어간다는 것을 의식적으로 믿었다. 대량의 고고학 발굴 자료를 통해 알 수 있듯이 장례를 후하게 지내는 고대의 전통, 즉 시신과 함께 생산 도구, 생활용품, 금은보화, 동물, 살아 있는 사람 등을 최대한 많이 함께 매장하는 것은 망자에 대한 마음의 표현이자 망자가 땅 밑에서 그것들을 사용하리라는 믿음의 표현이었다.

영혼이 죽지 않는다는 관념은 고대 영혼 숭배의 핵심으로, 단순한 위로가 아니라 거역할 수 없는 운명이었다. 물론 고대인은 실제로 영혼이 존재하는지, 영혼과 육체의 관계는 어떠한지, 나아가 철학적인 측면에서 영혼의 특성과 본질은 무엇인지 설명할 수 없었을 것이다. 하지만 영혼 관념이 탄생함으로써 초기 인류의 꿈, 영혼, 육체, 삶, 죽음 및 인간과 외부 세계의 관계가 설명되었다. 이는 인류의 인식 발전 과정에서 반드시 거쳐야 할 단계였다. 사회가 발전하고 인류의 사고 능력이 향상됨에 따라 사람들은 이러한 단계를 뛰어넘어 죽음을 발견했다.

죽음을
발견하다

What is Death

원시 종교의 영혼 숭배에서 신령 숭배에 이
르기까지, 인간뿐 아니라 만물에 영혼이 있다는 믿음에 이르기까지,
자연신에서 인격신에 이르기까지, 다수의 신에서 단일신에 이르기까
지, 이 모든 과정에서 인간이 죽는다는 '사실'이 발견되었다. 철학적
인 측면에서 죽음의 발견은 죽음의 필연성 또는 불가피성과 종결성을
인식한 사건이다. 각기 구별되면서도 서로 영향을 미치고 연결되는
이 두 가지 인식이 확립되기까지는 매우 더딘 과정을 거쳐야 했다. 죽
음이 발견될 수 있는 각종 조건이 만들어짐과 동시에 원시적인 죽음
관념이 무너지면서 인간이 죽는다는 사실은 점차 확실시되었다.

사회 발전사 측면에서 죽음의 발견은 인류의 사회생활과 사회 기
본 제도가 발전한 결과다. 오늘날 '원시 사회'라고 하면 우리는 자연

스럽게 돌아가거나 겪어볼 수 없는 특정 사회의 기본 특징을 떠올린다. 이것은 대량의 역사 자료와 각종 과학 연구를 바탕으로 도출한 과학적인 판정이다.

다음 몇 가지 사실은 죽음이 발견되는 역사적 기반을 마련했다.

첫째, 원시 사회에서 인간은 집단생활을 했는데, 이것이 개인을 몰살하고 사람의 개체성을 묻어 버렸다. 생산 능력이 지극히 낮아 개인의 힘만으로는 외부로부터의 위협을 막을 수 없었기 때문이다. 이에 고대인의 가장 본질적인 속성이 집단성이 되었다. 개인은 아무것도 아니었다. 개인의 수요와 역량이 집단생활에 묻히면서 무개인성이 특징인 원시적인 심리가 형성되었다. 이와 함께 초월적인 영혼 개체에 대한 숭배와 신앙이 생겨났다. 여기서 초월적인 영혼 개체는 바로 씨족 또는 부락 집단의 불사의 수호신을 가리킨다. 원시 사회에서는 각 씨족 또는 부락마다 죽지 않는 신령이 있었고, 부락의 수장이 교체됨에 따라 계속해서 존재했다. 이것이 '원시 집단 공유 제도에서 생겨난 집단 불사의 신념'[4]이다. 이는 고대인이 죽음의 필연성과 불가피성을 부정했던 중요한 근거다.

둘째, 가부장제 가정이 등장하기 시작하면서 조금씩 개인이 중요해졌다. 부계 씨족 집단의 등장, 특히 새로운 사회 구조 단위인 가부장제 가정의 등장으로 집단 속에 묻혀 있던 개인이 가정 구조에서 없어서는 안 될 중요한 구성원으로 떠올랐다. 혈연으로 이어진 기본적인 사회 기본 구조에서 각 가정 구성원의 역할은 매우 분명해졌으며 가정에서의 개인의 역할도 중요해졌다. 초월적인 영혼 개체에 대한 신앙이 약화되고 나아가 붕괴에까지 이른 근본적인 원인이 바로 여기에 있다.

셋째, 사회 분업이 시작됨으로써 개인의 역량이 두드러졌다. 사회 분업이란 사회가 구획화, 독립화, 전문화되면서 인류가 다양한 노동에 종사하게 되는 현상으로, 생산력이 발전하면서 서서히 형성되었다. 원시 사회 후기의 씨족 부락 공동체 가정에는 자연스러운 분업이 존재했다. 그러다 생산력이 발전하고 인구가 증가하며 씨족 간 교류가 확대됨에 따라 분업의 범위도 끊임없이 확장되었다. 하나의 씨족 내부에서 이루어지던 분업은 다른 씨족이 종사하던 다른 영역에까지 이르렀다. 자연히 씨족 관계는 점차 상호 의존 관계가 있는 생산 관계로 변화되었다. 이러한 과정에서 사회 분업이 형성되었다. 이를테면 동물을 길들여 젖과 고기 같은 식재료를 얻는 부락은 기르는 가축의 규모가 커지면서 주로 목축업에 종사하는 유목 부락이 되었다. 이와 달리 주로 농업 생산에 종사하는 부락도 생겨났다. 이런 식으로 인류 역사상 최초의 대규모 사회 분업, 즉 목축업과 농업의 분리가 나타났다. 사회 분업은 사회 구성원들 사이의 긴밀한 생산 협력은 물론이고, 각자 자신의 능력과 특기를 충분히 발휘할 것을 요구한다. 사회 분업이 발전함에 따라 각각의 개인이 점차 중요시되기 시작했다. 반면에 불사의 수호신은 점차 영향력이 희미해졌다.

인류의 인식 발전사 측면에서 살펴보면 죽음의 발견은 인류의 인식 능력, 특히 추상적인 사고 능력이 발달함에 따른 필연적인 결과라 할 수 있다. 앞서 설명했듯이 과학, 철학, 종교 등 인류의 모든 지식은

'놀라움'에서 기인한다. 드넓은 우주, 변화무쌍한 자연, 쉽게 사라지고 마는 인생, 즉 칸트가 가장 경외했던 별들의 우주와 인간의 내면세계는 영원히 풀리지 않는 수수께끼를 남겨 주었다. 이것을 하늘에 대한 질문과 마음에 대한 질문이라고 해 보자. 드넓은 하늘과 우리 내면의 우주에 끊임없이 질문을 던지다 보면 우주와 자연에 대한 깊은 경외심과 숭배심이 생겨난다. 이러한 경외심과 숭배심은 주로 감정적인 감성형과 냉정한 이성형, 두 가지 형태로 드러난다. 이윽고 시간이 흐른 후 전자는 굳어져 종교가 되었고 후자는 철학과 과학으로 승화되었다.

사실 원시 종교 신화와 원시 과학(자연 과학)은 발생학적으로 기원이 동일하기에 과학과 종교, 신화는 서로 떼려야 뗄 수 없이 깊숙이 얽혀 있다고 하겠다. 최초의 신화, 무속, 종교, 과학 사이에는 뚜렷한 경계가 존재하지 않았다. 심지어 원시 과학이 무속, 신화, 원시 종교 형태로 표현되었다고 해도 무방하다. 인류의 경험과 지식은 이러한 신비로운 활동 속에서 형성되었다. 의술과 무속이 분리되며 의학이 탄생했고, 점성술로부터 천문학이 탄생했으며, 연금술로부터 화학이 발생했다.

이런 측면에서 신앙과 이성이라는 두 가지 방식은 자연 본체에 대한 경외와 숭배의 면에서 서로 분리되기 어렵다는 것을 알 수 있다. 전자가 지배적일 때는 감정적인 신앙이 되며, 후자가 지배적일 때는 이성적인 신앙인 철학과 과학의 신앙이 된다. 역사와 논리의 발전 과정을 보면 초기로 올라갈수록 신앙과 이성은 서로 구분하기 어려울 정도로 뒤섞여 있다. 현대에 가까워질수록 이들의 차이는 커졌으며,

이는 인류의 인식 수준 재고 및 과학 발전과 궤를 함께했다.

종합하면 신화와 무속, 원시 종교는 고대인의 정신생활 공동체를 이루었다. 인류의 인식 능력이 높아지면서 인간이 느낄 수 있는 비교적 확실한 현상은 지식으로 쌓여 과학이 되었다. 느낄 수 있으나 설명하기 어려운 것 또는 계속해서 변화하는 신비한 현상은 종교로 발전했다. 따라서 인류 역사의 초기로 거슬러 올라갈수록 종교는 주도적인 지위에 있었으며, 과학과 철학 등은 갖가지 신비롭고 터무니없는 종교 관념 속에 누적되며 성장해 왔다.

죽음이 발견된 것은 원시 사회 후기에 이르러 사회가 위에서 언급한 여러 필요조건을 갖추었을 때다. 인류는 그제야 비로소 자신이 죽는다는 것을 진정으로 깨달았다. 그리고 전과는 다른 새로운 사고방식, 즉 철학의 방식으로 죽음을 이성적으로 사고하기 시작했다.

W h a t   i s   D e a t h

1. 레비 브륄, 《원시인의 정신세계La mentalité primitive》, 상무인서관, 1986, p. 269

2. J. G. 프레이저, 《악마의 변호사The Devil's Advocate: 미신을 위한 변호》, 동방출판사, 1988, pp. 128-131

3. 마르크스, 엥겔스, 《마르크스 엥겔스 선집》(제4권), 인민출판사, 1995, p. 23

4. 돤더즈, 《죽음 철학》, 호북인민출판사, 1991, p. 32

제 2 장

사신이
내려오다

What is Death

노년은 생명의 끝이 얼마 남지 않은 시기다. 죽음이 손에 잡힐 듯 가까운, 생의 마지막을 앞둔 인간은 사신이 문을 두드릴 때 어떤 반응을 보일까?

죽음을
맞이하는 심리

W h a t   i s   D e a t h

절대다수의 사람에게 죽음은 괴롭고 슬픈 일이다. 미국 듀크 대학 연구 팀이 60-94세 노인 140명을 대상으로 얼마나 자주 죽음을 생각하는지 조사했다. 그 결과 49퍼센트의 노인들이 매일 최소 한 번 이상이라고 답했다. 20퍼센트는 일주일에 한 번 정도, 7퍼센트는 그보다 자주 죽음을 생각하는 것으로 나타났다. 생각해 본 적이 없다고 답한 이는 5퍼센트에 불과했다. 죽음을 생각하는 빈도는 개인의 연령, 건강 상태, 심리 소양 등에 따라 달랐다.

많은 심리 조사 결과에 따르면 노인들은 죽음이 그다지 두렵지 않다고 말하면서도 마음속엔 어느 정도 죽음에 대한 두려움이 존재해, 늘 다양한 방식으로 죽음의 도래를 거부하고 있다고 한다. 일반적으로 살고자 하는 본능과 의지는 죽음에 임박한 사람조차도 자신의 얼마 남지 않은 생명을 위협하는 갖가지 장애물을 피하게 만든다. 소용 없는 일인 줄 알면서도 생명을 유지하기 위해 힘겹게 애쓰는 것이 인간의 본성이다.

정신 분석학자 프로이트의 분석에 따르면 사람은 타인, 특히 자신에게 그다지 우호적이지 않거나 상관없는 사람이 죽으면 잠재의식 속에 일종의 유쾌한 감정이 생긴다고 한다. 반면, 자신의 죽음에 대해서는 본능적으로 부정하거나 죽음이 자신과 아무 상관없는 일이라고 생각하는 경우가 흔하다. 이와 같은 이유로 사람들은 죽을 날이 다가온다는 것을 뻔히 알면서도 죽음을 언급하는 것을 금기시하며, 다른 사람의 죽음을 언급할 때는 습관적으로 죽음의 우연성을 강조하곤 한다.

미국 정신과 전문의 주디스 와이스먼은 임종을 앞둔 환자의 심리 변화에 대한 임상 연구를 실시해 임종 과정의 3단계 이론을 제시했다. 1단계는 부정이다. 처음에 환자는 자신이 곧 죽는다는 사실을 부정한다. 죽음의 결과를 극도로 부정하면서 자신에게는 기적이 나타나리라 기대한다. 이는 죽음에 대한 명확한 거부이자 죽음을 부정하는 심리다. 2단계는 반쯤 자각한 상태다. 일정한 시기가 지나 병세가 악화되면 환자의 심리도 미묘하게 변화하여 모순적인 상태에 놓인다. 자신이 죽을지도 모른다는 것을 알면서도 사실을 받아들이고 싶지 않기에 희망의 끈을 놓지 않는다. 이 시기에는 자신의 병세를 객관적으로 알고 싶어 하면서도 진실을 마주하기 두려워하는 모순적이고 괴로운 심리를 보인다. 3단계는 수용이다. 자신의 실제 병세를 파악하고 죽음을 피할 수 없다는 사실을 확인한 후, 하는 수 없이 죽음을 기다리는 상태다.

죽음을 앞두고서 나타나는 이와 같은 개인의 심리 변화는 죽음에 대한 인류 전체의 의식 변화를 압축해서 보여 준다. 생명이 있는 모든 유기체가 본능적으로 삶을 탐하고 죽음을 두려워한다면, 우리는 더욱 자각적으로 삶을 사랑하고 죽음을 경외해야 한다. 삶과 죽음에 대한 역설적인 사고와 자각을 통해 죽음이 살아 있는 시간을 소중하게 만들어 준다는 것을 더욱 실감할 수 있기 때문이다.

인류는 종교, 도덕, 사랑, 부모, 가정, 권위, 사상, 예술, 과학 등 '삶'에 유익한 모든 것을 이용하고 만들어 냈다. 그리고 이것들의 힘을 빌려 모종의 '신화화 작업'[1]을 실시함으로써 영원을 추구하고 죽음이라는 황당한 운명을 부정하고자 했다. 초기에 인류는 영혼과 만물에 영혼이 있다는 의식을 바탕으로 원시 종교나 신화의 형식으로 죽음을 거부했다. 그러다 체계적인 종교가 등장하자 인간의 불사성은 무소불위의 '신', 즉 조물주와 연결되었다. 신은 세상을 초월해 인간의 생사와 여러 가지 일들을 결정하며, 신이 창조한 인간은 죽은 후 다시 신에게로 돌아간다. 이렇게 인간의 불사성은 인간과 신이 하나로 합쳐지는 방식으로 완성되었고, 만족스러운 가치관을 구축한 인간은 두려움과 불안함을 떨치고 안정을 얻었다. 인간이 죽은 후 극락으로 들어가 신과 함께 지낼 수 있게 되면서 죽음이라는 두려운 숙명은 신에게로 돌아가는 형이상학적이고 신성한 과정이 되었다. 세속에서의 삶은 그저 잠시 머무르는 가상 또는 환상이었다. 죽은 후에야 영생을 얻으니 죽은 후의 영혼의 존재야말로 본질이었다. 그리하여 삶과 죽음은 각자의 이면을 향해 나아갔다.

이러한 가치관을 바탕으로 사람들은 현생의 삶은 고난이며 죽음을 통해 고통스러운 인생에서 벗어날 수 있다고 여겼다. 삶을 혐오하며 죽음을 예찬하는 태도는 중세 유럽의 종교 신학에서 찾아볼 수 있다. 성 아우구스투스, 토마스 아퀴나스, 마틴 루터는 이렇게 충고했다. 전지전능한 하느님을 믿어야 죄의 사함을 받고 부활하여 신과 함께 영생을 누릴 수 있다고 말이다. 현대에 생겨난 여러 사이비 종교도 하나같이 영혼은 죽지 않으며 천국에 들어가 행복을 누려야 한다는 말로 사람들을 현혹한다.

근대 이전의 인류가 세력이 미약해 종교 신화에 의지하는 방식으로 죽음에 저항했다면 과학 기술로 무장한 현대 인류는 과학에 의지해 죽음에 저항한다. 과학 기술의 신속한 발전으로 엄청난 세속적 혜택을 누리게 됨에 따라 인류의 생존 방식에도 거대한 변화가 생겼다. 먼저 인류의 자의식이 크게 각성되면서 주체성도 지극히 강해졌다. 삶의 에너지도 전에 없이 발산, 발휘되었다. 사람들은 더 이상 천국이나 신, 내세를 바라보지 않고 현세에 주목하기 시작했다. 현실 생활을 어떻게 하면 더욱 풍족하고 아름답고 충만하며 가치 있게 살 것인가를 중시하게 되었다. 지금의 삶을 잘 살자는 것이다. 오늘날 바이오 기술 같은 과학 기술은 인류가 자각적으로 삶을 확증하고 죽음을 배척하고 있음을 보여 준다.

기나긴 인류 역사상 죽음에 항거하고 죽음을 초탈하기 위해 등장했던 무수히 많은 방식은 상당한 차이가 있긴 해도 대부분이 터무니없는 운명을 부정하고 영원한 방어 기제와 신화화 작업을 추구했다. 궁극적인 존재에게 삶과 죽음의 문제를 안심하고 의탁한 것이다. 궁극적인 존재는 영원히 사라지지 않는 신, 민족, 하늘과 땅이거나, 저절로 존재하는 도道일 수도 있고, 영생불멸의 이상적인 열반 상태일 수도 있다. 이런 것들은 모두 인류가 궁극적으로 돌아가야 할 곳이자 의지할 장소다. 그뿐만 아니라 인류의 삶에 신념과 이상을 부여하고 생활의 의미와 가치를 확립하며 세상을 궁극적으로 설명한다.

모든 것을 잃었을 때 우리가 달려가야 할 죽음의 고향은 어디에 있을까? 천국으로 올라갈까, 지옥으로 떨어질까? 누구나 따스하고 고요한 최후의 귀착점이 있기를 바랄 것이다. 인생의 여정을 마치고 죽음을 눈앞에 둔 사람들은 공통적으로 강렬한 회귀감을 느낀다. 어떤 삶을 살았는지 상관없이 일단 나이가 들면 가장 걱정하는 것은 혹시라도 타향에서 객사해 영원히 구천을 떠도는 외로운 영혼이 되지 않을까 하는 점이다. 그래서 고향으로 돌아가 먼저 세상을 떠난 가족 곁에 묻히는 게 거의 모든 사람의 소망이자 대부분의 민족에게서 공통적으로 보이는 심리적 경향이다.

중국의 죽음 관념에 따르면 사람은 죽어서도 생전의 친구를 만날 수 있고, 귀신 세계에도 인간 세계와 마찬가지로 은원 관계가 존재한다. 따라서 살아 있을 때 헤어졌더라도 죽은 후의 인연을 기대할 수 있다. 주나라 이후로는 타향에서 객사한 사람이 있으면 그의 친족이 유해를 고향으로 옮겨 와 장사 지내는 것이 일반적인 풍습으로 자리 잡았다. 전국 시대의 초나라 회왕이 진나라에서 객사하자 진나라 사람들은 그의 유해를 초나라로 보내 안장했다. 전장에서 죽은 병사들은 보통 관으로 수습되어 고향으로 보내졌다. 이처럼 옛사람들은 나라를 위해 죽은 장수들이 고향에 돌아와 묻히는 것을 자랑스럽게 여겼다. 범죄

자라고 할지라도 고향 땅에 묻히는 것이 허락되었다. 위나라에서 반란을 일으킨 장수 문흠이 죽자 그의 아들은 문흠의 시신을 소달구지를 이용해 고향 땅으로 운구하여 장사 지냈다.

기독교에서는 죽음을 '신의 부름'이라고 설명한다. 이는 승천한 사람에 대한 이야기다. 신의 곁으로 돌아가 신의 비호를 얻는 것은 잠재의식적인 죽음의 귀속 심리를 보여 준다. 고대 히브리인들의 죽음 관념에서도 강한 회귀 의식을 찾을 수 있다. 그들은 죽음을 조상에게로 돌아가는 과정이라고 여겼다. 《성경》에는 '아브라함이 평안히 조상에게로 돌아갔다'는 구절이 나온다. 이렇게 죽음을 조상의 곁으로 돌아가는 것으로 묘사하는 방법은 그냥 '죽는다'라고 쓰는 것보다 훨씬 정감 있고 심리적인 위안을 준다. 중국에서는 '고향으로 돌아간다'라는 말로 표현되는데, 마찬가지로 일종의 심리적인 소망이 담겨 있다.

자세히 따져보면 귀속 심리가 나타나게 된 근본적인 원인은 죽음에서 비롯된 고독감과 허무함에 대한 공포다. 죽음은 모든 것을 잃는다는 것을 의미한다. 가족, 친구, 우정, 사랑, 재산, 나아가 세계 전부를 잃는다. 남는 건 거대한 허무. 두려움과 불안으로 가득한 드넓은 세계에서 사람들은 의지할 곳 없이 고독과 처량함을 느낀다. 죽음은 마치 자신도 모르는 목적지를 향해 하염없이 홀로 외로이 나아가는 것과 같다. 귀속 심리는 바로 이러한 고독으로 말미암은 불안을 해소하기 위해 만들어진 일종의 심리적 방어 기제다.

귀속 심리의 최종 목적지는 조상에게로 돌아가는 것이다. 즉, 조상의 땅으로, 자신이 태어난 대지로 돌아가는 것. 생명의 신과 대지의 신은 여기서 하나가 된다. 고대 신화 중 창세 신화는 신화 가운데서도 가장 보편적인 주제를 다룬다. 여러 민족의 창세 신화를 보면 인류의 탄생은 대지와 연결되어 있다. 신은 진흙으로 인류를 만들었다. 어쩌면 식물이 땅에서 자라나는 것을 보고 연상했던 것일 수도 있다. 망자를 땅에 묻어 대지로 돌려보내려는 심리는 여기서 비롯되었다. 사람이 죽으면 시체를 땅에 매장하는 것이 전 세계적으로 가장 보편적인 장례 형식이 된 것도 어렵지 않게 이해할 수 있다. 사람들의 잠재의식에서 죽음은 위대하고 광대한 대지 또는 조상의 땅으로 돌아가는 것이기 때문이다.

여러 민족의 신화에서 대지의 신은 생명의 신이자 죽음의 신으로 표현되는 경우가 많다. 하늘의 아버지와 땅의 어머니가 교접하여 생명이 탄생했다는 것도 흔하게 볼 수 있는 신화의 주제다. 대우주의 생명은 끊임없이 순환한다. 《역경》이 강조하는 '천지의 큰 덕은 생이다', '생하고 또 생하는 것을 역이라 한다'와 같은 맥락이다.

호메로스는 서사시에서 대지의 어머니 신을 이렇게 찬양했다.

뿌리가 깊고 단단한 만물의 어머니
대지여, 당신을 위해 노래합니다.
대대손손 영광을 누리며 당신을 의지해 살아갑니다….
사람의 생명은 모두 당신으로부터 비롯되었으니,
죽음도 당신의 손에 달려 있습니다….

죽음을
체험하다(임사)

What is Death

죽음의 고향으로 향하는 과정은 어떤 것일까? 누구도 죽음을 경험하거나 체험할 수 없기 때문에 이것은 영원한 난제다. 최근 서양의 일부 학자들은 소위 빈사 상태 연구에 몰두 중이다. 현대 정신 의학에서 말하는 임사 체험Near Death Experiences, NDE이 바로 그것이다. 미국의 철학자이자 의학 박사인 레이몬드 무디가 《삶 이후의 삶Life after Life》에서 지칭한 이러한 현상은 죽음에 임박했을 때 죽음에 대한 공포 때문에 생긴다고 하지만, 아직 과학적으로 명확하게 밝혀진 것은 없다.

일찍이 고대 그리스의 철학자인 플라톤도 《국가》에서 임사 체험의 한 사례를 소개한 바 있다.

에르라는 그리스 병사가 전우들과 함께 전장에서 사망했다. 그의 고향 사람들이 전사한 병사들의 시신을 수습하는 중 에르의 시신을 발견했다. 다행히 에르의 유해는 온전했고 부패 정도가 심하지 않았다. 그런데 사람들이 그의 시신을 옮겨 화장 준비를 하고 있을 때 에르가 기적적으로 다시 살아났다. 에르는 자신이 죽은 후에 보고 들은 모든 것을 사람들에게 이야기했다. 에르의 영혼은 몸을 빠져나와 하늘로 떠올랐고, 전사한 다른 병사들의 영혼과 함께 신비로운 곳에 도착했다. 많은 영혼이 캄캄한 통로 앞에 모여 있었다. 그 통로는 또 다른 세계로 통하는 유일한 통로이자 영혼의 심판 장소였다. 신은 그곳에 모인 각 영혼에게 공정한 심판을 실시했다. 신이 예리한 눈동자로 심판받는 영혼을 바라보면 그 영혼이 인간 세계에서 행한 모든 것이 눈앞에 펼쳐지며 공정한 심판이 이루어졌다. 신은 에르를 심판하지 않고 인간 세계로 돌아가 사람들에게 영혼 세계의 모습을 알리라고 했다. 착한 마음으로 선을 행하면 오래 살 수 있다고 말이다. 그러나 에르는 자신이 어떻게 자신의 몸으로 되돌아왔는지는 알지 못했다.

심리학자 융도 자신의 임사 체험을 《기억, 꿈, 사상Memories, Dreams, Reflections》에 소개했다. "1944년 일이다. 나는 심장 발작으로 죽음의 경계에 들어갔다. 엄청난 고통이 느껴졌다. 나는 육신을 빠져나와 공중 1천 미터 높이까지 떠올라 밑을 내려다봤다. 울긋불긋한 지구가 보였다. 지구의 형상, 지구의 색, 사막, 바다, 대륙, 얼음으로 뒤덮인 히말라야 산이 눈에 들어왔다. 지구의 영기와 지구가 발산하는 빛도 볼 수 있었다. 여전히 고통스러웠지만 과학 종사자로서 강렬한 만족감을 느꼈으며 매우 흥분되었다. 내가 사원으로 날아 들어갔을 때, 어디선가 인간 세계에서 했던 모든 것과 욕망을 버리고 정결한 몸으로 왔다가 정결한 몸으로 가라는 소리가 들렸다. 나의 뇌와 몸은 한 겹 한 겹 깨끗이 벗겨졌으며 세상사에 초탈해지면서 매우 가벼워졌다. 갈망도 사라졌다. 나는 우주와 대화하는 과정에서 새로운 계시를 얻었고 새로운 목표와 가치관이 생겼다. 나는 공중을 자유롭게 떠다녔다. 마치 우주의 자궁 속에서 안전하게 잠든 것 같았다. 끝없이 펼쳐진 허무 속에서 강렬한 행복감이 들었다. 나는 이것이 영원한 행복이라고 생각했다. 이루 형용할 수 없이 신비로웠다."

융은 자신이 다시 인간 세계로 돌아가야 한다는 것을 알고 오히려 마음이 무거워졌다. 그는 그 후 몇 주 동안 계속 빈사 상태에서 아름다운 체험을 했고, 임사 체험을 회상하면서 다른 사람이 어떻게 생각하든 그런 일은 확실히 있다고 주장했다. 또한 직접 경험한 것을 근거로 내면 깊은 곳에서부터 임사 체험을 이해하게 되었다고 했다.

서양에서 임사 체험을 최초로 연구한 사람은 19세기 스위스의 지리학자 알베르트 하임이다. 등산을 좋아했던 그는 등산 중 여러 번 미끄러져 중상을 입었고, 그 과정에서 수차례 임사 체험을 하면서 임사 체험 연구에 흥미를 느꼈다. 그는 25년간 각종 임사 체험 사례를 수집, 정리, 분류해 임사 체험자의 임사 체험에는 명확한 역설이 존재한다는 결론을 내렸다. 인류 역사상 최초의 발견이었다.[2]

1970년대 이후로 임사 체험자의 수가 꾸준히 늘어나면서 사회적으로도 임사 체험이 주목받았다. 이에 세계 각국의 학자들 사이에서 임사 체험 연구가 전에 없이 활발하게 이루어졌다. 특히 미국을 비롯한 서양의 학자들은 다양한 각도와 분야에서 심도 있고 세밀한 연구를 실시했다. 그 결과 임사 체험에 관한 자료가 대량으로 쏟아져 나왔다.

레이몬드 무디는 임사 체험자 150명의 사례를 연구했다. 그들이 임사 체험을 하게 된 정황은 매우 다양했으며, 체험자의 민족 문화 및 개인의 소양도 제각각이었다. 그러나 임사 체험자가 설명하는 임사 체험 경험에는 간과할 수 없는 유사성이 존재했고, 통계학적 규칙성과 일치성이 있었다.

첫째, 자신의 삶을 돌아본다.

둘째, 터널을 통과하는 듯한 느낌이 있다.

셋째, 자신의 몸이 낯설게 느껴진다.

넷째, 제3자처럼 자신을 객관적으로 보게 된다.

다섯째, 몸에 이상한 느낌이 있다.

여섯째, 가족이 낯설게 느껴진다.

일곱째, 마치 어떤 것과 융합되고 있는 느낌이 든다.

전문가들은 자살 미수자의 임사 체험과 응급 처치 후 되살아난 환자의 임상 진술을 바탕으로 죽음에 임박했을 때의 심리 변화를 다섯 단계로 나누었다.

1단계: 차분하고 홀가분한 느낌이다.

2단계: 자신이 몸 밖으로 빠져나가는 것이 느껴진다.

3단계: 블랙홀을 통과한다.

4단계: 친지, 친구들과 만난다.

5단계: 우주와 하나로 융합된다.

임사 체험의 존재가 알려진 후로 사람들은 저마다 다른 각도에서 이를 연구하고 해석하고자 했다. 원인에 대해서는 의견이 분분하다. 임사 체험이 질식 때문에 생겨난 죽음에 대한 환상이라고 주장하는 과학자가 있는가 하면, 사람이 죽을 때 대뇌에서 분비되는 과량의 화학 물질이 일으키는 기묘한 환각이라고 주장하는 사람도 있다. 혹자는 인도 요가로 임사 체험을 해석하여, 임사 체험 심리 변화의 5단계가 요가 수련에서 말하는 쿤달리니 각성 상태와 비슷하다고 주장한다.

임사 체험을 믿는 사람과 믿지 않는 사람들은 팽팽히 대치한다. 임사 체험을 부정하는 사람들은 소위 과학적인 입장에서 근거를 인용하지만, 임사 체험을 믿는 사람들은 과학의 설명을 거부한다. 사실이야 어떻든 임사 체험은 사람들의 생활과 밀접하게 연관되어 있고, 분포가 광범위하며 특수성이 있다. 연구자들은 이를 다양한 각도와 분야에서 객관적이고 심도 있게 연구해 우리에게 가치 있는 자료를 주었다. 이로써 임사 체험은 생물학, 의학, 사회학, 심리학 등 각 분야와 관련된 대뇌신경계통의 종합적인 반응이며, 임사 체험 연구는 사후세계 탐구가 아니라는 것이 증명되었다. 이후로 임사 체험의 연구 방향은 말기 치료, 호스티스, 자살 예방 쪽으로 전환되면서 생명을 소중히 여기는 측면에서 더욱 가치를 지니게 되었다.

고향으로
돌아가는 길

What is Death

　　어떻게 죽든 인간은 흙으로 돌아간다. 죽음은 이승에서 저승으로, 불교에서는 차안此岸에서 피안으로의 여정이자 고향으로 돌아가는 길이라 할 수 있다. 산 사람에게는 망자를 송별할 의무가 있다. 망자를 송별하는 일련의 의식을 '장례'라고 한다. 망자가 자신의 인생 여정을 마치고 인간 세상을 떠난다는 것을 상징하는 의식이다. 망자를 송별하는 행위는 모든 문화권에서 매우 중요한 의식이지만 그 형식은 제각각이다.

　　전 세계에서 장례 의식을 가장 신중하고 상세하며 복잡하게 따지는 민족은 중국이다. 철학가 포이어바흐도 중국인을 세계에서 죽은 사람을 가장 걱정하는 민족이라고 칭한 바 있다. 옛사람들은 장례를 흉례凶禮라고 했다. 장례는 길吉, 가嘉, 빈賓, 군軍 등과 함께 중국 민족

죽은 이를 위해 장사 지내는 풍습은 현대 사회에서도 흔히 볼 수 있다.

의 사회생활의 오례(제사는 길례, 관혼은 가례, 손님 접대는 빈례, 군대 의례는 군례*)를 이루었다. 장례 방식도 차이와 구별이 있다. 《주례周禮》, 《예기禮記》, 《의례儀禮》, 《태평어람太平御覽》 등의 기록에 따르면 일찍이 서주 시기에 유가의 장례 예법이 정립된 이후 장례 방식은 진한, 위진 남북조, 수나라, 당나라를 거치며 점차 완비되었다. 그중에서도 한족은 유가 문화의 영향을 많이 받았다. 한족의 장례는 주로 장의와 매장의 두 부분으로 이루어진다.

중국의 장의 절차는 대체로 다음과 같다.

① 속광屬纊: 임종을 앞둔 사람의 콧구멍 앞에 햇솜을 두어 숨이 끊어졌는지를 살펴본다.

② 초혼招魂: 망자의 친족들이 망자가 생전에 입던 옷을 가지고 지붕

으로 올라가 북쪽을 향해 망자의 이름을 세 번 외쳐 부르는 의식이다. 이렇게 하면 망자의 영혼이 다시 몸으로 돌아올 수 있다고 믿었으며, 이러한 방법을 복혼復魂이라고 불렀다. 사망자의 시신이 발견되지 않은 경우에는 초혼 후 망자의 의관을 대신 매장하는 것이 일반적이었다.

③ 조곡弔哭: 산 사람, 특히 망자와 가까운 사람이 곡을 하면서 망자에 대한 애도를 표하고 망자의 영혼과 고별하는 풍습이다. 친근함에 따라 곡을 하는 정도도 달라진다. 친밀할수록 더욱 크고 애달프게 곡을 한다. 어떤 이는 가족을 잃은 마음에 창자가 끊어지듯 슬프게 울고, 어떤 이는 망자에 대한 동정으로 울며, 어떤 이는 동료를 잃은 애통함에 울기도 한다. 조곡은 장례 과정 전체에 걸쳐 진행되며, 일반적으로는 발인 때의 조곡이 가장 중요시된다.

④ 염殮: 초혼을 했는데도 망자가 깨어나지 않으면 장례를 지낸다. 이를 위해 망자의 몸을 깨끗이 닦고 화장시킨 후 수의를 입힌다. 염은 소렴과 대렴으로 나뉜다. 소렴은 시신에 옷과 이불을 둘러 주는 것으로, 수의를 입히는 것이다. 소렴은 사망한 다음 날 아침에 진행한다. 소렴이 끝나면 대렴, 즉 입관을 한다. 입실入室, 입염入殮이라고도 한다. 입관을 하기 전에는 지관이나 도인을 불러 길한 입관 시간을 정한다. 이때 망자의 띠와 사망한 날의 천간과 지지를 따져 음양오행으로 망자와 상극인 띠와 금기 사항을 추산한다. 망자와 상극인 띠를 가진 가족이나 친척은 입관 시 멀리 피해 있어야 가족에게 화가 미치지 않는다고 한다. 입관 시기는 사망한 날로부터 3일 후, 7일 후 등 다양하며 망자의 사회적 지위와 가정 형편에 따라서도 달라진다. 평범한 집에서는 옷과 이불로 시신을 감싸는 소렴만 실시하고 지위와 위세가 높은 집에서는

비단으로 시신을 감싸 묶는 대렴까지 실시한다. 부자일수록 비단을 겹겹이 감아 열 겹 이상 감기도 한다. 입관 시에는 망자의 입에 반함飯含을 넣는다.

⑤ 안치: 망자를 염습한 후 망자를 위해 세운 천막에 관을 안치하는 것이다. 관을 안치하는 기간에 망자의 친구, 특히 망자보다 어린 사람들은 상복을 입고 교대로 밤을 지새우며 조문객을 받는다. 상복은 가장자리를 꿰매지 않고 솔기를 바깥쪽으로 낸 희고 거친 베로 만든다. 허리에는 새끼줄이나 삼끈을 매고 발에는 짚신이나 가장자리를 촘촘히 감치지 않은 헝겊 신발을 신는다.

⑥ 발인: 관을 정해진 장지까지 운반하는 과정으로 영구가 문 밖을 나선다는 뜻이다. 고대 예법에 따르면 발인할 때 사람들은 흰 상복을 입고 영구차의 노끈을 잡고 끌어야 했다. 옛날에 제왕이 죽었을 때는 성대한 발인 의식을 했다. 부잣집에서도 발인을 화려하게 하여 가문의 부를 과시하기도 했다. 사회가 발전하면서 풍습도 바뀌어 발인은 점차 관을 인도한다는 의미에서 상여 양쪽에 늘어뜨린 노끈이나 띠 하나씩만 잡고 가는 것으로 간소화되었다.

⑦ 하관: 관을 사전에 정한 묘지에 매장하는 것이다. 묏자리는 보통 지관이 정한다. 출상할 때 망자의 아들은 혼을 인도하는 깃발인 인

시신을 안치하는 관, 주로 나무로 만든다.

청나라 황후였던 서태후의 발인 사진. 망자의 사회적 신분과 위치에 따라 장례 규모도 제각각이었다.

혼번引魂幡을 들고 행렬을 이끈다. 장례 행렬은 묘지에 도착할 때까지 곡을 연주하고 종이 돈을 뿌린다. 하관 의식은 반드시 지관의 도움이 있어야 한다.

⑧ 시묘: 유가 전통에 따라 망자를 매장한 후 상복을 입고 묘소를 지키는 것을 말한다. 시묘 기간에는 오락적인 모든 것, 음주와 육식, 부부간의 동침을 금하는 등 관련 법도를 따라야 한다. 시묘 기간과 상복은 지위, 계급, 친소 관계에 따라 다르며 각각 엄격한 규정이 있다. 상복은 장례 의식을 통해 망자의 가족 또는 종족 사이의 관계와 질서를 강화하고 정리한다는 것에 중요한 의의가 있다. 공자는 상복의 예절을 제정함으로써 위로는 하늘의 운행을 모방하며 아래로는 땅의 변화를 본받고 가운데로는 인류의 정서에 근거해 집단생활의 화목과 단결을 이룰 수 있다고 했다. 오늘날에는 점차 간소화되어 검은 베일을 두르거나 하얀 꽃을 꽂거나 추모회에 가는 형식으로 대체되고 있다.

⑨ 성묘: 망자의 가족과 친구가 특정 명절 기간에 묘지를 보수하고 청소하는 것을 말한다. 사람들은 망자의 영혼으로부터의 수호를 받기 위해 해마다 정기적으로 제사를 지낸다. 제사 방식은 민족과 지역, 문화 전통 및 관습에 따라 다르다. 중국에서 제사를 지내는 주요 명절은 백중, 그믐, 한식, 춘분 및 기일 등이 있고, 많은 민족이 청명에 제사를 지낸다.

시신을 묘지에 매장하는 것을 장의라고 한다. 장의 방법에도 여러 가지가 있다. 주로 토장, 화장, 수장, 천장, 탑장, 애장 등을 실시한다.

토장土葬은 망자의 시신을 관에 넣고 관을 땅 속에 묻는 것을 말한다. 여러 국가와 민족에게서 흔히 볼 수 있는 보편적인 장의 방법이다. 사람은 죽은 후 흙으로 돌아가며, 흙에 묻혀야 평안히 쉴 수 있다고 믿었기 때문이다. 흙으로 돌아간다는 것은 망자가 이제 어머니 대지

죽은 이를 땅에 파묻는 토장.

의 품, 즉 고향으로 돌아가는 것이므로 필연적인 귀속이라 할 수 있다.

화장은 시신을 불로 태워 뼛가루로 만들고, 이를 유골 단지에 넣어 땅에 묻거나 물 위 또는 공중에 뿌리는 것이다. 고증에 따르면 화장은 원시 사회 때부터 존재했다고 한다. 중국에서는 선진 시대부터 있었다. 이후 불교가 유입되면서 승려가 죽은 후 화장하는 풍습이 신도들에게 영향을 주었고, 점차 민간에까지 확대되었다.

일반적으로 힌두교와 불교가 성행하는 국가에서는 화장이 보편적이다. 반면 유교와 이슬람교, 기독교가 성행하는 국가에서는 토장이 흔하다. 20세기 들어 세계 각국에서는 환경 보호, 절약, 풍속 개량 등을 이유로 화장이 제창되었다. 이 때문에 오늘날 화장은 토장과 함께 가장 보편적인 장례 형식으로 자리 잡았다.

죽은 이를 불에 태우는 화장.

죽은 이를 수장하기 위해 세운 수장대(왼쪽)와 표류식 수장(오른쪽).

수장은 고인의 시신을 강이나 호수, 바다에 흘려보내는 것으로, 역시 오래된 장례법이다. 물은 만물의 근원이자 인류 생명의 원천으로 여겨져 예부터 무한한 동경과 상상의 대상이었다. 수많은 신화 이야기를 보면 물은 신, 행복, 영원함 등을 향한 아름다운 동경과 연결되어 있다. 그러다 보니 자연스레 수장이라는 장례 방법이 등장하게 되었다. 수장에는 세 가지 방식이 있다. 시신을 물에 띄워 보내거나, 물속에 빠뜨리거나, 뼛가루를 물 위에 뿌리는 것이다. 대양주의 일부 원주민은 시신을 작은 배에 태워 바다에 띄워 자연스럽게 침몰하게 했다. 인도에서는 시신을 화장한 후 뼛가루를 갠지스 강에 뿌린다.

천장은 중국의 몽골족, 장족 등 소수 민족의 전통 장례 방식이다.

망자를 자연으로 돌려보내는 천장(왼쪽)과 천장대(오른쪽).

토장, 수장, 화장과 마찬가지로 망자를 배웅한다는 의미를 담고 있다. 일단 시신을 천장대로 보내면 천장사(돔덴)가 일정한 절차에 따라 시신을 분해하고 뼈와 살을 발라 야생동물과 새들이 와서 먹도록 놓아둔다. 시신이 깨끗하게 먹힐수록 고인이 순조롭게 천국으로 올라간다고 봤다. 천장은 먼 옛날부터 존재했다.

《주역·계사전系辭傳》에는 옛날에 장사를 지낼 때 시신에게 두꺼운 옷을 입히고 짚으로 싸서 들에다 장사했으며, 봉분도 만들지 않고 나무도 심지 않았다는 기록이 나온다. 《맹자·등문공상滕文公上》에도 부모가 죽자 도랑에 시신을 둔 사람이 나온다. 다음 날 보니 여우와 삵이 시신을 뜯어 먹었고 파리와 모기가 피를 빨아먹고 있었다고 한다. 문명 시대 이전에 시신을 처리하는 방식은 땅에 묻거나 동굴에 두거나 들에 버려 짐승의 먹이가 되게 하거나 그냥 썩도록 놓아두는 등 단순했으리라는 점을 쉽게 짐작할 수 있다.

대보은사에서 출토된 부처의 머리 유골.

탑장은 영탑장이라고도 불리며, 중국 장족의 장례 풍습 중 하나이자 장족의 장례 풍습 중에서도 가장 수준 높고 고귀하며 격식 있는 장례 방식이다. 보통 극소수의 덕망 높은 고승이 성불한 후에야 비로소 탑장 자격을 얻는다. 먼저 고인의 입이나 항문을 통해 내장을 꺼내고 시신을 탈수한 다음 향료와 약물로 처리한다. 그다음 고인의 신분 지위를 고려해 금, 은, 동, 목재 또는 시멘트로 제작된 영탑에 모셔 보존한다. 탑장에는 세 가지 방식이 있다. 첫째는 화장한 유골을 탑 안에 묻는 것으로 불조 석가모니가 열반한 후의 장례 방식을 따른 것이다. 둘째는 유골함 또는 일부 유해, 예를 들어 두개골, 팔뚝뼈, 골반뼈 등을 영탑 안의 '탑병'에 두는 것이다. 불탑은 일반적으로 탑찰, 탑신, 탑기 세 부분에 매장 공간이 있다. 셋째는 '탑병'에 약물 처리한 온전한 시신 및 고인이 생전에 사용하던 물건을 넣는 것이다. 고증에 따르면 탑장은 원시 불교에서 탑에 사리나 머리카락을 안치하던 풍습에서 유래했다.

애장은 절벽 동굴이나 절벽에 고인의 시신을 안장하는 특수한 장례 풍습으로, 노천장의 일종이다. 방식은 크게 네 가지다. 첫째는 장례 도구를 천연 절벽 동굴 속에 안치하는 것으로, 애동장이라고 한다. 두 번째는 장구를 절벽의 틈새에 놓는 것으로, 애돈장이라고 한다. 세 번째는 장구를 인공적으로 파낸 절벽 구멍에 두는 것으로, 애굴장이라고 한다. 네 번째는 절벽에 구멍을 뚫고 나무 말뚝을 박아 넣은 후 관을 그 위에 올려 두는 현관장이다.

이제까지의 장례에 관한 내용을 살펴보면 그것이 대부분 한문 기록으로 남아 있는 중국의 풍습이라는 것을 알 수 있다. 중국은 땅이 넓고 여러 민족이 살고 있다. 따라서 지역이나 민족마다 장례 풍습의 차이도 크다. 위에 언급한 장례 풍습은 중국 전체의 장례 풍습을 대표하는 것이 아니므로 이에 대해서는 구체적으로 분석해 봐야 한다. 마찬가지로 다른 국가와 민족의 장례 풍습도 복잡하고 다양할 것이다.

─────────── W h a t   i s   D e a t h ───────────

1. N. 베커, 《죽음의 부정The Denial of Death》, 화하출판사, 2000, p. 49
2. 케네스 링, 《죽음의 삶Life at Death: 임사 체험의 과학적인 조사》, 카워드, 1982, p. 20

제 3 장

3

죽음을
갈망하다

What is Death

불멸은 모든 인간의 마음 깊은 곳에 숨겨진 기본적인 충동이다. 영생은 세계의 종교가 인류에게 공동으로 건네는 약속이다. 우리 사회에서 종교와 불멸, 종교와 죽음은 깊은 관계가 있다. 철학가 포이어바흐는 '세상에 죽음이 없다면 종교도 없을 것'이라고 말한 바 있다. 이처럼 종교는 거의 예외 없이 인간의 생사 문제를 근본에 둔다. 기독교를 통하여 종교의 죽음관이 신도에게 주는 흡인력과 매력을 중점적으로 살펴보자.

신의 고향은
어디인가?

What is Death

인간은 모두 죽는다. 아주 멀리서라도 우리는 일상에서 거의 매일 죽음을 맞고, 주변 사람이 하나둘 곁을 떠나는 것을 경험한다. 죽은 사람의 운명은 나 자신이 언젠가 다다를 지점이기도 하다. 따라서 인생의 불확정성, 죽음에 대한 불안은 모든 이의 마음 깊은 곳에 존재한다.

파스칼은 《팡세Pensées》에서 "누가 나를 이 세계로 보냈는지 모르고, 여기가 어떤 형상의 세계인지, 나 자체가 어떤 사람인지도 모른다… 나는 우주 사방의 무한함을 봤고, 나는 이 무한한 우주의 한구석에 한정되어 있으며, 왜 다른 곳이 아닌 이곳에 앉아 있는지 모르고, 왜 이렇게 짧은 일생이 과거와 미래의 무한함 속에서 다른 시간이 아닌 이 시각에 존재하는지도 모른다. 내가 볼 수 있는 것은 단지 하나의 무한함이다. 나는 단지 하나의 원자며, 끝내 무로 돌아가는 짧은 환영이다. 내가 아는 것은 그저 내가 얼마 지나지 않아 죽는다는 사실 하나이며 내가 가장 알지 못하는 것은 피할 수 없는 죽음 그 자체다"라고 기록했다. 파스칼은 필연적인 죽음 앞에서 인간의 무력함을 내비쳤다. 그럼에도 우리는 항상 불사를 갈망하고, 심지어는 죽음을 거역하려 한다. 어쩌면 종교는 인류가 찾은, 우리 마음을 덮고 있는 죽음의 그림자를 방어하고 멀리 쫓아 버릴 수 있는 가장 오래된 무기일 수도 있다.

인류 인식의 발전 과정에서 종교 신앙은 원시 신앙(원시 숭배, 굿, 금기, 고대 신화 등)보다 한 단계 높은 신앙 형식이다. 원시 종교 시기에 종교적인 설명 또는 인식은 원시적 과학, 굿, 신화 등과 뒤섞여 환상 속에서 설명되었다. 그러다 사회가 발전하고 지식 문화가 축적됨에 따라 인위적인 종교는 부득이하게 그들의 설명을 보다 설득력 있고 합리적으로 변호해야 했다. 그리하여 종교는 사회에 대한 인식은 물론이고 자연에 대한 인식도 참고하고 의지하며 과학을 발전시켰다. 이는 중세에 과학과 종교가 어떻게 조화롭게 융합될 수 있었는지, 어떻게 해서 종교가 과학의 발전을 지원하고 과학이 종교를 위해 일했는지, 그리고 과학과 종교가 어떻게 신과 자연과 인간의 통일을 설명했는지를 보여 준다.

그렇다고 해서 종교의 목적이 과학을 발전시키는 것은 아니었다. 과학 발전이 목적인 종교는 없을 것이다. 다만 인류의 생존과 발전에 필요하기에 일정 공간을 내어 주었다. 심지어 과학의 일부 분야를 발전시키며 과학과 종교의 공동 발전을 이루는 면모까지 보여 주었다.

역사적으로 이것을 반증하는 여러 사례가 있다. 고대의 신령 신앙은 대개 하늘과, 원시 사회의 생산은 농업과 관련 있었기에 대부분 천문학을 우선적으로 발전시켰다. 근대 과학이 태동했던 시기는 유럽에서 자본주의가 왕성하게 발전하던 때다. 새로운 자본이 자연, 사회, 정치, 경제 등 사회 각 부분으로 대거 진출했고, 이들의 시장 개척, 영토 확장에 대한 거대한 수요와 원대한 포부는 각기 당시 사회 문화 다방면에 큰 영향을 끼쳤다. 기독교 윤리와 정신이 이와 같은 수요를 때맞춰 만족시켰고, 자본주의의 발전과 근대 과학의 발생에 부정할 수 없는 촉진제 역할을 했다.

신념의 발생은 인류의 본성에 기인한다. 인류의 인식, 감정 및 의지의 동일성, 종합성, 안정성 및 지속성이 강한 심리적 자질 등은 자신의 생존 배경, 생존 조건, 생존 역사, 생존 결과의 반영 속에서 생겨났다. 이는 주로 사람들 마음속 깊은 곳의 정서와 감정, 가치 판단 및 행위 동기에서 발현되며 또한 세계관, 역사관, 인생관, 도덕관에서 내재화된다. 누구에게나 신념이 있다. 아무것도 믿지 않는 사람은 삶을 살아갈 수 없다. 신념의 대상이 무엇이든 말이다. 초자연적인 힘에 대한 숭배와 피안 세계에 대한 동경은 종교의 기본적인 신념이다.

생명에 큰 제약이 있는 인간에게는 신념에 대한 의지가 절실히 요구된다. 종교 신념은 죽음에 대한 불안으로 괴롭고 영생을 갈망하는 인류에게 마음의 위안과 신앙에 대한 의지를 주며, 궁극적 고향에 의탁하게끔 해 준다. 비록 환상이지만 따뜻한 위로가 되기도 한다. 모든 종교는 죽음의 문제와 관련해 인류에게 위안을 주는데, 주로 두 가지다. 일종의 특수한 죽음 이념과 신앙을 제공하는 것, 그리고 일종의 죽음에 대한 불안을 벗어나고 생사의 번뇌를 초월하는 현실적인 방법을 제공하는 것.

기독교, 불교, 이슬람교 모두 예외 없이 현실적인 세속 세계와 이상적인 신성 세계인 두 가지의 서로 다른 세계를 구축했다. 신성 세계는 신의 세계이자 신성하고 행복하며 영원한 세계다. 현세의 사람들은 수신修身, 수심修心, 수도修道의 힘겨운 조화를 통해 사후에 신의 세계에 들어갈 수 있다. 종교는 중생의 죽음의 근원을 명시하며 사후 세계의 모든 것을 알려 준다.

종교의 이와 같은 이념 설계와 안배 덕분에 종교에 의존하는 사람들은 사후에 천국에 올라가든 지옥에 떨어지든 귀착점을 알게 되었다. 그로 인해 불안하고 답답한 마음을 가라앉히고 마침내 평정을 찾았다. 자신이 죽고 나서 또 다른 생존 방식으로 살지라도 다른 세계에 영원히 존재한다는 것을 알게 되었기 때문이다. 이로써 불후의 갈망은 마침내 위안을 얻었다. 죽음 후에 자신을 기다리는 것이 영원한 행복인지 영원한 고통인지에 대해 종교는 대개 이번 생을 어떻게 살았는지에 달려 있다고 주장한다. 따라서 경건하게 살고 나쁜 짓을 하지 않은 사람은 자신의 최후 귀착점이 천국에 올라가는 것이라 충분히 상상할 수 있다.

이러한 점에서 종교는 일종의 신앙 체계이자 실천 체계다. 사람들로 하여금 겸허하게 자신이 보이지 않는 권력에 의존해야 한다는 것을 인정하게 하고, 연민을 간절히 바라게 하며, 그들의 모든 아름다운 것들을 바치게 하고, 그들의 유한한 생명이 위험과 재난 등으로 위협받을 때 보호해 주며, 최종적으로 고통과 비애가 다가올 때 그들의 영혼을 육체의 무거운 짐에서 벗어나게 해 주고, 마침내 환락의 세계로 데려감으로써 모든 좋은 사람의 영혼과 영원히 함께하며 안정과 행복을 누릴 수 있게 한다.

따라서 종교는 인생의 생사 문제를 해결하는 데 이중적인 역할을 한다. 현세의 사람들에게 일종의 특수한 죽음 이념과 신념을 제공하고, 죽음의 불안과 생사의 번뇌를 초월하는 현실적인 방법을 제공한다. 신앙과 실천의 결합은 인류의 정신적 수요와 사상 도구의 결합이자 신앙과 이성의 결합이다. 종교는 원시 신앙의 기본 신념을 계승하고, 이성을 이용하여 자가당착적인 오류를 교정하며, 자신을 변호하고, 상대적으로 완비되고 정교하며 심오한 신앙 체계를 만들어 낸다. 이는 인류에게 일종의 버팀목이자 실행 가능한 실천 수단으로서 상당 부분 사람들의 마음에 있는 불안과 공포를 완화하고 사람들의 마음과 정신에 큰 위안을 준다. 여기에는 자신의 운명에 대한 인류의 깊은 관심이 반영되어 있다.

기독교는 내세에 영원한 행복을 얻기 위해 자신을 향한 하느님의 연민과 사랑에 의탁한다. 불교의 대승 불교는 오래 살고 죽지 않는 근본적인 방법이 불교의 이상 세계인 불국정토에 들어가는 것이라 여기며, 소승 불교는 생사의 번뇌를 해탈하는 직접적인 방법이 생명 자체의 소멸에 있다고 여긴다.

종교 신앙의 힘은 강대하다. 종교의 가장 광범위하고 근본적인 의미는 일종의 끝없는 보살핌이다. 이 보살핌은 인류 정신생활의 모든 부분에 침투한다. 인식 영역에서 종교는 인류가 추구하는 궁극적인 실재이고, 도덕 부분에서 종교는 심신을 수양하는 최고 경지며, 예술 세계에서 종교는 궁극적인 의미의 무한한 소망이다. 따라서 종교의 궁극적인 관심과 배려는 인류 정신의 궁극적인 수요며, 종교의 세계는 인류의 감정 세계다.

19세기에 쇼펜하우어는 종교가 인간에게 주는 거대한 심리적 위안의 작용을 찬양했다. 《사랑과 고뇌》에서 그는 죽음에 대한 인식으로 말미암은 반성 때문에 인류는 형이상학적인 견해를 얻었고, 이로써 일종의 위로를 받는다고 했다. 모든 종교와 철학 체계는 주로 이런 목적에서 출발해 사람들이 반성할 수 있는 이성을 갖도록 도와주고 죽음 관념에 대한 해독제로 작용한다는 것이다.

대략 한 세기 후에 영국의 인류학자 말리노프스키는 《문화론》에서 종교 신앙은 사람들에게 정신적인 충돌에서 벗어나고 사회의 분열을 피하게 해 준다고 했다. 다른 사람의 장례 의식을 겪고 나면 누구나 자신의 죽음을 다소나마 준비하게 된다. 그리고 친지들의 장례를 여러 차례 겪으며 죽음 의식을 연습하다 보면, 내세가 있음을 점점 더 분명하게 느끼게 된다는 것이다.

융은 종교의 내세설을 믿는 것은 인간의 심리적 방어와 부합하고, 종교 범위의 지구성은 우리의 인식 분야를 넘어선다고 말했다.

오늘날에도 크리스마스, 이슬람의 하찌(일종의 성지 순례 기간*), 불교의 석가탄신일에 현대화된 교통수단을 타고 가는 참배객과 가축을 타고 가는 순례자, 한걸음씩 머리를 찧으며 걷는 불교도를 보면 종교의 거대한 흡인력과 매력을 발견할 수 있다.

　종교는 인간에게 영원을 약속한다. 그러므로 종교의 매력은 천국에 있다고 할 수 있다. 인생의 귀착점이 천국이든 지옥이든 우리에게 최후의 거소를 마련해 주는 것이다. 그렇다면 천국은 어디에 있을까? 신의 고향은 어떤 모습일까? 지옥은 어디에 있을까? 또한 지옥은 어떤 모습일까?

천국의
유혹

기독교가 그리는 천국은 기독교 신학, 고대
그리스 철학과 고대 과학이 혼합된 산물이다. 지난 1천 년간 서구 사
회를 지배했던 아리스토텔레스-프톨레마이오스의 시스템에 따르면
천국과 지옥의 구조는 다음과 같다.

지구는 우주의 중앙에 위치한 구체로 본래 조화롭고 질서가 있었
지만 아담이 타락한 이후 혼란스러워졌다. 지구는 공기, 에테르, 불
덩이로 가득한 여러 층의 테두리로 덮여 있고 그 주변에 항성과 태양,
행성이 있다. 네 종류의 천풍이 이들의 운행을 돕는데, 천풍은 지상의
네 가지 원소와 인간의 네 가지 액체와 관련 있다. 천국은 불덩이 층
바깥의 가장 높은 하늘이며 지옥은 우리 발밑 아래 지구 안에 있다.
이러한 구조는 단테의 《신곡》에 매우 구체적으로 묘사되어 있다. 임

사 체험을 한 사람들은 자신이 이를 직접 체험했다고 주장한다.

천국은 지구를 중심으로 하는 구중천의 바깥 또는 그 위에 위치한다. 천국은 매우 광대하고 지천에 황금이 널려 있다. 집은 보석으로 지어졌고 진귀한 화초가 가득하며, 아름다고 기묘한 음악이 흐르고 상서로운 구름과 무지개로 뒤덮여 있다. 궁궐, 화원, 산천, 농작물, 목장이 있고, 보이는 곳마다 아름다운 경치이며 먹는 것마다 맛있는 음식이다. 여기서는 모든 감각이 상응하는 복락을 누릴 수 있기에 사람은 극락의 행복을 맛볼 수 있다. 천국에서 영혼이 느낄 수 있는 것은 한없는 기쁨, 유쾌함, 평온함이다. 반면 지옥의 모습은 무섭기 그지없다. 그곳에는 혹형, 불 고문, 유황, 피를 빨아먹는 독충, 맹수 및 영혼을 집어삼키는 거대한 괴물이 있다. 더욱 끔찍한 것은 지옥에서는 고통이 영원하다는 것이다. 지옥에 떨어진 영혼은 프로메테우스처럼 영원히 고통받는다.

서양의 천국과 비교할 만한 중국의 천국은 일방 극락정토다. 천국의 중심은 옥으로 만들어졌고 아름다운 음악이 흘러나오는 천궁신궐(자미원^{紫薇垣})이다. 그 주변을 4상 5궁 28수가 둘러싸고 있다. 우뚝 솟은 자미신궁에 황제인 제성이 중궁을 지키며 팔방을 다스리고, 그 뒤에는 하늘의 황족이 있다. 이밖에도 열두 별이 신하처럼 이들을 호위한다. 중궁 외에 동서남북 사방에는 각각 신궁이 있는데, 이를 사궁이라 부른다. 사궁은 각기 다른 방향에서 자미신궁을 향하며 다른 별들과 함께 완벽한 천국 궁정을 이룬다.

종교나 나라마다 천국과 지옥에 대한 구체적인 설계 방안은 서로 다르지만 한 가지는 동일하다. 사람들에게 신의 통치를 받아들이게 해서 영혼이 천국의 복음을 누리도록 한다거나 신의 의지를 거스른 영혼이 지옥의 형벌을 받도록 한다는 점이다. 천국이든 아니면 지옥이든 종교가 명시하는 인간의 사후 귀착점은 비정상적으로 확실하다. 이 때문에 죽음에 막연한 불안과 초조를 느끼는 사람들의 정신을 맑게 해 준다.

《성경》의 〈창세기〉에 따르면 인간의 죽음은 태초의 인류가 타락하여 신의 분노를 입어 신성을 잃은 데서 생겨났다. 신의 총애를 잃어 죽음이 유래했다는 것이다. 죽음은 신이 인간에게 내린 명령이었다. 기독교는 사람이 죽은 후에는 천국으로 올라가거나 지옥으로 떨어지는 두 가지 길만 있다고 말한다.

의심할 여지없이 천국은 더없이 훌륭하고 매력적인 장소다. 심리적으로 천국은 죽음 앞에서 대단히 낙심하거나 절망하는 사람들에게 사후 영생이라는 무한한 희망을 준다. 불안하고 초조한 마음에 큰 위안을 선사하는 것은 물론이다. 죽은 후에도 영원한 세계가 존재하고, 이번 생애에 실현하지 못했던 꿈을 사후 세계에 의탁할 수 있다. 천국은 불멸하고, 천국에 올라가는 사람은 영원히 극락의 행복과 쾌락을 누릴 수 있다. 마찬가지로 무시무시한 지옥도 영원하다. 다만 성심성의껏 속죄하고 선을 좇고 악을 경계하면 영생의 행복을 얻을 희망이 있다.

우리가 죽은 다음에 천국 혹은 지옥에서 영원히 어떻게 될 것인가(복을 받을까 저주를 받을까)는 이번 생에 달려 있다. 기독교는 현세의 경건함을 통해 내세의 영생을 달성하고 죽음에 따른 고통을 경감할 수 있다고 말한다. 그리고 죽음에 대한 무한한 번뇌를 초월하는 것이다.

부활과
영생

　　기독교의 약속에 따르면 사람은 영원히 살 수 있다고 한다. 그렇다면 영원한 생은 어떻게 실현할 수 있을까? 구약의 〈창세기〉는 인간이 불사의 존재였다고 전한다. 인간은 신으로부터 창조되었기에 신성을 가지고 있었다. 신이 인간을 만든 목적이 자신을 대신해 세계를 관리하도록 하기 위함이었기 때문이다. 인간을 살게 하기 위해서지 죽게 하기 위해서가 아니라는 말이다. 하지만 아담과 하와가 선악과를 몰래 먹어 신을 분노케 했고, 그 벌로 인간은 죽음을 받았다. 아담의 원죄는 후손들에게까지 이어져 인간은 모두 죄인이 되었다. 신약의 〈로마 신자들에게 보낸 서간〉에는 나를 죽게 하는 것이 곧 죄라고 했고, 〈코린토 신자들에게 보낸 서간〉에도 아담 속에서 모든 사람이 죽었다는 언급이 있다.

태초의 인간이 저지른 범죄로 모든 인간이 신성을 잃고 죽음을 맞이하게 된 것이라면, 속죄를 통해 본래의 신성을 회복하고 불로장생할 수도 있을 것이다. 기독교가 약속하는 영생은 예수 그리스도를 통해서 죽은 이후의 부활로 실현된다. 〈마태오 복음서〉에 따르면 예수는 자신을 하느님의 아들이자 유대인의 왕이라 칭했다. 제자 유다의 배반으로 십자가에 못 박히고 사흘 후 부활할 것이라고도 예언했다.

부활은 신약을 관통하는 중요한 주제다. 4대 복음서 및 사도 바울의 서신은 예수 그리스도의 죽음과 부활에 관한 일을 기록한다. 역사적 유래를 보면 기독교는 유대교에서 분리된 종교다. 일찍이 유대인들 사이에서는 인간 세상을 구원하기 위해 강림할 구세주인 메시아에 대한 전설이 전해져 왔다. 그들은 바빌론, 페르시아, 로마 등 강대국에게 정복되고 통치되면서 갖은 고난과 핍박을 받았다. 강대국에게 저항하기 위해 수차례 봉기했지만 매번 잔혹하게 진압되었다. 결국 그들은 구세주가 자신들을 구해 줄 것이라는 데 희망을 걸기 시작했고, 그리하여 유대교가 탄생했다.

1세기 초 세례자 요한이 나타나 곧 자신보다 훨씬 위대한 자가 물 대신 성령으로 세례를 줄 것이라고 외치고 다녔다. 얼마 후에 동정녀 마리아가 천사의 계시를 받아 처녀의 몸으로 임신했다. 마리아의 혼전임신을 알게 된 약혼자 요셉은 마리아와의 결혼을 취소하기로 마음먹었지만 천사들의 만류로 생각을 바꾸었다. 마리아는 베들레헴에서 예수를 낳았다. 예수 탄생은 세상을 뒤흔든 일대 사건이었다. 당시 유대 왕 헤롯은 예수가 장차 유대인의 왕이 될 것을 염려해 그 무렵 태

예수가 제자들과 '최후의 만찬'을 드는 것부터 십자가에 못 박히기까지 그의 마지막을 주제로 한 그림들.

어난 신생아를 모두 사살하도록 명했다. 이때 마리아와 요셉은 천사
의 인도에 따라 예수를 데리고 이집트로 도망쳤고, 헤롯이 죽고 나서
야 베들레헴으로 돌아왔다.

성인이 된 예수는 구세주라는 자신의 특수한 신분을 알게 되었다.
그는 마귀의 유혹을 포함한 온갖 시험을 이겨 냈다. 자신에게 주어진
사명을 위해 병을 고치고 사람을 구했으며, 제자를 훈련시켜 사방으
로 복음을 전했다. 예수가 전한 교리와 계율은 유대교와는 상당히 달
랐다. 이를테면 그는 하느님의 선민을 유대인으로 한정하지 않았다.

자신과 하느님을 믿는 모든 사람이 하느님의 선민이며, 모두 하느님으로부터 구원을 얻고 하느님의 사랑을 누릴 수 있다고 주장했다. 이 밖에도 유대교의 제물 봉헌과 할례를 포함한 여러 가지 번잡한 의식을 없애고 세례와 성찬 등의 간소한 의식만을 남겼다. 지금의 시각으로도 대담한 행동이다.

이 때문에 예수의 개혁은 신을 모독하는 행위로 여겨졌다. 그의 개혁은 기존의 유대인 상층 계급이 누리던 기득권에 손해를 미쳤고, 기존 신도들의 불만도 초래했다. 결국 유대 공회는 '가짜 선지자', '가짜 그리스도'라는 명목으로 예수를 로마인들에게 팔아넘겼고, 예수는 가짜 로마 통치자의 손에서 십자가에 못 박혀 죽게 되었다.

예수는 도둑 두 명과 나란히 십자가에 못 박혔다고 한다. 제자들이 시체를 훔쳐 가는 것을 막기 위해 제사장과 로마 사병들이 바위로 무덤 입구를 막고 단단히 지켰지만 예수는 부활했다. 〈마태오 복음서〉는 예수의 부활 사건을 "안식일 다음 날 동틀 무렵 두 여인이 무덤을 살펴보러 갔다. 그런데 갑자기 천지가 진동하더니 천사가 내려와 무덤을 막던 바위를 쪼갰다. 여인들은 겁에 질려 벌벌 떨었다. 천사가 여인들에게 두려워 말라고 안심시키며 예수는 이미 부활해 무덤에 있지 않다고 말했다. 그리고 사람들에게 예수가 부활했다고 알리라고 했다. 여인들이 기뻐하며 예수의 제자들을 만나러 갔다. 이때 부활한 예수가 그들 앞에 나타나 인사를 건네며 제자들에게 갈릴리에서 만나자고 전하라 했다"고 기록한다. 이후 예수의 제자들은 갈릴리로 가 부활한 예수를 만났다.

유대 공회는 개혁자 예수의 생명을 끊었고, 기독교는 이후 잔혹한 박해를 받았다. 그럼에도 예수의 정신은 널리 퍼져 나갔다. 그 핵심은 '사랑'이다. 위에서부터 아래로 내려오는, 모든 사람에 대한 하느님의 사랑이었고, 아래에서부터 위로 올라가는, 하느님을 향한 모든 사람의 경건함과 믿음이었다. 예수의 말에 따르면 성별, 민족, 국가, 종교를 불문하고 누구나 하느님의 선민이 될 수 있었다.

예수의 사랑은 보편적인 사랑이다. 보편적인 사랑을 바탕으로 예수가 일으킨 기독교는 유대인 집단이라는 테두리를 벗어나 국가와 지역의 경계를 넘어, 전 세계적으로 광범위한 영향력을 일으켰다. 기독교는 로마 통치자로부터 잔혹하게 탄압받던 종교에서 로마 제국의 국교로 상승했다. 그리고 마침내 세계적인 종교로 거듭났다.

예수의 죽음은 인류를 위한 죽음이라 할 수 있다. 구세주로서, 하느님의 아들로서, 그는 죽어도 부활할 수 있는 불사의 신성을 가졌기 때문이다. 하지만 그리스도의 사후 부활 이야기는 신도들에게 죽음과 부활, 영생이라는 죽음을 초월한 현실적인 길을 분명히 보여 준다. 예수는 자신의 죽음을 통해 사람들에게 죽음을 초월할 수 있음을 보여 주었다.

〈창세기〉에 나온 것처럼 인류는 본래 하느님처럼 불사의 신성을 가지고 있었지만 후에 이러한 신성을 잃었다. 오늘날 아담의 자손인 우리가 영생불사를 얻기 위해서는 불사의 신성을 회복해야 하며, 이를 위해서는 반드시 하느님의 아들인 그리스도에 의존해야 한다. 신약의 〈코린토 신자들에게 보낸 첫째 서간〉 제15장 제57절에는 "우리

주 예수 그리스도를 통하여 우리에게 승리를 주시는 하느님께 감사드립시다"라고 기록되어 있다. 이는 인류가 자신의 능력에 의지해 죽음을 이겨 내고 영생을 얻는 것이 아니라, 예수의 죽음과 부활을 통해 영생을 얻는 것임을 보여 준다.

사실 예수가 약속한 부활과 영생이 불사를 의미하는 것은 아니다. 오히려 죽지 않으면 다시 살아날 수도 없음을 역설적으로 보여 준다. 〈히브리인들에게 보낸 서간〉 제9장 제27절에는 "사람은 단 한 번 죽게 마련이고 그 뒤에 심판이 이어지듯이"라고 나온다. 죽음이 없으면 부활도 없다. 따라서 기독교의 영생은 심판의 날 이후의 부활과 영생을 가리킨다. 기독교의 핵심 문제는 인간의 죽음과 불사가 아니라, 어떻게 죽어야 최후의 심판을 견디고 부활하느냐에 있다.

기독교 교리에 따르면 인간이 죽은 후에 부활하고 영생을 얻기 위해서는 반드시 두 가지를 행해야 한다. 진정으로 하느님을 믿는 것, 그리고 하느님을 위해 자신의 목숨을 바치는 것이다. 이렇게 해야만 하느님의 은혜를 받아 죽은 후에도 부활할 수 있다.

하느님을 믿는다는 것은 진실하고 경건하고 순종하는 마음으로 믿는 것이다. 이러한 마음을 가진 사람은 기독교에서 말하는 소위 성령에 속한 사람으로, 마음에 성령이 존재하는 사람이다. 영이 속하고, 성령이 마음속에 있는 사람은 그리스도에 속한 사람이며, 최후 심판의 날에 하느님의 은혜를 받아 부활하고 영생한다. 기독교에서 말하는 부활은 고대인들이 이해한 영혼의 불사도, 피타고라스나 플라톤 등이 말한 영혼의 윤회도 아니다. 불교에서 말하는 윤회 환생도 아니다. 영성을 가진 육신의 부활이다. 죽은 후 부활한 사람은 썩지 않는 육신과 영혼을 가진, 온전히 살아 있는 사람이다.

〈로마 신자들에게 보낸 서간〉 제8장 제11절에는 "예수님을 죽은 이들 가운데에서 일으키신 분의 영께서 여러분 안에 사시면, 그리스도를 죽은 이들 가운데에서 일으키신 분께서 여러분 안에 사시는 당신의 영을 통하여 여러분의 죽을 몸도 다시 살리실 것입니다"라고 나온다. 이를 통해 기독교가 사람을 두 종류로 분류함을 알 수 있다. 첫째 유형은 하느님을 믿는 성령에 속한 사람으로, 죽은 후에 부활할 수 있다. 두 번째 유형은 자연적인 사람이다. 이런 유형은 제아무리 지식과 교양이 넘쳐도 예수를 믿지 않으므로 하느님의 은혜도 영생도 얻을 수 없다.

하느님을 위해 목숨을 바친다는 것은 반드시 하느님을 믿고 하느님을 위해 자신의 생명을 포함한 모든 것을 기꺼이 바치는 것이다. 죽을 수 없다면 살 수도 없다. 만약 하느님을 위해 자신의 목숨을 바칠 수 없다면 하느님의 은혜를 입어 부활할 수도 없다. 〈마태오 복음서〉 제16장 제27절에 따르면 예수는 제자들에게 "사람의 아들이 아버지의 영광에 싸여 천사들과 함께 올 터인데, 그때에 각자에게 그 행실대로 갚을 것이다"라고 가르쳤다.

하느님의 약속은 구약과 신약에 다소 다르게 나타난다. 구약에서는 아브라함이 자신의 외아들 이사악을 제물로 바치려고 한 것에 대해 "나는 너에게 한껏 복을 내리고, 네 후손이 하늘의 별처럼, 바닷가의 모래처럼 한껏 번성하게 해 주겠다. 너의 후손은 원수들의 성문을 차지할 것이다"(〈창세기〉 제22장 제17절)라고 약속했다. 이때 아브라함이 받은 은혜는 확실히 현세의 복이다. 그런데 신약에서는 예수가 내세에 속하는 천국의 영생을 약속한다.

　기독교의 부활론은 자체로 교리의 권위를 지켜 주었고, 교회의 사회적 지위를 높였으며, 교회 조직을 공고히 다졌다. 한편 신도들에게는 신앙의 중요성을 강조하는 동시에 죽은 후에 가는 곳과 영생을 실현하는 방법도 알려 주었다. 이에 기독교는 불멸을 갈망하는 사람들에게 매력적으로 다가왔다. 하느님을 믿고 기독교의 교리를 따른다면 누구나 하느님의 사랑과 영생을 얻을 수 있기 때문이었다. 기독교의 성찬 의식은 예수의 살과 피를 대신한 빵과 포도주를 나누어 먹음으로써 예수와 늘 함께한다는 의미를 가진다. 예수의 죽음으로 인류는 죄악을 용서받았으며 십자가에 못 박혀 죽은 예수의 부활로 인류는 구원받았다. 예수는 인간을 부활과 영생으로 인도하기 위해 기꺼이 죽음으로 향했고, 부활의 신성으로 사람들에게 영생을 보여 주었다.

　예수의 정신은 자아 희생과 봉사 정신이다. 그는 사람들을 구원하기 위해 기꺼이 죽음의 고통을 이겨 냈다. 또 죽음을 초월하는 모범을 보였다. 불교에서 말하는 내가 지옥으로 가지 않으면 누가 지옥으로 가겠는가라는 말과 표현은 달라도 비슷한 교훈을 준다.

제 **4** 장

죽음에 대한
경시

What is Death

죽음의 필연성과 궁극성을 인정하게 되면서 죽음에 대한 공포와 불안을 극복하는 일이 절박해
졌다. 사람들은 여러 가지 방식을 통하여 죽음에 해탈하고자 했다. 그중에서도 죽음을 경시하
거나 무관심한 태도를 취하는 것은 죽음의 공포를 벗어나는 가장 기초적인 방법이었다.

평범한 사람은
죽음에 무관심하다

What is Death

보통 사람에게 죽음이란 하나의 이야깃거리에 불과하다. 물론 그도 사람은 또 자신은 언젠가 결국 죽는다는 이치를 알고 있다. 다만 누구나 아는 사실이기에 놀라운 일이 아니다. 타인의 죽음은 마땅히 슬픔과 동정을 유발하지만 그 감정은 곧 사그라진다. 나와는 상관없는 일처럼 느껴지기 때문이다. '다른 사람이 죽었지만 나는 살아 있다. 죽음은 타인의 일이니 나와는 상관없다.' 이렇게 죽음을 무시하는 태도는 개인과 죽음 사이에 거리를 만들고, 죽음을 실질적으로 잊게 하면서 죽음에 대한 공포심까지 사라지게 한다.

보통 사람들의 죽음을 무시하는 전형적인 태도에는 두 가지 유형이 있다. 평상심을 유지하는 것, 그리고 죽음을 두려워하지 않고 목숨을 바치는 것이다.

불교를 상징하는 연꽃은 어느 곳에 있어도 맑은 본성을 잃지 않는다고 알려져 있다. 유교의 가르침과도 맞닿는다.

죽음에 대해 평상심을 유지하는 대표적인 모습으로는 (타인의) 죽음을 경험하고도 평소와 다름없이 지내는 것을 꼽을 수 있다. 사실 대부분의 사람은 지극히 평범한 삶을 산다. 오늘과 다르지 않은 내일, 매일을 습관적으로 살아가며, 당장의 일에 치여 자신의 삶과 죽음에 대해 진지하게 생각할 겨를이 없다. 어쩌면 사소하고 잡다하고 어수선하기 그지없는 일상에 충실한 것이 죽음에 대한 공포를 대처하는 가장 효과적인 방법일 수도 있다.

살아 있을 때는 사는 일, 해야 할 일을 하며 죽을 때는 죽는 것을 자연스럽게 받아들이면서 이를 억지로 강요하지 않는 것. 자신과 타인의 죽음을 평안하게 대하는 것은 불교의 선종禪宗에서 말하는 '평상심'의 경지다. 평상심이 곧 도道라는 말은 다소 불교적인 색채를 띠지만 현실 생활에 적용해 보면 각종 번뇌와 불안을 해소하는 데 도움이 된다. 평상심을 지니면 우리와 관계 맺는 모든 것과 서로 접촉하는 동시에 일정한 거리를 둘 수 있다. 무엇보다 죽음조차 침착하게 대면할 수 있다. 요컨대 평상심이 있는 사람은 현재의 시급한 일들을 하나씩 관습에 맞추어 해결해 나가고, 관습 속에서 살아간다. 이를 통해 죽음을 잊고 죽음이 닥쳤을 때도 더 이상 두려움을 느끼지 않는다. 죽음을 무

시하는 가장 보편적이면서도 효
과적인 방식이다.

공작동남비, 즉 공작이 동남쪽으로 날아간다.

죽음을 무시하는 극단적인
방식은 죽음을 두려워하지 않고
오히려 자신의 목숨을 내놓는
것이다. 우리 대부분은 당장의
일상에 파묻혀 죽음을 잊고 살
아간다. 하지만 어떤 사람들은
특정 상황에서 자신에게 소중한
무엇을 위해 목숨을 아끼지 않는다. 자세히 살펴보면 사람은 크게 두
부류로 나눌 수 있다. 절대다수의 평범한 사람들은 자신 이외의 것들
(명예, 지위, 재산 등)을 좋아하긴 해도 자신의 생명을 더 중시한다. 그
런데 일부 소수의 사람들은 어떤 것을 목숨보다 중요하게 여겨, 어떤
대가를 치르고서라도 평생 그것을 추구한다. 그리고 필요하다면 자신
의 목숨까지 바친다.

이렇게 목숨을 바쳐 자신이 바라는 무엇을 추구하는 것도 일종의
죽음에 대한 해탈이다. 그 과정에서 다른 사람들보다 훨씬 쉽게 죽음
의 존재를 잊을 수 있기 때문이다. 물론 죽음을 두려워하지 않는 것은
삶에 지쳐 죽음으로 삶을 해탈하려는 것이 아니라, 자신이 가진 모든
것을 집중하기 위해서다.

대표적으로 사랑을 위한 희생을 들 수 있다. 사랑은 강렬하고 낭
만적이며 이상적이고 완벽하다. 또한 신성하다. 그러나 현실은 소박

하고 평온하다. 이 때문에 사랑은 시련이 닥치면 쉽게 실패하고 만다. 강렬했던 사랑도 점차 평범하고 불완전하며 잔혹한 방향으로 흘러간다. 실패한 사랑은 대개 비극으로 끝난다. 얼마나 많은 연인이 이별 후 고통스러워하거나 사랑을 위해 목숨을 끊었는가. 셰익스피어의 희곡 《로미오와 줄리엣》을 비롯하여 영화 《애수》, 《사랑과 영혼》 등 세상에는 절절한 사랑에 관한 이야기가 헤아릴 수 없이 많다.

진리를 위한 희생도 있다. 예부터 사람들은 진리를 위해 희생하는 것을 숭고하게 여기며 칭송했다. 동서고금을 막론하고 자신의 이상과 대업, 민족, 국가, 나아가 인류의 이익을 위해 개인의 욕심을 잊고 자신을 내던진 이들이 있다. 그들은 도의를 자신의 최고 가치에 두었다. 도의를 위해 태어났으며 도의를 위해 죽었다. 마음에 품은 이상을 위해 자신의 모든 것, 목숨마저도 기꺼이 희생했다.

철학가는
죽음에 초연하다

대다수의 평범한 사람들과 달리 세상에는 성격이 괴팍하고 천성적으로 예민한 철학가들도 있다. 이들은 '지혜'라는 방식으로 죽음에 해탈하고자 한다. 죽음에 대한 그들의 초월함은 순수 이성을 통한 인식으로 드러난다. 동서양의 역사에는 수많은 철학자가 존재한다. 죽음에 대한 그들의 관점은 제각각이었지만 공통점도 있다.

대표적으로 플라톤, 에피쿠로스, 장자의 죽음에 대한 생각을 살펴보자.

플라톤은 서양 철학의 역사에 가장 큰 영향력을 끼친 대★ 철학자다. 20세기 영국의 저명한 철학자인 앨프리드 화이트헤드가 플라톤으로부터 2천500년이 지난 오늘날의 서양 철학이 플라톤 철학에 대한 각주에 불과하다고 말했을 정도다.[1] 그중 죽음 철학의 노선에서 플라톤은 데모크리토스의 원자론과 대립하며, 대체로 소크라테스를 계승했다. 특히 피타고라스의 철학적 노선을 따랐다. 다시 말해 플라톤의 죽음 철학은 피타고라스의 죽음 철학의 계승이자 체계적인 발전이라 볼 수 있다.

고대 그리스의 유심주의자였던 피타고라스의 죽음관은 유심주의와 신비주의(오컬티즘occultism)를 바탕으로 하고 있어 종교 신비주의의 색채가 짙다. 그는 '수數'를 만물의 기초라고 생각했는데, 영혼 역시 숫자로 이루어진다고 생각했다. 그에 따르면 인간은 영혼과 신체의 결합이며, 인간이 인간일 수 있는 본질적인 이유는 영혼에 있었다. 이때 영혼은 죽지 않으며, 자신뿐 아니라 신체를 움직이는 힘이 있다. 영혼을 잃은 사람은 원동력을 잃고 육체 역시 시체로 변해 결국 죽는다.

종합하면 피타고라스는 죽음을 영혼이 몸을 떠나는 과정으로 봤고, 그 본질은 영혼이 육체에서 해탈하는 것이라고 생각했다. 다만 영혼의 해탈은 영구적이지 않고 일정 시간이 지나면 다른 몸과 결합하여 새 생명으로 탄생한다. 이것이 피타고라스의 영혼 윤회설(영혼 불사설)이다. 플라톤 죽음관의 핵심 이념이기도 하지만 플라톤은 피타고라스의 영혼 불사설은 하나의 종교적 신념이지 엄격한 철학 논증이 없고 필수 논리력도 부족하다고 판단했다. 그래서 사람들을 설득하려면 영혼 불사에 대해 많은 증명이 필요하다고 생각했다. 이를 위해 플라톤은 영혼 불사설을 지키고 논증하겠다는 책임감과 사명감을 가졌다.

오늘날 우리는 플라톤이 남긴 다수의 저작을 통하여 불멸의 영혼에 대한 그의 철학적인 증명을 알 수 있다. 본체론, 인식론, 구조론, 도덕론 등 여러 이론적 측면과 관련 있다.

　- 본체론 증명: 본체론은 바로 그 유명한 '이데아론'이다. 《크라틸로스》에서 그는 "각종 사물은 자신의 견고한 본체가 있다. 이런 본체는 우리의 것과 상대적이지 않고, 우리의 상상력으로 동요하지 않고 흔들리지 않으며, 각종 사물 자체에서 그들 자체의 고유한 본성과 관련이 있다"고 했다. 이러한 공통의 본질은 플라톤이 말하는 '이데아'다. 플라톤은 전체 세계를 둘로 나누었다. 하나는 변동하여 고정되지 않는, 존재하면서 또 존재하지 않는, 유와 무 사이의 현상 세계이자 가시적인 세계다. 또 다른 하나는 절대적으로 안정적이고 영원히 변하지 않는 본질 세계이자 이념 세계다. 그는 이것을 이데아에서 출발해 증명했다. 이데아는 절대적으로 안정적이고 영원하며, 영구한 이상 영혼이 이데아를 인식하고 이해할 수 있다면 영혼 자체는 반드시 절대적으로 안정적이고 영원하다.

　- 인식론 증명: 인식론은 그의 '회의설'에 잘 반영되어 있다. 플라톤은 세계가 가시적인 세계와 이데아 세계로 나뉜다고 보았다. 인류의 인식은 '진리'와 '의견'으로 구별된다. 가시적인 세계에 관한 인식은 보편적이고 필연적인 지식을 만들 수 없고 그저 의견에 불과하다. 본질 세계 또는 이데아 세계에 관한 지식만이 비로소 참된 지식인 진리가 될 수 있다. 진리를 획득하기 위해서는 반드시 영혼의 기억을 통해야 한다. 그렇다면 영혼은 어떻게 이데아를 회상할 수 있는 것일까? 플라톤

은 이렇게 해석했다. "영혼은 죽지 않고, 이미 여러 차례 환생하면서 이승과 저승의 모든 것을 보았기 때문에 모든 사물의 지식을 얻게 되었다. 그러므로 사람의 영혼이 미덕과 기타 사물에 관한 지식을 회상할 수 있는 것은 이상한 일이 아니다."[2]

— 구조론 증명: 플라톤은 영혼의 구조와 성질에 기반을 두고 영혼 불사에 대해 논증했다. 엠페도클레스, 데모크리토스 등 고대 자연 철학자의 관점에 따르면 사물의 발생과 소멸은 사물을 구성하는 원소의 혼합과 분해라고 할 수 있다. 물질의 본질인 영혼의 구조는 단일하며 나눌 수 없다. 영혼에는 어떠한 변화도 생길 수 없고, 발생되지도 소멸되지도 않는다. 영혼은 죽지 않고 영원하며, 만물의 근원, 즉 최초의 것을 의미한다. 영혼은 모든 사물에 가장 먼저 존재하는 것으로, 만물은 영혼으로 인해 발생한다.

— 도덕론 증명: 후기 저작인 《국가》에서는 도덕 윤리의 관점으로 영혼 불사를 논증했다. 현세의 선과 악, 아름다움과 추한 행위가 그에 상응하는 결과를 필연적으로 발생시키는 건 아니다. 따라서 그에 대한 대가는 영원히 소멸되지 않는 영혼에 호소해야 한다. 영혼은 악한 것에 의해 소멸되지 않고 영원히 존재한다. 영혼이 영원히 존재한다면 영혼은 영구불변하다고 할 수 있다.

엄격히 말해 위에 제시한 플라톤의 영혼 불사에 대한 증명은 충분하지 않을 뿐더러 논리적 맹점도 존재한다. 그는 영혼 불사에 관한 본체론 증명과 인식론 증명에서 순환 논증의 오류를 범했고, 그가 증명하려 했던 것이 오히려 그 증명의 전제가 되었다. 하지만 플라톤은 서

르네상스 화가 라파엘로가 그린 고대 그리스의 아테네 학원. 그림 중앙에 플라톤과 아리스토텔레스가 보인다.

양 철학 사상의 영혼 문제를 본체론, 인식론, 방법론 및 도덕 윤리 등의 시각으로 종합적으로 탐구한 첫 번째 인물이다. 또한 영혼 불사설을 새로운 경지로 끌어올려 세계관과 인생관의 의미를 부여했다.

플라톤은 영혼 불사 논증을 바탕으로 죽음의 본성에 대해 깊이 있게 탐구했다. 그리고 '죽음은 영혼이 몸에서 해방되는 것'이라는 유명한 결론을 내렸다. '죽음은 영혼의 해탈'이라는 피타고라스의 주장과 거의 달라 보이지 않지만 여기에는 큰 차이점이 있다. 두 사람 모두 인간은 영혼과 육체의 결합이고 인간의 죽음은 영혼이 육체의 속박을 벗어나 몸이 시체가 되는 과정이라고 했다. 따라서 죽음은 인간의 완전한 소멸이 아니라 몸만 시체로 변하는 것으로, 영혼은 불사한다.

차이점은 이것이다. 피타고라스는 영혼의 육체 해탈은 일시적인 것이고 영혼은 계속해서 환생하여 끊임없이 신체와 결합하기 때문에 최종적으로 해탈의 경지에 도달할 수는 없을 것이라 봤다. 반면에 플라톤은 죽음만이 영혼을 육체의 속박에서 벗어나게 해 준다고 주장했다. 그리고 죽음이 영혼에 적합한 본성 세계에 진입할 수 있도록 도와준다고 여겼다.

영혼의 본성을 말하자면 영혼은 영원하고 불멸하며 자유롭게 움직인다. 영혼의 본성에 적합한 세계는 이데아 세계가 유일하다. 이데아 세계에서만 영혼이 자신으로 돌아가고 자유자재의 본성을 회복할 수 있으며 또 영구적일 수 있다. 영혼과 육체의 결합 이후 영혼은 인간의 형상을 얻으면서 생과 멸이 있는 물질세계로 떨어진다. 이곳에서 육체의 모욕을 견디고, 물질과 몸에 속박당해 자유로운 본성을 잃는다. 따라서 플라톤은 죽음을 중시했고, 죽음을 영혼이 육체에서 해방되는 과정이라고 봤다. 그리고 죽음이 영혼의 해방과 구원, 자유로운 본성이 다시 회복하는 과정이자 영혼 정화의 근본적인 방법이라고 생각했다.

주목할 점은 플라톤이 영혼에 대해 원칙적인 구분을 했다는 것이다. 이데아 세계의 영혼과 인간의 영혼 즉, 인간의 형상을 한 영혼은 다르다. 인간의 영혼은 이성적인 부분과 비이성적인 부분으로 구분된다. 전자는 인간 영혼의 신성하고 영원불멸한 부분이고, 이데아 세계의 영혼과 동일하다. 후자는 영혼 속의 열정과 욕망의 부분으로, 육체 감각과 긴밀한 관련이 있으며 혼탁하고 비열하며 생겨났다가 사라진다. 영혼의 비이성적 부분은 인간이 죽을 때 몸이 파괴되면서 사라진다. 남겨지는 것은 신성하고 영원불멸한 단일한 영혼이다.

플라톤은 죽음에 대해 '철학은 죽음의 연습이다'라는 오랜 세월 전해지는 명제를 제시했다. 철학사를 잘 아는 이라면 그가 소크라테스에게 영향을 받아 철학에 일생을 바쳤음을 알고 있을 것이다. 본래는 시인이 되고자 했으나 소크라테스와 만난 후 철학에 대해 헌신하는 그의 위대한 정신에 고무됐다. 그리하여 자신의 시 원고를 모두 불태우고 철학 탐구의 험난한 길에 뛰어들어 반세기 넘게 분투했다.

플라톤은 철학을 참된 지식이자 인간됨의 학문이며 일종의 생활 방식이라고 여겼다. 철학은 이성에 관한 지식 즉, 이데아에 관한 지식이다. 이데아 지식은 '진眞'의 지식이자 '선善'의 지식이다. 이데아를 추구하는 지식은 생성하고 소멸하는 객체 사물을 벗어나 영원하고 무한한 이데아 세계에 진입해야 한다. 따라서 소위 철학자들은 보통 사람들과 달라야 한다. 세속 생활을 버리고 객체의 유한한 사물을 넘어서 개인의 생사를 초월한 무한한 경지를 추구하며 자각적인 죽음 의식을 형성해야 한다. 철학 연구는 객체 사물을 초탈한 이데아 세계의 진리를 연구해야 하고, 자각적인 죽음 의식을 구축해야 한다. 한마디로 철학은 죽음을 위해 준비하는 리허설이자 과정으로, 따라서 '죽음의 연습'이 된다.

플라톤은 자각적인 죽음 의식 유무를 진짜 철학자를 구분하는 시금석으로 여겼다. 세속적 생활을 탐하는 이들은 목숨을 아끼고 죽음을 두려워하기 마련이다. 이들은 유한한 객체 사물에 집착하기 때문에 이데아 세계에 들어서기 어렵다. 개별적 사물에 초탈하고 생사의 경계를 꿰뚫어 보며 자각적인 죽음 의식을 세운 사람만이 육체의 견고한 감옥을 벗어나 감각의 장애를 극복하고 신성한 이데아 세계에 진입해 마침내 철학 지식을 얻을 수 있다. 즉, 플라톤에게 있어서 죽음 지식으로의 철학은 죽음 바깥에 있는 것이 아니라 죽음 안에 있는 것이었다. 철학은 죽음의 리허설이자 죽음의 연습이며, 철학가는 하이데거의 말처럼 '죽음에 이르는 존재Sein zum Tode'다.

서양 철학사에서 죽음 철학에 중요한 영향을 미친 또 다른 철학자는 에피쿠로스다. 그리스 헬레니즘 시대의 대★ 철학자로, 그의 철학은 후대에 쾌락주의 철학으로 불렸다. 그는 '에피쿠로스의 정원'에서 철학을 강연했는데 정원 대문에는 '이곳을 처음 찾아온 이여! 이곳에서는 매우 즐겁게 생활할 수 있을 것이다. 이 정원은 그대에게 쾌락과 더할 수 없는 선善을 줄 것이다'라는 글귀가 적혀 있었다고 한다.

그런데 에피쿠로스가 말하는 '쾌락'과, 우리가 일반적으로 생각하는 부귀영화 등을 누리는 '쾌락'은 근본적인 의미에서 차이가 크다.

쾌락주의 철학자로 알려진 에피쿠로스 조각상(왼쪽)과 그를 모시는 신전(오른쪽).

전자의 기본적 의미는 아무런 근심이 없는 평화롭고 평온한 상태다. 그는 일찍이 '우리가 말하는 최종 목적으로의 쾌락은 일부 사람들이 생각하는 방탕한 쾌락 또는 육체적인 쾌락을 말하는 것이 아니라, 고통 없는 몸과 근심 없는 마음을 의미한다'고 했다. 에피쿠로스는 평생 청빈한 삶을 살았고 잔병이 많았다. 이 때문에 건강을 매우 갈구했고, 재물에 연연하지 않았다고 한다. 볏짚 침대에서 누리는 쾌락이 금 침대보다 좋다고 생각했고 마음의 불안보다 낫다고 봤다. 이것이 쾌락주의자 에피쿠로스의 죽음에 대한 태도였다.

자연 철학에 있어서는 데모크리토스의 유물론적 원자론을 계승, 발전시켰다. 인식론에서 그는 서양 철학사의 첫 번째 감각주의자였다. 윤리학적으로는 쾌락을 행복한 생활의 기본 원칙이라 했다. 서양 사상사에서 유명한 쾌락주의자인 에피쿠로스는 죽음 문제에서 유물론적 감각론과 유물론적 원자론 입장에서 출발하여, 이유 없이 죽음을 두려워하는 것과 플라톤식의 죽음을 갈구하는 것을 모두 반대했다.

에피쿠로스의 철학을 큰 그림으로 보면 중심에는 윤리학이 있고, 윤리학의 중심에는 인간의 문제가 있다. 따라서 모든 지식과 철학은 인간을 위해 봉사해야 하고 인간의 행복을 추구해야 한다. 철학이 인간을 위해 행복을 추구하려면 먼저 인간의 삶과 죽음이라는 큰 문제를 주시해야 한다. 이를 위해 철학은 반드시 죽음 문제를 연구해 죽음에 대한 공포를 없애야 한다.

에피쿠로스는 대중 철학자로 불리며 처음으로 철학 사상으로 죽음의 상처를 치료한 사람이다. 그는 마음의 상처를 고치지 못하는 철학자의 말은 빈껍데기라고 보았다. 마음의 상처는 두 종류다. 첫째는 신에 대한 공포고, 둘째는 죽음에 대한 두려움이다. 이 두 가지 공포를 해소해야 마음의 병이 나을 수 있다. 신에 대한 공포는 인간이 죽고 나면 벌을 받을 것이라 믿는 것에서 생겨나고, 죽음에 대한 공포는 소멸에 대한 예측으로부터 나온다.

여기서 우리는 에피쿠로스의 죽음을 대하는 태도가 보통 사람들과 다름을 알 수 있다. 건강한 자들이 질병의 존재를 잊고 살아가는 것처럼 보통 사람들은 죽음을 잊고 지낸다. 에피쿠로스가 주목한 것은 '죽음 질병'에 걸린 사람들로, 죽음에 대한 공포로 고통을 겪고 있는 사람들에게 만병통치약을 주고자 했다. 철학이 그가 생각하는 영혼의 치료약이었다.

물론, 철학사를 돌아보면 에피쿠로스가 영혼을 치료하는 약제를 찾은 최초의 인물은 아니다. 헤라클레이토스가 그보다 앞서 영혼에 영향을 미치는 구원의 약을 약제라고 불렀기 때문이다. 하지만 철학 전체를 영혼을 치료하는 약제라고 부른 것은 에피쿠로스가 처음이었다. 에피쿠로스는 자신의 학설을 네 가지 약제로 요약했다. 첫째, 우리는 신을 두려워할 필요가 없다. 둘째, 죽음은 감각의 상실을 의미한다. 셋째, 선은 쉽게 얻을 수 있다. 넷째, 악은 쉽게 이겨 낼 수 있다. 에피쿠로스가 처방한 네 가지 약제는 마음의 상처의 근원을 찾아 이를 고침으로써 영혼의 건강과 안정을 되찾게 한다.

에피쿠로스는 인생의 행복은 영혼의 건강과 안정에 달려 있다고 봤다. 이는 인생의 첫 이치이자 철학의 근본적인 요지였다. 영혼의 건강을 가장 해치고 영혼의 안정을 방해하는 것은 무지다. 따라서 마음의 공포를 없애는 근본적인 방법은 철학을 연구하는 것이다. 인간의 생사 본성을 밝혀 '죽음은 우리와 아무런 관계가 없다'는 이치를 깨우쳐야 한다.

에피쿠로스는 어째서 죽음이 우리와 아무 상관이 없다고 하는 것일까? 에피쿠로스는 유물론적 원자론과 감각주의적 인식론을 통해 이 문제에 답했다. 원자론자들은 만물의 본질을 원자로 귀결시켰다. 원자론에서 우주 만물은 원자로 구성되어 있으며 원자는 나뉘지 않는다. '원자'의 그리스어 원문의 뜻 역시 '나눌 수 없다'다. 이 관점에 따르면 인간은 세상의 만물과 마찬가지로 원자로 구성된다. 다른 사물과 다른 점은 인간의 마음을 구성하는 원자가 특별히 정교하다는 것이다.

마음의 원자는 인간의 몸 전체에 분포되어 있다. 그중 이성적인 영혼은 가슴 쪽에 있고, 비이성적인 영혼은 몸 전체에 분포되어 있다. 하지만 인간도 사실상 세상 만물과 똑같이 원자가 우연히 모여 생긴 존재다. 원자가 모여 사람이 되거나 사물이 된 데에는 매우 큰 우연성이 존재한다. 원자가 모일 때 사물이 형성되고 원자가 분해될 때 사물이 멸망한다. 사람에게 원자의 집합은 태어남을 의미하고 원자가 분리되면 죽음이라 불린다. 따라서 사람의 생사는 단지 원자의 우연적인 집합과 해체다. 일부 원자가 다른 원자와 우연히 함께한다면 또 다른 사람 혹은 사물이 만들어질 수 있다. 이 모든 것이 어떻게 우리와 관련이 있겠는가?

감각론의 입장으로 보면 죽음과 우리는 조금의 관계도 없다. 에피쿠로스는 유명한 감각주의자로, 감각은 인식의 기초로서 모든 선과 악, 길과 흉도 감각 속에 있다고 생각했다. 그에 따르면 감각은 외부

물체가 우리의 감각 기관과 마음을 자극한 결과로 형성된다. 예를 들어 지금 어느 사람이 죽었다면 그 사람의 모든 감각 기관과 마음은 단일한 원자로 붕괴된 것이라 말할 수 있다. 이때 감각 기관과 마음은 더 이상 존재하지 않고, 감각 역시 즉각 소실된다. 따라서 모든 선과 악, 길과 흉의 감각 인식 역시 사라진다. 이 때문에 에피쿠로스는 '죽음은 우리와 관련이 없으며, 해체되어 버린 모든 것들은 감각이 없고, 감각이 없는 것들은 우리와 관계없다', '죽음은 그저 감각의 상실이다'고 했다.[3]

죽음과 우리가 연관이 없다는 점을 인식하면 인생의 최종 결과를 더 이상 두려워하지 않아도 된다. 또한 살아 있는 것도 무서울 것 없음을 알게 된다. 죽음이 두렵지 않고 마음도 유쾌해진다. 어떤 상황에서도 우리는 죽음을 두려워할 필요 없다. 살아 있다면 쾌활하게 살아야 하고, 행복하게 살아야 한다. '행복한 생활은 우리가 천성적으로 갖는 최고의 선이며, 우리의 모든 선택은 쾌락에서 출발해야 한다. 우리의 최종 목표는 쾌락을 얻는 것이고, 느낌을 기준으로 모든 선을 판단한다.'[4]

에피쿠로스는 플라톤과 마찬가지로 사람들에게 죽음을 두려워하지 말라고 위로했지만 목적은 달랐다. 플라톤이 죽음을 두려워하지 말라고 한 이유가 죽음을 추구하고 죽음으로 나아가기 위함이었다면, 에피쿠로스는 죽음의 공포를 갖고 있는 환자들에게 진정제를 처방하기 위해서였다. 또 그들 마음의 상처를 치료해서 생활이 유쾌해지도록 하기 위함이었다. 이런 의미로 보면 플라톤의 죽음 철학의 실제는 '죽음'을 권고하는 철학이지만, 에피쿠로스의 죽음 철학은 '삶'을 권하는 철학이다.

도가 사상의 중심인물인 장자.

죽음에 대한 공포를 치료하는 측면에서 전국 시대 말기의 철학자인 장자의 명성은 매우 높다. 장자는 현재 고증할 수 있는 한 가장 먼저 죽음 문제에 관심을 가졌던 철학자다. 장자의 죽음 철학 사상은 대략적으로 '생과 사는 하나다. 천지를 관으로 삼아 혼이 자연으로 돌아가 유유자적 소요하도록 해야 한다'라고 정리할 수 있다.

장자 철학의 죽음관은 유교 철학과 마찬가지로 모두 자연주의의 입장에 속한다. 공자로 대표되는 유교는 현세에 사람이 해야 할 도리를 중시했기에 죽음에 대한 연구는 그리 많지 않다. 다만 후대에 이르러 이 문제를 다소 보완하여 명나라 유학자인 왕양명이 유교를 '생사에 대한 생각', '생명이 다할 때까지 꿰뚫어 보는 학문'이라고 주장하기도 했다. 전반적으로 유교는 죽음에 대한 두려움에 반대하면서도 죽음을 매우 비통하게 여겼다.

반면에 장자는 죽음을 애도하는 것이 불필요하다고 봤다. 삶을 거스르지 않는 것을 강조한 그는 태어나는 것과 죽는 것은 지극히 자연스러운 일이며, 생을 통해 무엇을 얻는 것도 아니고 죽음이라고 무엇을 잃는 것도 아니라고 주장했다. 생사는 자연적인 일로 인위적으로 거스를 수 없다. 따라서 자연히 발생하는 대로 순응하는 것이 바로 삶을 따르는 것이다. 삶을 탐욕하거나 죽음을 두려워하는 것은 자연적인 것이 아니다. 장자는 사람들이 대자연의 의지와 안배에 복종하고 순응해야 한다고 권고했다.

죽음을 자신이 바꿀 수 없는 운명적으로 정해진 일임을 깨닫고 그것대로 내버려 두는 것이 가장 현명한 행동이라는 것이다. 사람은 천성적으로 삶을 좋아하고 죽음을 싫어해 종종 하늘의 뜻을 거스르곤 한다. 하지만 고명한 사람은 일반적인 좋음과 싫음으로 사물을 대하지 않으며, 사물에 대한 내재적이고 규율적인 인식을 통해 생사를 포함한 모든 것을 처리한다.

장자가 부인의 죽음을 맞이했을 때 보인 태도는 장자의 삶에 대한 관점을 매우 잘 보여 준다. 《장자·지락至樂》에 전해지는 이야기다. 장자의 부인이 죽자 혜자가 조문을 갔다. 이때 장자는 방 앞에서 동이(질그릇*)를 두드리며 노래하고 있었다. 그 모습을 본 혜자가 장자에게 매정하고 의리가 없다며 화를 내자 장자가 차분하게 설명했다. "나를 탓하지 말게나. 나도 사람이고 초목이 아닐세. 실은 처음에는 나도 다른 사람들처럼 부인을 잃어 고통스러웠네. 하지만 곰곰이 생각해 보니 이해가 되었다네. 세상의 만물은 삶이 있으면 죽음이 있고, 죽음이 있으면 삶이 있어 서로 전환된다네. 인간은 본디 모양도 혼도 기도 생명도 없는 그저 혼돈스러운 희미함 속에 있다가 서로 교감을 통해 혼과 기가 형체를 갖게 되고 형체가 길어지면서 생명을 갖게 되는 거라네. 지금 부인은 명이 다해 죽었지만 춘하추동이 변하는 것처럼 그녀가 온 곳으로 돌아갔을 걸세. 실제로는 무사히 천지 사이로 되돌아간 것이니 그녀의 죽음은 새로운 삶이라네. 이렇게 생각하면 내가 울 필요가 있겠나?"

장자는 분명 극단적인 자연주의자였다. 그는 유교가 중시했던 장례와 제사 의식을 없애 버렸다. 죽음이란 안정적이고 평온하게 자연으로 돌아가는 과정이며, 자연과 혼연일체가 되어 생명 본질의 자연으로의 회귀 과정이라고 생각했기 때문이다. 따라서 세속적인 시선으로 사후를 신경 쓸 필요가 전혀 없으며 천지를 관곽(시체를 넣는 널*)으로 삼아 혼이 자연으로 돌아가 유유자적 소요하도록 해야 한다고 주장했다.

《장자》에는 죽음을 언급한 내용이 많다. 〈내편·대종사內篇·大宗師〉에서 장자는 죽음은 피할 수 없는 대상임을 확실하게 인정했다. '생사 그리고 생명도 해가 뜨고 지는 것처럼 자연스럽다. 하늘도 그렇다.' 〈기물론齊物論〉에서는 '삶은 죽음의 제자며, 죽음은 삶의 시작이다'라 했다. 생사는 부단히 전환되며 조화(대자연)는 이미 결과가 정해져 있어 인간의 힘으로 바꿀 수 없다는 것이다.

〈응제왕應帝王〉에는 혼돈의 죽음에 관한 이야기가 실려 있다. 남해의 왕은 숙儵이고 북해의 왕은 홀忽이며 중앙의 왕은 혼돈混沌이었다. 숙과 홀은 때때로 혼돈의 땅에서 만났는데, 그때마다 혼돈이 그들을 융숭하게 대접했다. 이에 숙과 홀은 혼돈의 은혜에 어떻게 보답할지 논의하며 말했다. "사람은 모두 7규(일곱 개의 구멍인 눈, 귀, 입, 코)가 있어서 그것으로 보고 듣고 먹고 숨을 쉬는데 혼돈에게만 없으니 구멍을 뚫어 주자." 그들은 날마다 혼돈의 구멍을 하나씩 뚫었고, 7일째 되는 날 혼돈은 죽고 말았다. 혼돈의 죽음은 숙과 홀이 자연의 이치에 따르지 않아 발생했다. 혼돈에게 보답하려는 호의가 오히려 역효과만 낸 셈이었다.

전반적으로 살펴보면 장자의 생사관은 '천지는 나와 함께 살아 있고, 만물은 나와 하나'라는 관념으로 정리할 수 있다. 그는 도가의 '도는 하나로 통일된다'는 관점으로 천지 만물을 대했다. 모든 사물의 경계와 차이는 절대적으로 변하지 않는 것이 아니라 서로 통하는 것으로 봤다. 〈천지편天地篇〉에서는 "생사를 '도'의 시각으로 보면 절대적인 경계는 없고, 생사의 차이는 하찮은 것이며, 사실상 '만물은 하나'로 생사는 같은 상태다… 삶은 죽음의 제자이고 죽음은 삶의 시작이다"고 했다.

따라서 삶이 천하를 얻었음을 의미하는 것이 아니고, 죽음 역시 천하를 잃었음을 의미하는 것이 아니다. 생사는 같고, 서로 전환된다. 태어남이 그렇게 기쁜 일도 아니고, 사람이 죽는 것도 그렇게 안타까워할 일이 아니다. 오히려 편안해지고 아무 구속 없이 어떤 근심이나 걱정도 없이 가는 것이다. 이를 위해 장자는 〈대종사〉에서 사람들에게 "삶을 등으로 삼고 죽음을 엉덩이로 삼으며 생사존망이 본래 하나임을 아는 자가 나와 친구가 되리라"고 했다. 무한한 천지와 시공에서 인간은 그저 잠시 나타났다 사라지는 존재다. 인생이란 흰 말이 달려가는 것을 문틈으로 보듯 순식간의 일이므로 너무 슬퍼할 필요도 미련을 가질 필요도 없다.

장자는 자연주의의 태도와 입장으로 삶과 죽음을 총괄적으로 보고, 생사를 하나라 봤으며, 마침내 죽음을 해탈하고 초월하는 경지에 도달했다. 하지만 이러한 초월은 실질적으로 주관적인 정신의 초월이자 심미의 초월이다. 그는 심미관을 통해 생사를 꿰뚫고 순수한 주관적 정신으로 개인의 시공의 유한함을 초월했다. 그리고 삶과 죽음의 절대적인 경계를 해체하고, 천인합일의 경지에 다다랐다. 그에게는 짙은 낭만주의 및 이상주의의 경향이 있었다. 장자의 마음속에 존재했던 진인真人과 신인神人 등 이상적인 인격은 생사의 경계를 뛰어넘는 절대적인 자유를 가진 구현자였다.

장자가 생각하는 자유는 소요유逍遙遊, 아무것에도 얽매이지 않고 떠도는 것다. '소요'란 무엇인가? 소요의 소逍는 사라짐의 소消에 가깝고, 소요의 요遊는 이끌어 내며 멀어진다는 뜻이다. 소위 소消를 향한다는 것은 해소의 방향으로 흘러간다는 의미다. 세상 사람들에게 '해소'란 물아의 대립으로 인한 모든 번뇌, 숙고, 피로, 유한함, 더 나아가 생사가 해소되거나 사라지는 것이다. 우주와 융합하고 통일하는 경지에 이르는 것이다. 이끌어 내며 멀어진다는 것은 사람을 높은 곳으로 이끌어 만물의 속박을 벗어난다는 뜻이다. 장자가 말한 인간의 위쪽으로의 상승은 엥겔스가 제시한 자연 속에서의 선택과 해방과는 다르다.

그는 인간 마음의 초탈을 특히 강조했다. 인간이 자유를 실현하려면 소요유의 경지에 도달해야 하고, 마음이 유형적인 것에 붙들려서도 안 되었다. 현실의 어려움과 일상의 지견으로부터 멀리 떠나는 경지에 다다라 거대한 정신적 공간에서 자유롭게 맘껏 사유할 수 있어야 했다. 따라서 장자의 소요유를 속세에서 멀어지는 것으로만 이해한다면 너무 단순화하는 것일 뿐더러 장자 사상의 정신적 본질을 위배하게 된다.

진정한 소요유란 천지 사이에 몸을 의탁하고 자유롭게 돌아다니는 것이다. 막힘이 없고 장애가 없으며, 형체 및 마음의 속박을 벗어나 물질의 변화에 적응하고 자신을 상하지 않게 하는 것이다. 장자가 말한 생명의 존재는 감성과 육체의 존재뿐 아니라 감성과 형체를 초월하여 형이상적 초월 세계에 진입한 형이상학적 존재다. 이런 존재는 실질상 심미관으로 비추어진 마음의 존재임을 알 수 있다. 이러한 마음만이 진정으로 속세의 수많은 굴곡을 벗어날 수 있다. 우리는 육체와 마음의 온갖 속박을 근본적으로 벗어나 각종 방해물을 없애야 비로소 소요함의 경지에 다다를 수 있다.

장자의 많은 일화는 소요유를 추구하는 자유로운 상태와 경지를 설명해 준다. 장자는 대천계에 속한 사람들에게는 중압과 유혹이 너무 많기에 자유롭게 오가면서도 자신을 상하지 않게 하기란 매우 어렵다고 보았다. 하지만 우리가 스스로를 옭아매지 않고 포기하지 않는다면 그 가운데서 초탈할 수 있으며 자아와 진정한 나를 찾을 수 있다고 했다. 자유와 소요유는 이룰 수 없는 이상이 아니다. 여기서 말하는 '자유로운 나'는 형체가 아닌, 자유롭게 움직일 수 있는 '마음'을 가리킨다. 일상적 경험을 벗어날 수 있는 초월의 마음이자 노자가 말한 허정虛靜, 무욕, 무득실, 무공리의 극단적으로 평정한 상태과 무심無心, 마음을 비우는 것의 마음이다. 마음을 비워 구속과 속박이 없는 상태에서 그 무엇이 마음을 속박하고 상하게 할 수 있단 말인가! 따라서 소요유를 실현하기 위해 속세를 전혀 벗어날 필요도, 더군다나 생명을 포기할 이유도 없다. 소위 '큰 은자는 시중에 숨는다大隱隱於市'는 말과 같다.

장자의 이상주의와 낭만주의는 그의 독특한 인생관을 구성했다. 후대 중국의 문인, 문풍에 큰 영향을 주었고 위진 시대의 풍격을 만들었으며, 대대손손 지식인들에게 전해졌다. 수천 년의 역사를 돌이켜 보면 중국의 선비들은 기본적으로 유교와 도교의 영혼을 가지고 있

라파엘 전파의 대표 화가인 존 에버렛 밀레이의 작품 〈오필리어〉. 오필리어는 셰익스피어의 비극 《햄릿》의 여주인공이다.

었다. 마음가짐, 정취, 처세, 처신, 정신, 신앙 등에서 유교와 도교의 품격이 곳곳에 드러난다. 책 읽는 선비가 과거에 급제하여 득의양양할 때는 마음에 호연지기가 충만하여 천하를 자신의 소임으로 생각한다. 하지만 일단 좌절을 겪게 되고 곤경에 빠지면 종종 불현듯 깨달음을 얻고 초탈하여 속세를 떠난다. 궁하면 자신의 수양에 힘쓰고, 달하면 천하를 구제한다. 자유를 추구하거나 정의를 지향한다. 중국 선비의 일생은 유교적이기도 도교적이기도 하다. 먼저 유교적으로 살다가 후에 도교적인 삶을 살거나, 먼저 도교적으로 살고 후에 유교적이 되거나, 그것도 아니면 유교와 도교가 서로 섞여 서로를 보완하는 식이다. 유교와 도교, 이 두 가지는 중국 문인의 정신적 기개를 함께 형성해 주었다.

보통 사람들이 무의식적으로 죽음을 무시하면서 죽음으로부터 해탈한다면, 철학자는 의식적으로 죽음을 벗어나면서 죽음에서 해탈한다. 비록 이들 모두 결과적으로는 죽음을 신경 쓰지 않고 가볍게 바라보는 상태에 이르렀을지라도, 하나는 자연적이고 다른 하나는 인위적이다. 죽음에 초연한 철인의 태도는 '치유'의 결과이며 그것의 처방책은 이성적인 인식이다. 에피쿠로스, 플라톤, 장자 모두 그러하다.

———————————— W h a t   i s   D e a t h ————————————

1. 바렛 윌리엄, 《비이성적인 사람Irrational Man》, 1962, p. 79
2. 북경대학 외국 철학 교연실, 《고대 그리스 로마 철학》, 1961, pp. 212-213
3. 위의 책, p. 343, p. 366
4. 위의 책, p. 367

제 **5** 장

죽음에
해탈하다

What is Death

죽음에 해탈하기 위해서는 먼저 죽음의 공포와 불안에서 벗어나야 한다. 실상 이것은 모든 이의 보편적인 소망이자 가장 절박한 요구일 것이다. 여러 종교 중에서도 해탈을 가장 전문적으로 연구하고 실천하는 것은 불교. 불교의 기본적인 수행 임무와 최종 지향점이 해탈이기 때문이다. 불교에서의 해탈Moska은 불교의 궁극적인 목표이자 최고선인 니르바나Nirvana다. 이로부터 현세의 번뇌에서 피안의 자유를 지향한다. 따라서 어떻게 번뇌를 자유로 향하게 하는가는 불교의 해탈이 반드시 답해야 할 핵심이다.

삶과 죽음의
고통

What is Death

인도에서 시작된 불교는 중국을 비롯하여 아시아 전체에 큰 영향을 미쳤다. 특히 중국의 일상과 풍습은 불교적인 색채가 짙다. 지금으로부터 2천 년 전에 불교가 중국으로 전해지면서 중국화된 불교가 만들어졌고, 민간에 깊이 유입되면서 보편 신앙으로 자리 잡았다. 그런데 불교가 민간에 널리 퍼지면서 오히려 사람들이 불교의 진면목을 알지 못하는 아이러니가 발생했다.

불교는 여타 종교와 비교할 때 독특한 점이 많다. 먼저 불교 최고의 신앙과 숭배 대상으로서의 부처는 불교의 시조, 즉 교조로 떠받들어진다. 불교 사찰에서 정성스레 모시는 것은 불교도의 근본 귀의처인 불보, 법보, 승보인 삼보三寶다. 부처가 세상에 머물 수 있었던 것은 승려의 보호가 있었기 때문인데, 당시에는 승려가 매우 높은 지위를 가져 승려가 왕을 불경한다는 말까지 있을 정도였다.

불교의 시조는 신이 아닌 인간이다. 고타마 싯다르타는 기원전 565년에 출생하여 기원전 486년에 세상을 떠났다. 그의 생몰연대는 공자, 노자가 살았던 시대와 비슷하다. 29세에 출가해 35세에 불교를 창시하고 80세에 열반했으며, 열반 이후 제자들은 그를 석가모니로 존칭했다. 석가모니는 석가족의 성자, 지자智者라는 뜻이다. 따라서 부처와 중생은 본질적인 면에서 차이가 없다. 하지만 다른 점도 있다.

미혹됨과 우둔함, 각성이다. 중생은 잘못에서 깨어날 줄 모르나 부처는 깨달은 이Buddha로, 철저하게 각성한 사람이다. 소승 불교에서는 최고 경지에 다다른 이를 아라한阿羅漢, 약칭하여 나한이라고 부른다. 바로 대승 불교에서의 부처다. 여기서 부처는 한 사람을 말하지 않는다. 기독교와 이슬람교는 유일신을 믿는 데 반해 불교의 부처는 무한하다. 부처는 천성적으로 태어나는 것도 하늘의 계시를 받는 것도 천부적인 것도 아니다. 오직 수행을 통해 부처의 반열에 다다른다. 석가모니는 인도 북부의 왕자로 태어나 19년을 왕궁에서 살았다. 그러던 어느 날 네 개의 궁문 입구에서 생로병사의 고통을 목격했고, 이후 인생을 사유하고 고통을 초월하는 도를 찾고자 출가의 뜻을 굳혔다. 석가모니는 참새 둥지를 천장으로 삼고 갈대를 의복으로 삼아 5년의 참관과 6년의 고행을 통해 결국 부처가 됨으로써 불교의 시조가 되었다.

요약하면 불교는 삼보를 신앙의 대상으로, 실제 모습을 해탈의 기초로, 중생을 교화하고 구제하는 것을 궁극적인 목표로, 입적을 최고의 경지로, 계율, 선정, 지혜를 해탈 방법으로 여기는 세계적인 종교

거대한 석가모니상.

라고 하겠다.

불교사에서는 보통 고대 인도의 석가모니와 그 제자들이 전하는 불교를 원시 불교라 한다. 원시 불교가 성행했던 시기는 대략 기원전 5세기에서 기원전 4세기 중엽 무렵이다. 주요 경전은 《아함경》으로 고苦, 집集, 멸滅, 도道의 4개의 인생 진리인 사제四諦와 십이연기十二因緣, 팔정도八正部 등의 이론이 포함된다. 석가의 입적 약 100년 뒤에 불교 계 내부에서 분열이 일어나 상좌부 불교와 대중부 불교로 갈라졌다. 여기서 또 많은 교단이 발전해 18부 또는 20부로 통칭되었으며 부파 불교라 불렸다. 1세기 전후 대승 불교의 세력이 커지면서 개인의 해 탈을 추구하는 원시 불교를 소승 불교라 부르고 폄하하기 시작했다. 대승 불교는 후에 공空과 유有의 종파, 즉 중관학파中觀學派와 유가행파

瑜伽行派로 나뉘었다. 이후 7세기경에 인도 불교는 힌두교와 결합했고 12세기에 극단적이며 신비한 설교로 막바지에 다다랐다. 서한 말기에 중국에 유입된 불교에도 여러 파벌이 있다. 어쨌거나 불교는 세계적인 종교로 발전했다.

불교는 인생의 여러 고통 가운데서도 생로병사의 고통을 깊이 체득하여 깊은 깨달음을 주는 다양한 관점을 제기했다. 인생의 고통에 대한 체험과 각성은 불교 이론의 기초를 구성한다. 석가는 완전한 깨달음을 얻은 후 처음으로 사제를 설파한 인물이다. 이것이 초기 불교 이론의 기초다.

불교에서 말하는 사제의 근본은 고苦다. 모든 고통을 세상에 널리 알리는 것이다. 불교에서 인생의 가장 근본적인 고통은 우매한 번뇌의 괴로움을 겪는 것이고, 생사의 고해를 떠돌아다니는 것이다. 이때 무명無明은 미혹의 근본이 되는 무지로, 분별력을 흐리게 하는 힘이다. 생사의 떠돎을 해탈하는 초월적인 지혜가 없는 사람을 의미하기도 하고, 큰 어둠에 처해 있는 아득한 상태를 가리키기도 한다. 따라서 무명은 인생을 고통스럽고 불행하게 만드는 총체적인 뿌리라고 할 수 있다.

석가모니는 출가 전에 이미 생로병사의 커다란 고통을 이해했다. 그리고 수행을 결심하여 고통의 참된 모습을 체험하고 증명하려고 했다. 성불 후에는 생로병사의 고통은 물론이고 보다 많은 고통을 체득했다. 삶의 고통은 인간과 동물을 포함하여 모든 생명이 겪는 일이다. 생명이 존재한 이래로 모든 중생은 고통을 받아 왔다. 태어나기 전에도 10개월간 어머니의 뱃속에서 몸의 형체가 생기는 과정에서 내열을 견뎌야 하고, 세상에 나올 때는 짓누름의 고통을 느껴야 한다. 현세에서는 추위, 더위, 바람, 한기 등의 온갖 자극을 참아야 한다. 이처럼 잉태된 후부터 생로병사의 고통이 한 사람의 평생을 함께한다.

늙음의 고통은 소년, 청년, 장년을 거쳐 노년에 이르는 과정에서 기력, 형상, 감관, 지력이 퇴화하면서 부패하는 고통이다. 병의 고통은 인간의 생명을 구성하는 지地, 수水, 풍風, 화火의 4대 원소의 불균형이 만드는 고통이다. 몸의 질병은 이 4대 원소의 변이와 부조화에서 발생하고 이로 인해 심신의 고통이 발생한다. 죽음의 고통은 생명이 자신의 여정을 마치고 수명이 끝날 때 생기는 고통이다. 원인은 다양한데 질병이나 외재적인 악연 때문이기도 하다. 생명의 힘이 약해지

불교의 기본 교리인 고, 집, 멸, 도의 사제를 묘사한 그림.

면서 죽음으로 넘어가는 과정에서 인간은 갖가지 고통의 괴로움을 겪고, 몸과 마음이 훼손되면서 마침내 호흡이 멈춘다.

생로병사의 고통 중에서 가장 큰 것은 죽음의 고통이다. 인간의 얼굴은 한자의 '고苦'와 매우 비슷하다는 말이 있다. 눈썹의 '초艹'와 두 눈과 코에 해당하는 '십十'과 입의 '구口'가 합쳐지면 '고苦'처럼 보인다는 것이다. 생이 있으면 반드시 죽음이 있고, 인생은 무상하여 결국 사멸한다. 인간의 힘으로는 거역할 수 없다. 하지만 생이 있기에 자연 규율을 어기거나 깨려고 시도하기도 한다. 우리는 오래도록 살고 죽지 않기를 원하지만 필연적으로 끝없는 고통에 휩싸인다.

괴로움에서 벗어나
즐거움을 누리다
(이고득락 離苦得樂)

What is Death

불교의 고통에 대한 체득이 다른 종교보다 더욱 강렬한 근본적인 원인은 무엇일까? 고통의 근원을 외부의 초인 격적인 힘에 의한 처벌로 규정하지 않는 대신, 그것을 자신의 탓으로 돌리며 생명 자체의 문제로 보기 때문이다. 따라서 불교에서 인생의 고통을 초월하는 방법은 자신에게 되돌아가는 것이다. 부처는 중생들에게도 이 점을 분명히 알렸다. 인생의 고통을 초월하는 근본적인 과정은 고통의 원천이 자신에게 있으며, 자신의 온갖 탐욕들, 그중에서도 불사의 탐욕에 있음을 기본적으로 인식하는 것이다. 불교에서 해탈의 길, 고통을 초월하는 길은 인간의 마음心에 있으며, 천국과 지옥도 마음과 멀지 않다.

이때 불교의 지혜관으로의 '심'은 일종의 현상이며 사물의 본체,

다시 말해 기초다. 《대정장大正藏》은 욕계, 색계, 무색계의 삼계三界는 구별이 없고 다만 마음이 작용하는 것이라고 설명한다. 마음은 화가처럼 여러 색깔을 만들 수 있으며 만법은 마음에서 일어난다. 불교에서는 세계의 형상, 색채 등의 속성을 모두 마음이 부여한 것으로 본다. 만물의 본질이며, 열반, 반야, 불성 등을 포함한 모든 가치의 최고 매개체고, 모든 가치의 가치 주체다. 우주 만물의 모든 곳이 마음이다.

하지만 마음의 종류는 여러 가지다. 가치의 속성으로 보면 진심, 악심, 무기심 혹은 건강한 심리, 건강하지 않은 심리, 중성 심리가 있다. 기능적 역할로 보면 육단심, 연려심, 진심, 망심이 있다. 본성으로 구분해 보면 자재심, 진심, 망심, 수번뇌, 불정이 있다. 그중에서 통상적으로 인간이 잊고 있거나 주의하지 않는 혹은 숨겨져 있는 진심과 망심 및 후에 서양 철학에서 흥미롭게 보는 현상학 성질의 심리 현상에 관심을 가졌다. 요컨대 불교의 마음 함의는 간단히 두 가지로 귀결된다. 본체로서의 마음과 주체로서의 마음. 전자는 마음의 형상, 후자는 마음의 작용이다.

일반적으로 불교의 마음은 종종 중생의 마음, 즉 모든 유정한 생명의 마음을 일컫는다. 불교에서는 모든 생명체를 유정有情, 그 외의 다른 존재를 무정無情이라 한다. 중생은 삼세육도 안에서 윤회하는 모든 생명체를 말한다. 구조론적으로 설명하자면 모든 유정한 생명을 이루는 가장 기본적인 구성 원소는 음陰이다. 그리고 음은 색色, 수受, 상想, 행行, 식識의 다섯 개로 나뉜다. 색은 자신의 몸과 타자의 몸을 포함한 중생의 물질적 껍데기를 뜻한다. 수는 심신의 각종 감수感受를 말한다. 상과 행은 중생이 환경 또는 사물에 갖는 상상, 연상 등 사유 활동과 행위 방식을 선택하는 의지 활동을 말한다. 식은 중생의 감각으로 인한 각종 활동의 결과, 즉 각종 인식을 말한다. 오음은 중생 심신의 기본 요소를 구성하지만 본체론적으로 보면 중생을 구성하는 오음은 모두 연^緣과 합^合으로 생기고, 연의 조건이 존재하지 않으면 색·수·상·행·식도 존재하지 않으며, 모든 것은 영원하지 않다.

불교는 '마음' 연구(마음 철학의 문제 중 하나)에 관한 진실을 추구하고 이를 신성화하기 위해 깊이 탐구했다. '마음이 범부가 되고, 성현이 되고, 천국이 되고, 지옥이 된다.' 인간사에서 복을 누리든 지옥에 떨어져 수난을 겪든 아니면 생사를 이동하며 부처가 되어 성자가 되든 모두 마음의 상태로 정해진다는 것이다. 이때 마음을 차분히 통제하고 자각적으로 생명의 모든 세속적인 탐욕을 끊으면 생사의 윤회를 단절하여 열반의 경지에 오를 수 있다. 열반의 본래 뜻은 적멸, 멸도이며, 생로병사 등 여러 고통 및 그 근원의 번뇌의 끝이자 불가 수행의 최고 경지다. 열반의 경지에서 인간은 철저히 번뇌를 끊고, 모든 공덕을 갖추며, 생사의 윤회를 초탈하고, 불생불멸 속으로 들어간다.

열반의 경지는 두 가지다. 첫째는 유여열반으로 번뇌가 사라지고, 식욕이 없어지며, 모든 고통의 요소가 완전히 제거되는 것을 의미한다. 하지만 전생의 업으로 만들어진 과보의 몸, 즉 육신은 그대로다. 인간은 여전히 세상에 살고 있고 사고 활동도 있으니 열반의 하나 아래 단계라 하겠다. 두 번째는 무여열반이다. 생사의 연유를 끊고, 생사의 과가 소멸하며, 육신과 지력이 멸하여 생사의 윤회가 더 이상 존재하지 않음을 말한다. 이는 극단적인 초월 방식이자 소승 불교가 추구하는 최고 경지다.

소승 불교와 다르게 대승 불교는 열반을 육체의 생명이 파괴된 이후 다다르는 경지로 보지 않고, 자아의 주관적인 정신 초월로 실현할 수 있다고 말한다. 대승 불교에서 열반과 세상은 본질적으로 차이가 없다. 모두 '공^空'일 뿐이다. 열반도 공, 세상 만물 역시 공이다. 세상은 열반이고, 해탈 역시 세상을 벗어날 수 없다. 따라서 생사의 초월은 속세를 완전히 멀리하는 것이 아니고, 생명을 끊는 것도 아니다. 공명한 심성으로 세상 만물의 공무^{空無}한 실상을 깨달으며 사물 본래의 정적인 면목을 인식하는 데 달려 있다.

불교의 이상 세계,
불국정토

What is Death

부처는 불교의 영원한 실질적 존재로, 불교도가 추구하는 불국정토에 산다. 불국정토는 기독교의 천국과 다르고, 도교의 무릉도원과도 다르다. 불교의 우주론적 관점에 따르면 불교의 '천天'은 '계界'를 나누는 일종의 세계다. 세계는 등급과 계층으로 나뉜다. 어떠한 부처인지, 어느 정도까지 수행했는지에 따라 그의 영혼이 어떤 천계에 속하는지가 정해진다. 불교의 천계는 매우 복잡하나 기본적으로 욕계, 색계, 무색계의 3계로 이루어진다. 대승 불교와 소승 불교가 공통으로 인정하는 바다. 하지만 대승 불교는 3계 외에 최고 세계가 존재한다고 여기며 그곳을 극락, 연화장의 불국정토라고 부른다.

불교의 천국 단계에서 중생들은 자신이 속한 천계에 따라 수행 방법이 다르다. 천계가 높아질수록 수행 단계도 높아진다. 육욕천의 중생은 이미 고통스러운 인간 세상을 초월했지만 아직 식욕과 정욕을 끊지 못해 번뇌가 남아 있다. 색계의 중생은 욕계를 초월하고 식욕과 정욕을 해탈했지만 형체의 존재가 남아 있어 물질의 속박을 받고, 따라서 근본적으로는 번뇌를 해탈하지 못한 상태다. 반면에 무색계의 중생은 색계를 초월하고 유형의 신체를 버렸으며 더 이상 물질의 속박을 받지 않고 '명근命根'(과거의 업보로 생겨난 현세에 생명을 유지할 수 있는 근거*)으로만 존재한다.

천계의 중생들은 인간 세상과 멀리 떨어져 있기에 수명이 매우 길다. 일례로 불교에서 육욕천 중 하나인 도솔천에서는 하루가 인간 세상의 400년으로, 불국의 1년은 욕계의 14만4천 년에 상당하는 시간이다. 불국에서 4천 년의 수명을 누렸다면 인간 세상의 57억600년을 보낸 것으로, 거의 불로장생한 것이나 마찬가지다. 그러나 대승 불교에서는 이를 여전히 생사의 윤회를 초월하지 못한 것으로 본다. 그들도 언젠가 끝내 죽을 것이고, 여전히 생사의 윤회에 빠져들 것이며, 윤회의 고통을 겪게 될 것이기 때문이다. 무색계를 초월하고, 생사를 끊고, 모든 번뇌를 제거하며, 열반에 들어야만 진정으로 해탈할 수 있고 마침내 불생불사의 영원한 경지에 들어가 극락을 누릴 수 있다.

모든 이가 바라는 천국은 너무 높은 곳에 있다. 천국으로 올라가려는 불교도들은 생사에서 나쁜 짓을 하지 말아야 한다. 그리고 이번 생, 두 번째 생, 세 번째 생, 더 나아가 수백 수천의 생에서 선을 행하고 덕을 쌓아야만 자신의 목적한 바에 도달할 수 있다. 따라서 모든 종교가 약속하는 영원함은 실현될 수 없다. 이 모든 것은 사실상 환상이기 때문이다. 포이어바흐의 말처럼 환상은 사람들로 하여금 이성을 혼미하게 만들고 눈을 현혹시키는 빛 속에서 자연을 보게 한다. 인간의 언어는 이런 빛을 신성, 신이라 부른다.

신, 천국, 지옥 모두 인류의 환상이 만들어 낸 산물이다. 인간이 추구하는 무한과 영원의 적극적 발현이자, 현실 중에서 실현할 수 없는 염원이며 또 도달할 수 없는 일이다. 그래서 우리는 상상 속에서 그것을 완성할 수 있다.

제 **6** 장

죽음을
초월하다

What is Death

역사의 발전에 따라 죽음에 대한 태도도 조금씩 달라졌다. 경이로움에서 시작하여 갈망, 경시를 지나 초월에 다다랐으며, 이 과정에서 죽음에 대한 인식 또한 깊어지고 확장되었다. 그럼에도 마음 깊은 곳에 죽음을 부정하고 영원을 갈망하는 강렬한 충동 또한 존재했다. 영원을 추구하는 것은 죽음을 넘어서는 것이다. 그것은 죽음이 인간의 필연적인 운명임을 믿지 않는 것과 죽음에 대한 깊은 두려움, 죽음이 희망을 빼앗아 가는 것을 원치 않는 정서적인 반감, 그리고 최종적인 행복을 갈망하는 것에서 비롯된다.

무신론의 입장에서 보면 영원은 불가능한 일이다. 그러나 유신론(종교)의 입장에서 보면 충분히 가능하고 필연적인 일이다. 따라서 죽음을 초월하여 영원을 추구하는 것은, 엄격하게 말해 일종의 신앙이라 할 수 있다. 영원(불사)을 믿는 방식에는 종교적, 세속적, 원시적, 문명적 등 여럿이 있다. 공통점은 죽음에 대한 의식을 각성한 인간이 다양한 형태로 죽음을 초월하고자 하는 경향을 보인다는 것이다. 불멸 추구형의 경우 신선의 약초로 육체의 영원함을 추구하거나, 책을 써서 사상의 영원함을 추구하거나, 위대한 업적을 세워 명성의 영원함을 추구하거나, 선한 일을 행하여 선의 영원함을 추구한다. 인지형의 경우 죽음이 상대적이고 일종의 자연 현상임을 인식하고 여기에 순응한다. 이들은 살아 있음에 기뻐하거나 죽음에 슬퍼하지 않고 평온하게 죽음을 받아들인다. 향락주의형도 있다. 즐겁지 않다면 몇 년을 더 살아도 의미가 없다고 생각하며, 영원한 명예와 지위로 죽음을 대체할 수 있다는 것에 회의적이다. 그들에게 사람이 살아 있다는 유일한 근거는 육체의 존재며, 죽으면 육체적·물질적 즐거움을 누릴 수 없음을 가장 아쉬워한다. 원시 신앙과 문명 신앙에서, 그리고 세속적 차원에서 죽음의 초월이 어떻게 이루어지는지 살펴보자.

원시 신앙식
죽음의 초월

What is Death

      죽음을 초월하려는 충동은 원시 사회부터 존재했다. 1장에서 살펴본 것처럼 원시 종교와 신화의 핵심 관념이자 가장 기본적인 신앙이 '영혼은 죽지 않는다'이기 때문이다. 이와 관련하여 중국의 귀신 신앙에 대해 자세히 살펴보자.

  중국의 귀신 신앙은 일반적인 종교 신앙과 다르다. 단순히 봉건 미신으로 치부할 수 없는 일종의 민간 풍속 신앙인데 죽음의 실재를 부정하며 생명의 영원함을 믿는다. 사람이 죽으면 귀신이 되고, 이승에서 저승으로 들어가며, 그곳에서 고통을 받거나 복을 누린다는 것. 이것이 중국의 기본적인 죽음 신앙이다. 당연히 죽음을 생명의 끝으로 여기지 않으며, 사람이 죽은 후 아무것도 없이 텅 빈 상태로 돌아간다는 것을 믿지 않는다. 의식적이든 무의식적이든 다른 세계가 존재한다고 믿고, 사람이 죽으면 그곳으로 들어간다고 생각했다. 이들에게 죽음은 사람이 귀신으로, 자신이 살아가는 형식을 바꾸는 것이었다.

귀신 신앙은 오랜 역사가 있다. 은나라는 귀신 숭배로 유명했고, 춘추전국 시대의 사람들도 보편적으로 귀신의 존재를 믿었다. 공자는 한 번도 귀신을 직접적으로 이야기하지 않았으나 귀신의 존재를 믿었다. 제자 자공에게 "사람도 제대로 섬기지 못하는데 어찌 귀신을 섬길 수 있겠느냐?"라고 했던 것을 보면 알 수 있다. 사람과 함께 지내는 법을 알아야 귀신을 섬기고 제사 올리는 법을 알 수 있으며, 그래야 귀신과 평화롭게 공존할 수 있다는 속뜻이다.

공자는 현세에 충실해야 한다며 귀신에 대한 언급을 피했지만 동시에 귀신의 존재를 인정하고 있다. 제사를 중시하는 것과 귀신에 대한 이야기를 꺼리는 것은 모순적인 태도로, 이를 통해 그가 오히려 귀신을 중시했으리라 유추할 수 있다. 사람의 어리석은 이해력으로는 귀신을 논할 수 없으므로 현세에 충실하게 살되, 경건하게 제사 올리는 과정을 통해 귀신의 존재와 생명의 의의를 깨달아야 한다는 것이다. 귀신은 보이지도 않고 만질 수도 없지만 존재는 느낄 수 있다. 당시에는 귀신이 어디든 존재하고 사람들의 생활을 감시하면서 착한 이에게는 상을 내리고 악한 이에게는 벌을 내린다는 믿음이 만연했다.

이처럼 귀신 신앙은 아주 오래전부터 시작되어 사람들의 마음에 깊이 자리 잡았다. 현재까지 발굴된 여러 고고학 자료에 따르면 고대 중국에는 이미 장례를 후하게 치르는 전통이 있었다. 사람이 죽으면 생산 도구, 생활용품, 금은보화는 물론이고 살아 있는 동물과 사람까지 매장했다. 이를 통해 산 사람들은 고인에 대한 마음을 표현했고, 또 망자가 죽어서도 그 물건들을 계속 사용할 수 있다고 믿었다. 순장이 대표적이다. 이후 계급 구분이 보다 확실해지면서 (고위 계급의 경우) 장례를 성대하게 치르는 경향이 심화되었다.

성대한 장례를 논할 때 진시황을 빼놓을 수 없다. 진시황릉은 중국 최초의 황제 능원으로, 점유 면적만도 56제곱킬로미터에 달한다. 높이는 55미터며, 완공까지 무려 39년이 걸렸다. 역사상 규모가 가장 크고 부장품도 가장 풍부한 제왕릉이다. 피라미드조차 여기 미치지 못할 정도라고 한다. 고고학자들은 진시황의 능묘에서 400개 이상의 구덩이를 발견했으며 출토된 문물은 셀 수 없을 정도다. 가장 많이 출토된 것은 청동기로, 1980년에 발견된 대형 채색 청동 마차(128쪽 하단 사진 참고)가 가장 유명하다. 거대한 크기와 화려한 장식, 사실적인 구조는 보는 이를 절로 감탄하게 만든다. 진시황 병마 용갱에는 진흙으로 구운 도용陶俑과 도마陶馬 8천여 개, 청동 병기 4만여 개가 묻혀 있었다. 이 어마어마한 규모의 부장품 덕택에 진시황릉은 세계적으로도 귀중한 자산으로 꼽힌다.

한대의 능묘도 이에 못지않다. 사실 중국 역대 제왕들의 능묘는 전부 그 규모가 방대하고 부장품도 많다. 제왕의 존귀함을 나타내기 위함이었는데 또한 제왕이 죽은 후에 귀신으로 변하여 이러한 금은보화와 생활용품을 저승에서 계속 사용할 수 있으리라 믿었기 때문이기도 하다. 관원과 귀족들도 점차 제왕의 성대한 장례를 따라 하기 시작하여 심지어는 평범한 백성들도 가산을 탕진하면서까지 후한 장례를 거행했다. 고인에 대한 아쉬운 마음과 그를 보내는 슬픔을 표현하는 동시에 고인이 자손들을 보살피고 복을 내려 주길 바랐던 것이다. 장례를 후하게 치르는 전통은 지금도 이어진다. 춘추전국 시기에 묵가에서 유가의 성대한 장례를 반대하고 간소한 장례를 주장하긴 했으나, 성대한 장례는 계속 이어졌다. 이유는 간단하다. 사람이 죽으면 귀신이 된다고 믿었기 때문이다. 귀신의 존재는 두말할 필요 없다. 귀

진시황릉에서 출토된 병마용(위)과 청동 마차(아래).

신이 산 사람과 마찬가지로 지각을 가지며 은혜와 원한을 갚을 줄 안다고 여겼으며, 혹시라도 신통한 존재인 귀신으로부터 보복을 당할까 두려워 성대한 장례를 행했다.

고인이 죽지 않는다는 것과 귀신의 존재를 믿는 것, 이 오래된 신앙은 현대 사회까지 이어졌다. 그리고 다양한 형식과 내용으로 여러 민족의 풍습과 합쳐지면서 일종의 민간 신앙으로 발전했다. 차이가 있다면 오늘날의 중국인들은 실제 물품 대신 종이로 만든 대체품을 부장품으로 사용한다는 것이다. 명절에는 주로 종이 돈 같은 것을 불에 태우곤 하는데, 고인이 저승에서 풍족하게 사용하라는 의미다. 사실 귀신은 하급 신이라 상급인 신처럼 엄청난 위력을 갖고 있지 않다. 죽은 후에 신이 될 수 있는 이도 소수다. 하지만 귀신이 중요하고 의미 있는 이유는 모든 사람은 예외 없이 귀신으로 변하기 때문이다.

중국의 귀신은 서양의 영혼 개념과 다르다. 서양의 영혼은 보거나 만질 수 없는 정신적인 것을 연상시키고 훨씬 추상적이다. 그리고 점차 종교와 연결되고 하나가 되어 마침내 서양의 정통 신앙이 되었다. 또 서양의 귀신은 사탄 또는 마귀, 뱀이나 늑대 같은 사악한 부류에 속한다. 반면 중국의 귀신은 원시적인 영혼 개념에 가깝다. 이는 죽음을 담담하게 맞이하고 죽음을 초월하려는, 고대인의 죽음에 항거하는 표현 방식이었다. 여기에도 차이는 존재한다. 중국의 귀신 신앙은 원시 사회의 영혼 개념보다 문명, 계급 사회의 산물에 가깝다. 인격적인 특징을 가지며 선악호오로 구별되기 때문이다. 그만큼 훨씬 구체적이고 형상화되어 있다. 중국의 귀신은 종교 신앙으로 발전하지도 봉건 미신에 속하지도 않고, 일종의 민간 풍습으로 자리 잡았다.

중국의 역대 문헌 중에는 귀신에 대해 언급하는 것들이 많다. 《산해경山海經》, 《여씨춘추呂氏春秋》, 《좌전左傳》에서부터 《수신기搜神記》, 《수신후기搜神後記》, 《이원異苑》, 《영귀기靈鬼記》, 《유명기幽明記》에 이르기까지, 나아가 명청 시대의 《서유기西遊記》, 《종규귀전鍾馗鬼傳》, 《요재지이聊齋志异》, 《자불어子不語》 등에 귀신과 요괴 이야기가 잔뜩 실려 있다. 중국에는 사물 귀신, 자연 현상 귀신, 사회 현상 귀신, 떠돌이 귀신, 집귀신, 선한 귀신, 악한 귀신, 귀신의 방계 등 각종 귀신이 있다.

사물 귀신은 각종 사물에 깃든 귀신이다. 산귀신, 나무귀신, 물귀신, 바위귀신, 땅귀신 등이다. 자연 현상 귀신은 자연계에 존재하는 각종 자연 현상에 깃든 귀신이다. 가뭄귀신, 천둥귀신, 구름귀신, 꿈귀신 등이 있다. 사회 현상 귀신은 사회에 존재하는 현상에 따라 분류된 귀신이다. 빚쟁이귀신, 살인귀, 방화귀, 억울하게 죽은 귀신, 명을 재촉하는 귀신, 굶어 죽은 귀신, 목을 매달아 죽은 귀신, 바람둥이귀신, 주정뱅이귀신, 술귀신 등 셀 수 없이 많다. 떠돌이 귀신은 아무도 제사를 지내 주지 않는 귀신이다. 비명횡사한 이가 외로운 떠돌이 귀신이 된다고도 한다. 또 전생에 지은 죄에 따른 결과라는 설명이 일반적이다. 민간 신앙에 따르면 비명횡사한 사람은 환생이 어렵기에 영혼 상태로 사방을 떠돌면서 자신의 몸이 될 만한 사람을 찾는다. 따라서 인간에게 해를 입히는 흉악하고 두려운 존재다. 일부 지역에서는 역귀歷鬼, 살煞 또는 요괴나 도깨비라고도 한다. 집귀신은 집안의 사람이 죽어서 변한 귀신으로, 조상귀신이라고도 한다.

인격화된 귀신은 선善의 화신인 선귀와 악惡을 대표하는 악귀로도 나뉜다. 《요재지이》와 《수신기》, 《서유기》 등의 소설에서 착한 귀신은 병을 치료하고 사람을 돕고 충성을 다하며 변치 않는 사랑을 하는 반면에 나쁜 귀신은 온갖 나쁜 짓을 일삼는다. 각양각색의 귀신과 다소 황당해 보이는 귀신 이야기에는 모두 행복한 삶을 꿈꾸던 사람들의 소망이 담겨 있다. 즉, 귀신이 권선징악을 행해 시대의 병폐를 고치는 역할을 하길 바라는 한편으로 자신들도 현세의 삶을 소중히 여겨 내세에 선귀가 되어야겠다는 다짐이라고 하겠다.

귀신의 방계에는 정령, 요괴, 마귀 등이 있다. 영혼 개념이 처음 등장했을 때는 명확한 구분이 없었다. 당시에는 자연의 만물을 완전히 구분하지 못했던 것이다. 그러다 사유 능력이 점점 발달하면서 사물을 비교적 명확하게 분류할 수 있게 되자 사람, 자연, 사회 및 각종 현상에 상응하는 다양한 귀신을 만들었다. 그중에서 귀신은 사람이 죽은 후의 혼을 가리킨다. 정령은 자연물의 혼으로, 주로 동식물의 영체가 수련을 통해 변한 것이다. 요괴는 동식물이 변한 것이다. 마귀는 기독교가 전해진 후 등장했다. 원래는 하느님이 만든 천사였으나 감히 하느님과 우열을 겨루려다 타락하여 마귀가 되었다. 중국의 민간 신앙에서 마귀는 나쁜 짓을 일삼는 귀신의 방계다. 옛 신화와 민간 신앙에서 소, 여우, 나무, 물고기의 정령 등은 모두 귀신의 방계로 여겨졌다. 물론 귀신의 방계 중에도 요괴와 도깨비가 적지 않다.

그러나 귀신의 분류는 상대적인 것이다. 악귀와 떠돌이 귀신도 다르지 않다. 떠돌이 귀신이 구천을 떠돌다 사람을 해치면 악귀가 된다. 초나라 사람들은 저승에는 악귀와 역귀가 떠돌아다니고 요괴와 도깨비도 말썽을 일으키니 죽어서도 평안하지 못하리라 여겼다. 이에 사

산천, 목석의 정령에서 생겨난다고 하는 도깨비들.

람이 죽으면 무덤 안에 무덤을 지키는 상징적인 동물(진묘수)을 넣어 망자의 영혼이 편히 쉴 수 있도록 하고, 역귀가 되지 않도록 방지하면서 요괴와 도깨비의 사악한 기운을 막았다.

중국의 귀신 신앙은 비이성적인 신앙에서 문명사회 풍습의 일종으로 발전했는데 오늘날에도 찾아볼 수 있다. 백중날에 신을 모신 사찰에 가서 불상 앞에 향을 올리고 고인을 위해 성대한 장례를 거행하는 것이 대표적이다. 그뿐만 아니라 믿으면 보이고 믿지 않으면 보이지 않는다거나, 있다는 것을 믿느니 차라리 없다는 것을 믿지 않겠다

132

는 심리도 등장했다. 이는 재산 또는 평안을 기원하는 등의 비교적 공리적인 심리에서 비롯된 것으로, 평안함과 행복을 추구하고 재해나 질병은 피해 가길 바라는 인간의 세속적인 욕망이 드러난다.

　귀신 신앙에서 사람은 죽으면 귀신으로 변하므로 생명이 소멸된다는 공포를 없애 준다. 남은 것은 인간과 귀신의 관계를 어떻게 처리하느냐, 이승과 저승을 어떻게 오가느냐다. 일부 지식인들은 귀신 신앙을 과학적 근거가 없는 봉건 미신으로 치부하며 없애야 할 악습으로 여겼다. 하지만 그들은 이것이 옛사람들이 죽음을 추월함으로써 죽음과 평온하게 마주하기 위한 방법이었음을 간과하는 것 같다. 귀신 신앙이 완전히 사라진다면 죽은 후의 허무를 맞닥뜨릴 수밖에 없다. 감당하기 어려운 상실감이다.

　귀신 신앙은 사람이 죽으면 귀신이 되며 죽음이 끝이 아님을 믿게 함으로써 생명이 소멸된다는 공포심을 버리고 현세의 삶을 어떻게 더 잘 영위할 수 있을지, 사람과 귀신과의 관계를 어떻게 잘 처리할지, 이승과 저승의 왕래와 소통을 어떻게 처리할지를 고려하게 만들었다. 예로부터 사람들은 죽음의 존재를 진정으로 믿는 경우가 드물었다. 언제나 죽음을 초월하거나 묵시하는 방식을 모색했다. 영원한 생명을 믿는 것과 귀신을 믿는 것도 그중 하나지만 초보적인 방식이다. 보다 고차원적인 신앙은 문명사회의 각 종교와 세속적으로 죽음을 초월하는 것에서 찾아볼 수 있다.

문명 신앙식
죽음의 초월

문명 신앙식 초월은 원시 신앙식 초월에 상대되는 개념으로 이성과 신앙이 결합된 단계라고 할 수 있다. 이 단계에서 사람들의 죽음에 대한 이해와 항거는 어리석고 무지한 수준을 뛰어넘는다. 감성과 이성의 사유가 합쳐지고 고대인의 신앙 숭배 전통과 결합되어 마침내 세계 문명에 영향을 주는 신앙 형식인 종교 신앙을 이루었다. 종교 신앙은 고대의 원시 신앙보다 훨씬 명확하고 복잡하며 또한 이성적이다. 종교는 탄생부터 죽음과 긴밀하게 연결되는데, 모든 종교가 생사 문제를 논하는 것을 봐도 알 수 있다. 종교는 본질적으로 죽음에 대한 반성이며 인류가 죽음을 초월해 영원에 이르는 방식 중에서 가장 정교하다.

종교의 궁극적인 목표는 생사와 관련 있다. 종교가 최종적으로 관심 갖는 것이 무엇인지 보면 기독교는 죽은 후의 부활, 불교는 생사의 윤회, 도교는 하늘로 올라가 신선이 되는 것(우화등선羽化登仙)이다. 기독교, 불교, 이슬람교, 도교는 대표적인 문명 신앙식 죽음 초월을 보여 준다. 앞서 기독교와 불교의 죽음관을 살폈으니 이번에는 도교의 죽음관을 보자.

도교는 중국에서 생겨난 민족 종교다. 기원전 2세기 무렵인 동한 시기에 탄생하여 2천 년 가까운 역사를 자랑한다. 위진남북조, 당송 시대를 거쳐 자신만의 통일된 경전과 교리를 구축하고, 비교적 완벽한 사상 체계를 이루어 가면서 결국 민족 종교로 자리 잡았다. 그러나 명청 시기부터 쇠락하기 시작했다.

도교가 발흥하던 시기의 전반적인 특징은 다음과 같다. 첫째, 초창기 도교에는 통일된 경전과 교리가 없었다. 도교는 사상 이론이 비교적 늦게 형성된 편으로《태평경太平經》,《노자상이주老子想爾注》,《포박자抱朴子》같은 도교 경전은 모두 후대에 집필되었다. 둘째, 몇 갈래 도교 세력이 거의 동시에 발흥했다. 하지만 서로 통괄하거나 예속하지 않았으며 공동의 지도자를 두지도 않

도교의 창시자로 알려진 장도릉.

았다. 셋째, 상부의 도교 사상가들은 유가 사상과 마찬가지로 도교도 통치 계급에 의해 활용되며 정통 종교로 인정받기를 바랐다. 이에 어떻게든 정치가들에게 접근하고자 했다. 반면에 하부의 도교 세력은 봉기를 일으켜 통치 계급을 전복시키는 것을 목표로 나아갔다.

도교의 최종 목표는 죽음을 초월하는 것이 유일한 내용이었다. 불교의 초월이 생명에 대한 전반적인 초월이었던 것과 달리 도교의 초월은 죽음이라는 결과에 대한 부정이었다. 세계 주요 종교 중에서 육체가 죽지 않음을 믿고 이를 진지하게 실천한 종교는 도교가 유일하다. 도교의 근본적인 취지는 현세의 생명을 영원히 지속함으로써 생사의 한계를 뛰어넘어 비현실적인 신선의 경지에 이르는 것이다. 몸과 마음의 적멸을 통해 생사윤회를 초월한다는 불교의 정신과 완전히 배치된다. 그래서 도교의 핵심은 살리는 데 있고 불교의 핵심은 멸하는 데 있다는 말도 있다.

도교는 죽음을 초월하는 방식으로 장생불사와 우화등선을 제시한다. 기독교가 '생명이 있으면 죽음도 있다'를, 불교가 '생명은 없고 죽음은 있다'를 중시한다면, 상대적으로 도교는 '생명이 있으나 죽음은 없다'를 추구한다. 즉, 죽음이라는 결과를 극도로 부정하며, 누구나 노력과 실천을 통해 육체의 불사를 이루고 신선이 되어 현세의 생활을 영속할 수 있다고 본다. 자연 생명을 숭상하는 도교는 개인의 후천적인 노력과 수련을 매우 중시한다.

만물은 모두 탄생과 발전, 소멸을 겪는다. 새로운 것이 낡은 것이 되어 사라지기까지의 과정은 자연의 규칙이긴 해도 전혀 거스를 수 없는 것은 아니다. 사람은 능동적이며, 삶은 그가 어떤 태도로 바라보느냐에 달려 있기 때문이다. 자연 규칙을 따른다면 불사의 신선이 되기란 불가능하지만 이 규칙을 깨뜨리고 최초의 태아 상태로 돌아간다면 죽지 않고자 하는 소망을 이룰 수 있다.

도교의 장생불사 관념은 각종 고대 신앙과 진한 시기에 유행했던 다양한 사상과 관점을 흡수하고 통합했다.

첫째, 원시 종교 신앙과 주술이다. 원시 종교는 주로 자연 숭배와 귀신 숭배로 이루어진다. 고대인은 만물에 영혼이 있다는 것과 영혼의 불사, 그리고 귀신의 존재를 믿었다. 자연과 귀신을 숭배하면서 소위 천신과 천명이라는 개념이 생겨났고, 무슨 일이 생기면 주술로 해결했다. 일상생활에서도 제사나 장례 때 전문 주술인이 귀신을 쫓거나 신에게 제사를 올렸다. 이렇게 주술은 사람들이 질병과 재난을 피하고 행복한 생활을 누리기 위한 중요한 방식으로 자리 잡았다. 또 주술인은 병을 치료하고 길흉화복을 점치는 신통한 사람으로 여겨졌으며, 도교에 흡수된 후로는 오늘날의 도사와 같은 존재로 여겨졌다. 영혼의 불사와 귀신의 존재에 대한 믿음은 인간의 장생불사와 신선의 존재에 대한 믿음으로 바뀌었다.

둘째, 도가 학설이다. 도가와 도교는 떼려야 뗄 수 없는 관계다. 서한 개국 초기에는 황노黃老, 황제와 노자 학파의 청정무 사상이 건국과 치국의 지배 사상이었다. 동한 시기에 이르러 황노 사상이 점차 신비로운 색채를 띠면서 도가와 도교를 혼동하는 사람들이 나타났다. 사실 도가는 원래 학술 유파였지만 도교가 황노 사상을 대거 차용하면서 많은 도교 교파에서 노자를 도교의 시조로 모셨고, 《도덕경》을 도교의 경전으로 삼았다. 철학으로서의 도가에는 확실히 종교로서의 도교와 공통점이 존재한다. 도교는 자연을 숭상하고 태초의 모습으로 돌아가려는 도가 전통을 흡수해 자연 생명을 극도로 중시하는 종교가 되었다. 또한 도교는 도가의 '기氣'를 중시해 수련 과정에서 기를 활용하는 것을 강조한다. 기는 내면 수련을 통해 신선이 되는 과정에서 가장 중요한 요소다. 노자는 장수와 양생의 도를 강조했는데, 이 역시 도교에 흡수되었다. 도교는 이러한 것들을 바탕으로 현세에서의 수명 연장과 장생불사를 추구했다. 장자의 신인神人과 진인眞人 개념도 도교에서 추구하는 신선의 밑그림이 되었다. 신인과 진인이라는 이상적인 인격을 숭배하고 추구하면서 도교의 기 수련과 단전호흡도 널리 퍼졌다.

셋째, 고대 신선의 방술 신앙 및 의학, 양생학이다. 도교의 신앙 핵심이 득도하여 신선이 되는 것임은 의심할 여지가 없다. 하지만 《태평경》은 신선이 되는 방법이나 연단술을 그다지 중요하게 다루지 않았고, 《노자상이주》에 이르러서야 신선이 되는 수련에 관심을 쏟았다. 이는 위진 시대에 도교의 주요 신앙으로 자리 잡았다. 사실 신선 신앙은 일찍이 전국 시대에 유행한 바 있으나 도교는 동한 시기에 등장했기에 중간에 수세기가 뒤처졌다. 신선이 되는 것이 훗날 도교의 중심 신앙이 되면서 신선 신앙이 도교에서 파생된 것이라 오해하는 사람도 있지만, 사실은 반대다. 고대 주술에는 자연 변이 현상과 음양 오행설을 이용해 인간과 국가, 사회의 길흉화복과 운명을 추측하고 해석하는 점성, 관상, 둔갑, 풍수, 신선술 등이 있다. 이들이 도교에 흡수된 후 나라를 다스리고 사람을 살리며 장생불사를 추구하는 중요 수단이 되었다. 여기에 고대 의학과 양생학의 수명 연장 비법이 더

해지며 점차 내면과 외면을 모두 수련해 장생불사를 추구하는 체계를 갖추어 나갔다.

넷째, 유가 학설과 참위讖緯 신학이다. 유가의 역학 사상과 치국평천하의 정치 이상, 그리고 서한의 참위 신학은 도교 사상을 이루는 중요한 부분이다. '참讖'은 일종의 신비한 예언을 말하며 '위緯'는 신의 뜻에 따라 경전을 해석한 책을 말한다. 도교의 중요한 경전인 《태평경》을 보면 유가 사상과 참위 신학의 색채가 짙게 배어 있음을 알 수 있다. 신인이 태평의 기운을 가지고 인간 세상에 내려와 난세를 몰아내고 천하를 태평하게 만든다는 것이다. 유가의 치국평천하를 차용한, 도교의 나라를 다스리는 이치다. 이밖에도 불교 또한 도교의 초월 사상 형성에 풍부한 사상적 원천을 제공했다. 따라서 전체적으로 보면 도교 사상은 아주 풍부하면서도 복잡하게 얽혀 있다고 할 수 있다.

도교가 크게 발전하는 데 기여한 시기는 위진남북조다. 첫째, 갈홍, 구겸지, 도홍경 등으로 대표되는 연단가들이 도교의 신선 이론 체계를 만들고 완비했다. 또한 여러 명사들이 장수를 위해 단약을 먹으면서 도교의 세속화와 보급화를 촉진했다. 당시 사대부 사이에서 장생불로를 위해 단약을 먹는 것이 상당히 유행했다. 기록에 따르면 가장 인기 있던 약은 오석산이었다. 한식산이라고도 불리는 광물질로, 주요 성분은 자석영, 백석영, 종유, 유황, 적석지 등 다섯 가지다.

당시 사람들은 오석산을 먹으면 수명을 연장할 수 있고 장수하여 나중에 신선이 되리라 여겼다. 실제로 오석산에는 강한 독성이 있었지만 알지 못했다. 게다가 약효가 잘 발현되도록 데운 술을 함께 복용했다. 그러면 옷을 많이 껴입거나 꼭 끼는 옷을 입지 않아도 전신에 열이 올라 찬물로 몸을 식히기도 했다. 열을 식히기 위해 넓고 헐렁한 옷을 입는 사람들이 점점 늘어났고 심지어 양말도 벗은 채 나막신만 신기도 했다. 그리하여 순식간에 위진의 명사들이 헐렁한 옷에 허리띠를 느슨히 매고 나막신을 신게 되었다. 사정을 모르는 사람들은 그런 그들의 모습을 우아하고 품위 있어 보인다고 느꼈고, '위진의 기품'이라고도 칭했다. 단약을 먹지 않는 사람들도 유행을 좇아 옷차림을 따라 했다. 도교의 영향 때문이었지만 반대로 도교의 영향력을 훨씬 넓히는 계기가 되었다.

위진의 명사들 사이에 단약 복용이 유행한 것은 도교의 영향도 있었지만, 보다 심층적인 원인은 그들이 삶과 죽음을 생생하게 느꼈기 때문이다. 한나라가 멸망하는 과정에서 사회는 극도의 혼란에 빠졌다. 목숨을 잃는 것이 예사였고 삶에 대한 조금의 예측도 힘들었다. 사회의 위기는 신앙의 위기와 가치의 위기, 정신의 위기를 불렀다. 당시 지식인들은 유가 사상의 영향을 깊이 받아 천하를 두루 구제하겠다는 이상과 바람을 지녔다. 하지만 빈번한 정권 교체 때문에 정치를 행할 권력이 없었고, 통치 집단의 도구로 전락하는 경우가 태반이었다. 일단 줄을 잘못 서거나 이용 가치가 떨어지면 생명이 위태로웠던 것이다. 따라서 지식인들은 정신적인 해탈을 추구하면서도 한편으론 짧고 괴로운 삶에서 생명 부지에 미련을 두었다.

도교는 전형적인 다신교다. 신선이 많은 데다 계급이 분명하고 정통과 민간으로도 나뉜다. 민간에 널리 알려진 재신, 관공, 복록수성, 문신, 조왕야, 토지신 등은 모두 도교에서 신봉하는 신들이다. 도홍경은 《진영위업도^{眞靈位業圖}》에서 처음으로 신들의 위계를 나누는 시도를 했다. 하지만 신봉하는 신선이 많고 종파도 다양해 신선 계보는 뒤죽박죽이 되었다.

유파가 다양하고 수련 방법도 제각각이지만 도교의 기본적인 사상 기초는 동일하다. 노자와 장자의 학문이라는 것이다. 도교는 자연 생명을 지극히 중시하는 종교라 사람이 스스로 노력만 한다면 생명을 영원히 유지하며 죽음을 이길 수도 있다고 봤다. 도교 철학에서 노자의 도는 선천적인 것에 속하지만 후천적인 만물의 어머니기도 하다. 만물은 탄생과 발전, 소멸 과정을 거치지만 새로운 것에서 낡은 것으로 바뀌는 과정을 되돌리지 못하는 것은 아니다. 이 과정에서 사람의 인식과 노력이 중요하다. 자연의 흐름을 그대로 따른다면 죽을 것이지만 거스른다면 살게 된다. 무에서 유로 나아가는 생의 과정을 따르지 않고 반대로 유에서 무로 나아가는 노력을 한다면 생명이 시작되

도가의 삼청존신인 원시천존, 영보천존, 도덕천존.

도교에서 옥황상제는 하느님을 가리킨다.

었던 근원으로 돌아가 죽음의 운명을 초월할 수 있다.

현재 전해지는 도교의 초월 이론과 관련된 최초의 서적은 위백양의 《주역참동계周易參同契》다. 이 저술은 도교의 초월 이론 발전에 불을 붙이며 초월 이론의 근간이 되는 원칙과 틀을 마련했다. 초월 이론을 체계적으로 설명한 최초의 사람은 종리권과 여동빈이다. 이들은 우주의 생성 이치와 음양의 변화 기제를 초월 이론에 접목시켜 '조화의 솜씨는 사람에게 달려 있다', '사람도 신선이 될 수 있다'는 명제를 제시했다. 두 사람의 학설에서 신선은 독특한 의미를 가진다. 음기를 지니고 양기를 안으면 인간, 순수한 양기만 있고 음기가 없으면 신선, 순수한 음기만 있고 양기가 없으면 귀신이라는 것이다. 사람도 음기를 몰아내고 양기만 남기면 삶을 초월한 경계에 이를 수 있다.

신선은 다시 귀선鬼仙, 인선人仙, 지선地仙, 신선神仙, 천신天神의 다섯 등급으로 나뉜다. 이후 왕중양이 전진교(북파)를 창시했다. 그는 유교, 불교, 도교의 융합을 주장하며 정신과 육체를 동시에 수련해야 한다는 도교의 초월 이론을 만들고 전진교 남파와 융합해 중도를 지키는 것이 특징인 초월 이론을 만들었다. 도교의 초월 사상은 명청 시대에 완성되었다.

도교는 신선이 되기 위한 수련을 중시했다. 주요 방법은 외단과 내단을 동시에 수련하는 것이다. 내단 수련은 '정精', '기氣', '신神'을 오랫동안 보존하는 것으로, 이를 수일守一이라고 한다. 여기에는 행기술, 도인술, 내관술, 수정술, 존사술, 방중술, 벽곡술 등이 있다. 내단 수련의 최고 경지는 몸을 화로로 삼아 내단을 연단하는 것이다. 다시 말해 정기신을 하나로 만들어 소위 삼화취정三華聚頂에 도달하는 것이다. 신선이 되기 위해서는 이 단계를 반드시 거쳐야 한다. 벽곡술은 인간 세상의 음식을 먹지 않는 최고의 경지다. 벽곡을 행하는 사람은 오곡을 먹지 않고 오로지 '기'만 먹는다. 이를 위해서는 '행기行氣'와 '도인導引'이 필요하다. 행기술과 도인술은 '기'와 관련된 장생법長生法인데, 오늘날의 기공과 태극권처럼 매일 단련이 필요하다. 신체를 건강하게 단련하는 것에 매우 유익하지만 이것만으로 장생불사를 이루기엔 터무니없이 부족하다. '기'를 보존하기 위해서는 내면을 자세히 들여다보고 가만히 앉아 모든 것을 잊어야 한다. 무아의 상태에서 세상을 대수롭지 않게 바라보는 경지에 이르러야 하는 것이다. 도교의 내단 수련은 정기신의 합일을 추구한다. 이 셋은 인간의 탄생과 성장에 결정적인 역할을 한다.

도교는 노자의 관점을 계승해 인간의 탄생과 천지의 탄생을 동일하다고 보며, 인체를 작은 우주라고 봤다. 노자의 우주 변화 생성 이론에 따르면 천지가 만들어지기 전에 우주는 혼돈하고 허무한 상태였다. 그리고 혼돈 가운데에 '도기道氣'가 존재했다. 도기는 움직이면서 위로 떠올라 하늘이 되었고 아래로 가라앉아 땅이 되었으며 교합하여 사람이 되었다. 사람은 모체에 있을 때는 신기神氣가 분리되어 있지 않다가 태어난 후에 신기가 분리되고, 청년이 되면 정기신이 왕성하게 된다. 내단을 수련하는 것은 사람의 성장 과정을 반대로 따라가 최초의 갓난아이 상태로 돌아가는 것으로, 정기신의 통일을 이루는 일이다.

그러면 어떻게 해야 정기신의 합일을 이룰 수 있을까? 외단 수련에 약재와 화로, 불이 필요한 것처럼 내단 수련에도 정기신 세 가지 요소가 필요하다. 불은 개인의 수련 단계와 수련 의지며 화로는 사람의 신체 또는 천지건곤 등 광활한 대상이다. 이밖에도 내단 수련에는 세 가지 절차가 필요하다. 첫째, 사람의 정과 기를 원기元氣로 응결하는 백일관百日關. 둘째, 원기를 신神으로 연단하는 십월관十月關. 셋째, 신을 허무와 혼돈으로 변화시키는 상관上關. 이 과정은 순서대로 진행된다. 무에서 유로, 유에서 무로 변하며 정기신이 융합된 허무와 혼돈의 경지에 이르러 신선이 될 수 있다.

반면에 외단 수련은 외단술, 외연술 또는 복이술服餌術이라고도 하는데 불사의 약을 연단하고 복용하는 것을 가리킨다. 외단 수련에는 점복占卜, 기도, 액막이, 부적, 주술 등이 포함된다. 외단 수련은 보통 불사의 약재, 예를 들어 주사, 황금, 백은 등을 화로에 넣고 연단한 선단을 먹는 방식으로 이루어진다. 당나라 이전에 장생불사를 추구하던 주요 방법은 외단 수련이었다. 진한 시기에 사람들은 자연계에서 만병통치약을 찾아 병을 치료하고 수명을 연장하기 시작했다. 사람들은 약초에 병을 치료하는 효과가 있고 소금은 부식을 억제하며 금이나 은 같은 금속은 안정적인 화학 성질을 가지고 있다는 사실을 깨달았다. 이에 천연 약재를 찾아다니는 것에서 점차 인공적으로 단약을 만들어 병을 치료하고 양생하기 시작했다. 불에 달군 금단金丹을 복용하면 장생불사할 수 있다고 믿었으며, 금단의 영구적인 특성을 사람의 몸에 옮길 수 있다는 환상을 품었다. 당나라 이전에는 신선이 되고자 외단을 제련하는 것이 매우 유행했다.

외단파의 대표적인 인물은 갈홍이다. 그는 단약을 상품, 중품, 하품으로 나누었다. 단약의 등급에 따라 복용 시의 효과도 달랐다. 이를테면 주사, 황금, 백은 등은 상등 약재로 분류되어 장생불사 효과가 가장 뛰어났고 제련 과정도 지극히 복잡했다. 중등 약재는 제지, 오옥, 운모, 명주, 석뇌, 유황 등으로 양생의 효과만 있고 장생불사를 보조했다. 가장 하급의 약초는 송진, 복령, 지황, 영지 등으로 병을 치료하고 수명을 연장하는 작용을 했다. 하지만 상등 약재에 속하는 주사와 금, 은은 모두 독성이 있는 중금속으로 사람이 먹어서는 안 되는 물질이다. 사실 옛날에는 단약을 복용하여 죽은 사람이 부지기수였다. 진시황을 비롯해 진ᵇ, 한, 당나라 때의 제왕 여럿이 단약 복용으로 인한 중독으로 세상을 떠났다. 당나라 이후로 사람들은 외단 수련에 대해 의심을 품기 시작했으며 점차 내단 수련을 더욱 중시하기 시작했다.

이와 같이 도교의 우화등선 방법은 매우 다양했다. 외단 수련은 당나라 이후로 내단 수련으로 대체되어 결국 완전히 사라졌다. 재미있는 것은 도교의 외단 수련이 의도치 않게 중국의 4대 발명품 중 하나인 화약의 탄생을 촉진했다는 점이다. 내단 수련은 계속해서 발전했다. 그중 도인과 행기 수련은 장생불사의 꿈을 실현해 주진 못했지만 후에 기공, 태극권 등 신체 단련 방법으로 널리 유행하면서 병을 예방하고 몸을 튼튼히 하는 데 큰 역할을 했다.

장생불사와 우화등선을 추구하는 도교의 방식은 지금 보면 터무니없고 황당해 보이지만 포기하지 않고 영생을 추구하려는 정신은 깊이 새길 만하다. 인류는 죽음을 초월하려는 꿈을 이루기 위해 끊임없이 노력해 왔다. 꿈을 이루기 위해서는 이론에만 의지하는 것이 아니라 도교처럼 용감하게 시도하고 모험하는 정신도 있어야 한다. 도교가 죽음의 초월을 추구하는 과정에는 주체성의 원칙과 개체성의 원칙이 녹아 있다. 기독교와 불교의 방법과 비교해 훨씬 적극적이고 낙관적이다.

　　도교의 적극적이고 낙관적인 태도와 정신은 우리가 죽음 문제를 어떻게 대해야 하는지에 중요한 암시를 준다. 바로 웃으면서 삶을 바라보고 죽음을 부정하며 마침내 죽음을 초월하는 것이다. 어쩌면 우리가 연단과 행기에 집중할 때 죽음은 이미 머릿속에서 까맣게 잊혔을지도 모른다. 자연에 융합되고 바깥 사물에 초연하며 태초로 되돌아가고자 하는 꿈을 품는 것, 이 역시 인생에서 도달하기 힘든 정신적인 경지다.

세속적인
죽음의 초월

What is Death

　　신앙적인 죽음의 초월 방식은 고대 사회에
서만 성행했다. 사회가 발전하면서 사람들의 죽음에 대한 인식은 초
자연적인 신앙으로 만족되지 않았으며, 모든 사람이 이를 받아들일
수 있는 것도 아니었다. 보다 확실하고 믿음직하며 논증 과정을 거쳐
일반 대중이 이해하고 받아들일 수 있는 방식을 바랐다. 이에 각 시대
의 이성과 지혜자들은 세속적인 차원에서 죽음의 초월 방식을 찾았
다. 그리하여 마침내 이성을 중심으로 죽음에 대한 자연 인지와 가치
인지를 합하여 인지식 초월과 업적식 초월이라는 두 가지 주요 초월
방식의 틀을 이루었다.

　인지식 초월은 이성적인 인식을 기반으로 하는데, 영혼 불멸론과
생사윤회론, 죽음 부활관이 공통으로 인정할 수 있는 결론을 도출했

다. 즉, 죽음은 인간의 소멸이 아니라 영원불멸하는 물질의 또 다른 존재 형식이라는 것이다. 고대 그리스의 소박유물론에서부터 송나라의 학자 장재가 주장했던 원기설에 이르기까지, 모두 인간의 죽음을 개인의 소멸이 아닌 기본 원소의 분리로 설명했다. 이러한 이성적인 죽음관은 영원한 삶을 유력하게 증명했으며, 이를 통해 사람들은 비종교적인 방식으로도 영원과 죽음의 초월을 믿을 수 있었다. 이성적인 분석을 통해 사람이 '죽어도 죽지 않을 수 있다'는 것을 발견했다. 이와 같은 방식으로 죽음을 인지하는 것은 근대 문명 시기에 보편적으로 알려진 에너지 보존 법칙, 질량 불변의 법칙과 상당히 유사하다. 당시 사회의 문명 수준을 고려했을 때, 매우 이성적이고 시대를 앞선 생각이다.

고대 그리스의 소박유물론(자연 성장적 유물론*)은 세상의 본질을 물, 불, 씨앗, 원자 등 자연계의 구체적인 사물로 봤다. 그중 원자론파가 상당한 힘을 행사했다. 엠페도클레스, 아낙사고라스, 데모크리토스가 원자론파의 대표 주자였다. 엠페도클레스는 세상을 이루는 본질은 물, 불, 흙, 공기의 4개 원소며, 각 원소는 모두 영원불멸하고 서로 전환되지 않는다고 봤다. 그에 따르면 이들 원소는 시간의 흐름에 따라 결합하거나 분리되며 다양한 형태로 변하지만 총량은 늘 변하지 않는다. 이들을 결합하고 분리시키는 요소는 사랑과 미움이다. 그리고 이 두 가지가 4개 원소를 모이거나 흩어지게 함으로써 세상 만물도 모이거나 흩어지고, 이로부터 사람의 생과 사가 나타난다. 따라서 사람을 포함한 세상 만물의 죽음은 4개 원소의 소멸이 아니라, 그들의 혼합 비율과 결합 상태의 변화라고 봤다.

아낙사고라스는 만물은 각자 자신의 본질을 가지며, 무한하게 세분화된 본질을 '씨앗'이라고 봤다. 사람을 포함한 만물은 모두 씨앗을 가진다. 하지만 씨앗마다 성질이 다르다. 같은 종류의 씨앗이 한데 모여 세상 만물을 이루고, 같은 종류의 씨앗이 분리되면 만물의 소실을 초래한다. 하지만 이러한 소실은 완전한 소멸은 아니고, 씨앗은 여전히 존재한다. 따라서 사람의 생사도 단지 씨앗의 결합과 해체일 따름이다.

원자론파 중에서 가장 큰 영향을 끼친 철학자인 데모크리토스는 세상 만물이 더 이상 쪼개질 수 없는 기본적인 입자인 '원자'로 이루어졌다고 여겼다. 원자는 수량이 무한하며 성질이 동일하지만 원자의 형상과 순서, 위치는 다르다. 이것들은 허공에서 끊임없이 움직이고 부딪히며 우주와 만물을 만든다. 원자는 새로 생겨나지도 사라지지도 않고 영원히 존재한다. 세상 만물의 생성과 소멸은 모두 원자가 모였다가 흩어지는 현상이다.

위의 내용을 통해 우리는 원자론파의 대표 인물 모두가 세상 만물이 그들이 생각하는 가장 기본적인 단위로 이루어져 있다고 여겼음을 알 수 있다. 이 기본적인 단위는 영원불멸하고 끊임없이 운동하며, 만물의 탄생과 소멸은 단지 이들 기본 단위가 모이고 흩어지는 현상일 따름이다. 인간이 태어나고 죽는 일 역시 인간을 이루는 기본 단위가 모이고 흩어지는 현상에 불과하다. 인간의 죽음은 개인의 소멸이 아니라 기본 원소의 분리이기에 죽음 또한 더 이상 허무하고 적막한 것이 아니게 된다. 이러한 주장은 어느 정도 죽음에 대한 사람들의 공포심을 완화시켜 주었다. 사람들은 보다 문명적이고 믿음이 가는 방식으로 죽음을 이해하기 시작했으며, 이는 생명의 영원함에 일종의 설득력 있는 증명 방법을 제시해 주었다.

이번에는 장재가 주장한 원기설을 살펴보자. 원기설은 죽어도 죽지 않는다는 것과 의미가 매우 비슷하다. 장재는 '기氣'를 세상의 본질이라 여겼다. 기가 없으면 물질세계도, 우주도 존재할 수 없다. 기는 세상 만물을 이루며, 이 세상에 존재하는 것은 모두 기로 이루어졌기 때문이다. 아무것도 없는 상태인 태허도 기가 흩어져 나타나는 형태다. 즉, 기가 한데 모이면 구체적인 사물이 되고, 흩어지면 태허가 된다고 여겼다. 구체적인 사물은 단지 기의 외재적인 형식일 뿐이고, 태허는 기의 원래 모습이며 가장 본질적인 상태다. 광활한 우주에는 물질적인 기가 충만하다. 기는 끊임없이 운동하며 응집하고 흩어진다. 기는 모여서 만물을 이루고, 만물은 흩어져서 태허가 된다. 장재는 기 자체는 영원불멸하며 다만 잠시 태허와 만물 두 가지 상태로 존재하는 것일 뿐이라고 생각했다.

이것이 장재의 소박유물론 전통을 가진 '물질 불멸' 사상이다. 모든 것이 기로 이루어진다, 태허가 곧 기의 모습이다라는 관점은 사실상 허무의 존재를 부정한 것으로, 인간의 소멸성도 어느 정도 부정했다. 사람이 죽은 후에 허무하게 사라지는 것이 아니라 기가 흩어지는 것뿐이라는 말이다. 우주의 자연 만물은 모두 기의 응집에 따라 존재하고 기가 흩어짐에 따라 사라진다. 사람도 마찬가지다. 즉, 사람의 죽음은 단멸이 아니라 기가 유형에서 무형의 상태로 변하는 것이다.

죽은 후에도 기는 여전히 존재하므로 사람은 죽어도 사라지지 않으며, 실질적인 죽음이나 인간의 소멸은 없다고 할 수 있다.

고대 그리스의 원자론파와 고대 중국의 원기설은 죽음의 영원성을 인식하는 이성적인 인지 방식이다. 이렇게 사람의 생사를 포함한 우주 만물을 해석하는 인지 방식은 어떤 의미에서는 고대의 영혼 불멸식 초월 방식과 기독교, 불교, 도교의 신앙식 초월 방식을 이성적으로 부정하고, 완전히 새로운 각도에서 인간이 생명의 영원함에 이를 수 있음을 긍정했다.

업적식 초월 방식은 죽음의 가치에서 출발해 세상에 길이 남을 인생 가치를 만듦으로써 영원함에 이르는 것을 추구한다. 인간의 육체는 죽지만 정신은 영원하다는 것을 보여 주는데, 세속화되고 이성적인 교육을 받은 현대인들이 가장 이해하고 받아들이기 쉬운 초월이다. 유교 전통에서 추구하는 영원에 이르는 길이기도 하다. 유교가 추구하는 영원의 길이 완벽한 세속적인 죽음 초월 방식이다. 유가의 영원 개념에는 대인과 소인의 구분이 있다. 대인의 영원함은 입덕立德, 입공立功, 입언立言의 삼불후를 말한다. 소인의 영원함은 세대를 이어 아들이 아버지의 일을 계승하면서, 장례와 혼례를 통해 실현된다. 대인의 영원함을 이루는 방식은 8장에서 보다 상세하게 설명한다.

모든 사람이 대인처럼 위대한 업적을 남기는 것은 불가능하다. 우리 대부분은 평범한 사람이고 소인이기 때문이다. 평범한 사람은 어떻게 영원함을 실현할 수 있을까? 현대 중국의 철학자 펑우란馮友蘭에 따르면 소인이 영원함을 이루는 방식은 대인처럼 세상 모든 사람에

夫子聖人

공자는 오래도록 전해질 스승의 표상으로
널리 존경받는다.

게 기억되는 것이 아니라 가족과 자
손에게 기억되는 것이다. 아들이 아
버지의 일을 계승하면서, 또는 장례
와 혼례 같은 예절 풍습으로 유지된
다. 유가는 조상에게 제사 지내는 것
을 중시한다. 제사를 통해 조상들이
산 사람의 마음에 살 수 있다고 여겼
기 때문이다. 물론 장례와 제사는 귀
신의 존재 여부에 대한 신념을 바탕
으로 진행된다. 일반 사람들이 행하
는 장례와 제사는 대부분 사람이 죽

은 후 귀신으로 계속 존재한다는 믿음을 바탕으로 한다. 이에 장례에
는 먼 길을 떠나는 사람을 배웅한다는 의미가 담겨 있다. 이와 달리
귀신이 없다는 믿음을 바탕으로 한 장례는 풍우란이 말하는 영원함의
추구, 즉 후대 사람들에게 기억되기 위함이다.

오늘날의 장례 방식은 고대의 장례 예절을 일부 계승하긴 했지만
고대의 그것과는 큰 차이가 있다. 도시에서 장례는 이미 간소화되었
으며, 귀신에 대한 믿음도 약해져 이성적인 무신론적 형식으로 진행
된다. 게다가 고인을 기억하고 그리워하는 산 사람의 마음이 훨씬 강
조된다.

영국의 극작가 셰익스피어도 영원에 대해 이야기한 바 있다. 그는
세속의 사람들은 두 가지 방법으로 죽음을 초월할 수 있다고 했다. 첫

째는 자손을 낳는 것이고, 둘째는 책을 쓰는 것이다. 자손을 낳는 것은 대다수의 평범한 사람들이 죽음을 초월하는 방식으로, 가장 보편적이면서도 유용하다. 책을 쓰는 것은 이보다 고차원적으로 죽음을 초월하는 방식이다. 비범한 사람들 중에는 집필을 통해 영원한 명성을 남긴 이들이 많다.

이처럼 평범한 사람들이 영원함을 이루는 가장 효과적인 방식이 결혼해서 자녀를 낳아 자손이 대대로 이어지도록 하는 것이었다. 누구나 부모에게서 태어나 길러지며 자식들은 또다시 자식을 낳는다. 이렇게 하여 가정, 친척, 혈연, 민족의 관계가 생겨나는데, 개인의 생사는 가족의 번성에 중요한 부분이다. 개인의 생명은 가족의 번창과 연결되며 개인의 명성이나 성패는 계속해서 이어지는 가족 역사의 한 페이지를 차지한다. 유가는 타인과의 관계, 가족 사이의 효도와 우애, 인애를 중시하며 장례나 혼례 같은 예식 중에서도 조상에게 제사 지내는 것을 특히 중시한다. 예식을 통해 영원을 얻을 수 있기 때문이다. 따라서 대를 잇는 일은 무엇보다 훨씬 중요했다. 후손이 자신을 기억한다면, 명절 때마다 자신의 묘에 향을 피워 준다면, 땅 속에 묻혀 있어도 인간 세상에 살면서 영원을 이룰 수 있다고 여겼다.

7

죽음을
예찬하다

What is Death

죽음은 문학과 예술의 영원한 주제라고 할 수 있다. 우리에게 잘 알려진 문학가와 예술가 가운데 죽음을 다루지 않은 이가 없을 정도다. 그들은 몸소 겪거나 깊이 고민한 끝에 형이상학적인 죽음 또는 종교적인 의미에서의 죽음의 형상을 '예술'이라는 구체적인 형식으로 표현해 냈다. 예술로 구현된 죽음에 깃든 비극 정신과 죽음에 대한 낭만주의적인 노래는 인류가 만들어 낸 문화의 중요한 특색이다.

죽음에 깃든
비극 정신

What is Death

       동양과 비교했을 때 서양의 예술가들은 상대적으로 죽음에 관한 주제를 많이 다루었다. 그들의 눈에 죽음은 악하고 두렵고 비참하고 불행한 모습을 감춘, 위대하고 숭고한 선이자 아름다움이었다. 이 때문에 비극은 서양의 특색 있는 예술 형식이 될 수 있었다. 비극이라는 주제는 사람의 힘으로는 바꿀 수 없는 절대 운명과의 투쟁이었다. 물론 그 결과는 늘 실패지만 말이다. 그럼에도 죽음과 소멸을 향해 나아갈 수밖에 없는 인간의 운명, 이것이 비극의 의의다.

    비극은 인간이 죽음을 맞이한다는 운명을 바꿀 수 없음을 인정한다. 그러나 우리를 죽음에 대한 극도의 공포 또는 숙명론적 비관에 빠뜨리지는 않는다. 비극을 감상하면서 개인의 보잘것없음이나 그것에서 오는 슬픔과 절망을 느끼는 것이 아니라, 인간에게 내재된 위대한 힘과 인간 본성의 아름다움, 그리고 인격의 아름다움을 깨닫게 한다. 이것이 비극의 힘이다.

서양 문화의 원천이 되는 고대 그리스 신화에서도 비극을 많이 볼 수 있다. 시시포스 신화가 대표적이다. 정통적인 관점에서 보자면 그는 인간 세계에서 가장 음험하고 교활한 인물이다.[1] 죽음이라는 인간 본연의 운명에 안주하지 않고 감히 사신과 대결을 벌였으니 말이다. 그리고 사신에게 족쇄와 수갑을 채운 다음 더 이상 인간 세계에 내려오지 못하게 했다. 신이 인간에게 부여한 운명을 거스르려 했던 시시포스의 시도는 여러 신을 노하게 했다. 신들은 그를 벌하기 위해 전쟁의 신 아레스를 급파해 사신을 구출했고, 이로써 인간 세계에 다시 죽음이 나타났다. 이번에는 시시포스가 사신에게 붙잡혀 저승으로 내려갔다. 그리고 날마다 온 힘을 다해 거대한 바위를 산 밑에서 꼭대기로 밀어 올리는 무서운 벌을 받았다. 산꼭대기에 도달한 바위는 중력 때문에 곧장 밑으로 굴러떨어졌고, 시시포스는 다시 바위를 밀어 올려야 했다.

이 과정은 끊임없이 반복되었다. 사람들은 종종 시시포스의 바위를 힘만 들고 효과는 없는 일에 비유한다. 운명은 아무리 노력해도 거스를 수 없는 대상이기 때문이다. 하지만 그러한 점이 인간의 교활함과 지혜를 대표한다고 볼 수 있다. 생기 넘치는 지상에서의 삶에 집착한 나머지 온갖 방법으로 죽음에 대항하고, 아예 죽음으로부터 벗어나고자 했기 때문이다.

시시포스는 그리스 신화에 나오는 코린트의 왕이다. 제우스를 속인 죄로 지옥에 떨어져 바위를 산 위로 밀어 올리는 벌을 받았다.

니체는 비극적인 생명의 가치를 중시한 철학자다. 니체의 생명 철학 가운데 영원한 윤회를 바탕으로 한 디오니소스(술의 신*) 정신은 우리가 인생의 비극성을 인식하고 나아가 이를 긍정해야 함을 강조한다. 《비극의 탄생》에서 니체는 고대 그리스 문화에서의 비극의 탄생을 고찰했고, 이를 통해 자신은 인생에는 비극적인 아름다움이 있음을 발견했다고 썼다. 그에 따르면 그리스인들은 삶에 대한 고통과 괴로움, 공포를 깊이 있게 체험하고 이를 신화로 만들었다.

예를 들어 위대한 박애주의자 프로메테우스는 신들에게서 불을 훔쳐 인간에게 전해 주려다 사나운 독수리에게 쪼여 죽었고, 그의 형

프로메테우스는 그리스 신화에 나오는 티탄족의 영웅이다. 하지만 인간에게 불을 훔쳐다 준 일로 제우스의 노여움을 사 독수리에게 간을 쪼이는 벌을 받았다.

제인 아틀라스 또한 하늘을 떠받치는 고된 형벌을 받았다. 오이디푸스는 스핑크스의 수수께끼를 풀었지만 끝내 아버지를 죽이고 어머니를 아내로 삼는다는 무서운 운명에서 벗어나지 못했다. 이러한 이야기들은 니체가 《비극의 탄생》에서 언급했듯 인류 최고의 선은 반드시 죄악과 함께 들어오며, 고통의 대가를 치러야 함을 설명해 준다. 그럼에도 그리스인들은 이를 용감하게 받아들였다.

니체는 소크라테스 시대 이후로 그리스 문화에 비극 정신이 사라진 것을 안타까워했다. 사실 그리스 문화는 그때부터 몰락하기 시작했다. 중세의 권력이었던 기독교와 근대의 권력이었던 과학(이성)이 비극 의식을 모조리 없애 버린 것이다. 기독교는 삶에는 죽음이 있다는 삶 자체의 비극성을 감추고서 피안의 세계를 제시하며 생명 자체를 근본적으로 부정했다. 이와 동시에 소크라테스로부터 발원한 과학 낙관주의는 과학 지상과 지식 만능을 믿으며 그것들로 삶을 이끌어 나갈 수 있다고 여겼다. 그 결과 사람들은 외적인 물질세계를 중시하고 인생의 비극을 회피하며 인생의 의미를 깊이 묻지 않았다. 이 과정에서 생명의 나무는 조금씩 말라 갔다.

그러다 15세기 유럽에 르네상스가 찾아왔다. 막강한 힘을 발휘했던 신이 점차 모습을 감추자 그간 가려져 있던 삶의 비극이 조금씩 드러났다. 다시 한 번 삶의 고통이 사람들의 심령을 괴롭혔고, 철학에게 이 문제를 직시하도록 요구했다. 처음으로 인간의 고통을 밝히려고 시도한 철학자는 쇼펜하우어였다. 하지만 삶의 고통에 압도된 그는 비관주의라는 감옥에 갇혀 버렸고 삶의 의지를 부정하는 결론을 내놓았다. 이와 달리 니체는 삶의 의지를 긍정해야 하며 디오니소스의 지혜로 삶의 괴로움을 이겨 내야 한다고 주장했다.

독일의 철학자이자 실존 철학의 선구자로 알려진 니체. 《비극의 탄생》, 《자라투스트라는 이렇게 말했다》 등의 저술을 남겼다.

니체는 기묘한 디오니소스 현상을 인식한 최초의 인물로, '디오니소스 철학'을 내놓았다. 그의 말을 빌리자면 디오니소스는 인체의 해체를 우주의 본질과 하나로 융합했다는 점에서 중요하다. 또 데메테르가 다시 디오니소스를 낳았다는 것은 생명은 파괴되지 않으며 영원히 윤회한다는 것을 상징한다. 그리고 비극의 쾌감은 개인이 자아 파멸을 통해 영원한 대상인 우주 생명과 결합되어 있다는 디오니소스제식 도취를 느끼는 것이라고 설명했다. 이러한 태도로 인생을 바라보면 인생의 고통과 비극성을 긍정하는 것이 곧 삶을 긍정하는 것이라는 결론을 얻을 수 있다. 삶을 사랑하는 것은 삶에 속한 고통과 비극도 긍정하는 것이다. 이것이 바로 운명에 대한 사랑이다.

인류가 가진 위대함은 운명에 대한 사랑이다. 과거에서든 미래에서든 또는 영원히, 우리는 그 어떤 것도 바꿀 것을 소망해서는 안 된다. 우리는 필연성을 받아들여야 한다. 이상주의자들은 필연성 앞에서 거짓 모습을 보이지만, 우리는 필연성을 속여서도 안 되고 반드시 그것을 사랑해야 한다.[2]

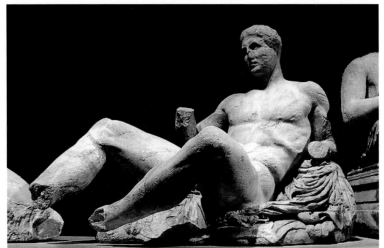

니체가 숭배한 술의 신 디오니소스를 묘사한 조각상(위)과 그림(아래).

삶에 대한 사랑은 고통의 근원이며 삶의 고통은 삶의 기쁨을 보여 준다. 삶의 고통은 삶의 환희를 보여 주는 것이기도 하다. 삶에 있어 고통은 필수 요소다. 이를 통해 위대한 행복이란 거대한 고통을 이겨 냈을 때 생겨나는 숭고한 감정이라고 결론 내릴 수 있다. 니체는《즐 거운 학문》에서 인간에게 주어진 최대의 괴로움과 최고의 희망을 동 시에 마주하자고 부르짖었다. 니체의 초인超人, overman 개념이 여기서 비롯된다.

《적그리스도》에서 니체는 기독교가 세상에 들어온 이후 최악의 상황에 놓였다고 했다. '인간은 적절하지 않은 것에 지배당하고, 심리적으로 잘난 척하는 사람들에게 지배당하며, 교활하고 증오로 충만한 심리에 의해 지배당한다. 세상을 해치고 인간들을 중상하려는 사람들에게 지배당해' 바이러스가 되어 버렸다면서 현대인을 강하게 비판했다. 이에 그 대안으로 초인의 탄생을 갈망하며 그가 쇠락해 가는 서양 문명을 치료해 주기를 바랐다.

죽음의 낭만을
노래하다

What is Death

　　서양에서는 예부터 비극을 매력적인 예술
장르의 하나로 삼아 감상해 왔다. 서양 예술사에서 비극이 늘 인기 많
았다는 점이 서양인들의 죽음에 대한 태도를 여실히 보여 준다. 죽
음 앞에서 격렬하게 투쟁한다는 것이다. 서양의 시에는 죽음을 노래
한 것이 많다. 고대 그리스의 시인이었던 호메로스와 헤시오도스 같
은 시인들은 일찍이 죽음의 세계를 서정적으로 묘사한 바 있다. 슬픔
과 무력감이 없는 것은 아니지만, 근대 들어 여러 시인이 남긴 작품을
보면 그들이 사람들에게 말하고자 하는 바가 죽음의 두려움이 아니라
소멸의 아름다움, 즉 죽음의 고요한 아름다움임을 알 수 있다.

　　영국 시인 존 키츠는 자신을 사람들을 위로하는 사신이라고 지칭
했다. 셰익스피어는 《로미오와 줄리엣》에서 로미오의 입을 빌려 패리

스(줄리엣의 약혼자*)를 죽이면 자신도 죽을 것이라며 '기묘한 감정과 슬픔과 기쁨이 뒤섞인' 정서를 표현해 냈다.

영국 시인 크리스티나 로세티는 다음과 같이 죽음을 달콤하게 노래했다.

> 나 죽거든, 사랑하는 당신
>
> 날 위해 슬픈 노래 부르지 마세요.
>
> 내 머리맡에 장미꽃을 심지 말고,
>
> 그늘 드리우는 송백나무도 심지 마세요.
>
> 다만 비와 이슬에 젖은 푸른 풀이 되어
>
> 내 무덤 위를 덮어 주세요.
>
> 내가 그립다면 그리워해 주고
>
> 날 잊고 싶다면 잊어 주세요.

이후 보들레르, 릴케, 휴고 폰 호프만슈탈, 헤세 등과 같은 일부 신낭만파 시인들의 공통점 또한 죽음을 노래했다는 것이다. 현대 시인들은 괴로움, 고독, 우울, 죽음 앞에서 좌절하기보다는 죽음의 형이상학적 찬미를 노래했다. 그들의 눈에 비친 죽음은 의식의 침몰일 뿐, 음악처럼 달콤한 갈구였다.

릴케는 진심을 담아 죽음을 찬미했다.

아, 시인이여. 말해 보세요, 당신은 뭘 한 거죠? – 내가 찬미합니다.

하지만 그 죽음과 기이함을.

당신은 어떻게 감당하고 어떻게 견뎠을까요? – 내가 찬미합니다.

하지만 그 이름 없는, 이름을 잃은 사물을,

시인이여, 당신은 대체 어떻게 불러냈나요? – 내가 찬미합니다.

당신은 어디서 권리를 얻었기에, 그 각각의 옷 안쪽에,

그 각각의 가면 아래는 모두 진실일까요? – 내가 찬미합니다.

광폭함과 고요함은 어찌하여 폭풍우와 별빛처럼 당신을 알까요? –
내가 찬미하기 때문입니다.

휴고 폰 호프만슈탈 또한 죽음을 더 이상 무섭고 처참한 얼굴이 아닌, 부드럽고 달콤하며 친근하고 존경스러운 대상으로 노래했다. 그리고 그 속에 심오한 철학적 이치가 담겨 있다고 봤다.

나는 두렵지 않다, 나는 잔해가 아니니!

나는 디오니소스에게서 온,

비너스의 혈족,

내가 영혼의 신을 네 앞에 데려올지니.

낭만파 시인들의 죽음에 대한 찬가는 소승 불교가 육체를 가진 생명의 소멸을 추구했던 것과 다르다. 생명 의지의 상실이나 염세적인 자아 조롱도, 자발적인 타락도 아니다. 오히려 생과 사에 대한 내재적인 통일을 추구하는, 즉 죽음 의식의 생명 의의에 대한 통찰이라 할

수 있다. 그들이 보기에 죽음은 삶에 대한 거대한 충격이자 충분한 긍정이었다. 죽음에 대한 깊이 있는 의식이 없다면 생명 가치를 깊이 깨달을 일이 없고, 그렇게 되면 인생은 동물의 삶과 다를 것 없는 아무 감각 없이 사그라지는 것에 불과하다.

죽음의
아름다움

What is Death

캔버스 속 인물의 죽음, 그의 파멸, 그들이 교전을 벌이는 상황은 서양 미술에 등장하는 단골 주제다. 고대 그리스에서 중세에 이르기까지, 특히 르네상스 이후로 미켈란젤로와 다 빈치로 대표되는 대가들의 작품에는 이와 같은 죽음과 파멸, 피비린내 나는 전투가 자주 주제가 되었다. 미켈란젤로의 〈노예〉 연작이나 레오나르도 다 빈치의 〈앙기아리 전투〉 등과 같은 작품들은 전쟁과 죽음을 적나라하게 드러낸다. 이를 통해 관람자는 자신을 향해 다가오는 죽음과 파멸에 강한 두려움을 느끼면서도 죽음의 아름다움을 깊이 체득한다.

서양의 조형예술이 가장 화려했던 때는 헬레니즘 시기다. 로도스 섬의 세 예술가인 아게산드로스, 폴리도로스, 아테노도로스가 조각한

미켈란젤로가 제작한 〈노예〉 연작.

〈라오콘 군상〉에는 짙은 비극이 녹아 있다. 1506년에 로마에서 출토되었으며 오늘날까지도 지금까지 발견된 대리석 조각 가운데 최고 걸작으로 손꼽힌다. 죽음을 앞둔 이의 괴로움을 생생하게 표현한 이 작품은 현재 바티칸 박물관에 보관 중이다.

〈라오콘〉은 라오콘 부자가 거대한 뱀에게 휘감겨 물려 죽는 비참한 장면을 묘사한 작품으로, 고대 그리스 신화를 소재로 삼았다. 그리스 신화를 잘 아는 사람이라면 '트로이의 목마'와 라오콘 부자가 거대한 뱀에 물려 죽은 처참한 사건에 대해 들어봤을 것이다. 이야기는 이렇다. 트로이 왕자 파리스가 아름다운 여인 헬레네와 사랑에 빠져 그녀를 트로이로 데리고 왔다. 사실 헬레네는 스파르타의 왕 메넬라오스의 아내였다. 한편 한순간에 사랑하는 아내를 빼앗긴 메넬라오스는 분노에 가득 차 트로이로 진격했고, 잔혹한 전쟁이 시작되었다. 그 유명한 트로이 전쟁이다.

스파르타는 장장 10년간이나 트로이를 공격했지만 번번이 실패했다. 그러던 중 마침내 전쟁을 끝낼 묘책을 냈다. 거짓 항복을 빌미

르네상스 화가 다 빈치의 작품 〈앙기아리 전투〉. 1440년 6월 29일에 피렌체 공화국이 이끄는 이탈리아 동맹군과 밀라노 공국군 사이에서 벌어진 전투를 묘사했다.

로 거대한 목마를 만든 것이다. 목마 속에는 무장한 병사들이 숨어 있었다. 승리의 기쁨에 도취된 트로이인들은 그리스 병사들이 후퇴했다는 것에 들떠 목마는 신경 쓰지 않았다. 그리고 스파르타 병사들이 완전히 철수한 것을 확인하고 마침내 목마를 성 안으로 옮기려 했다. 이때 트로이 제사장 라오콘이 목마를 성 안으로 들이면 트로이 성이 파괴될 것이라 경고하며 이를 반대했다. 라오콘의 경고는 트로이를 멸망시키겠다는 여러 신의 계획을 무너뜨리는 것이었기에 신들의 노여움마저 샀다. 이에 아테나는 라오콘을 징벌하고자 거대한 뱀 두 마리를 보내 라오콘과 그의 두 아들을 물어 죽이게 했다. 그날 밤, 목마에 숨어 있던 병사들은 일제히 밖으로 나가 성을 파괴했다.

그리스 헬레니즘 시대의 대리석 조각품인 〈라오콘〉.

이 이야기는 많은 예술가에 의해 다양한 방식으로 해석되었다. 그 중에서도 기원전 1세기 중엽에 만들어진 조각상 〈라오콘〉은 가장 완벽한 해석이라 할 수 있다. 원래 그들은 옷을 입고 있었다고 한다. 로마 시인 베르길리우스의 장편 서사시 〈아이네이스Aeneis〉도 그렇게 묘사한다. 하지만 조각가들은 라오콘 부자 세 명을 완전한 나체로 표현했다. 죽어 가면서 그들이 느낄 엄청난 정신적, 육체적 고통을 최대한 잘 표현하기 위함이었다. 조각의 전체적인 구조와 배치를 살펴보면 주요 인물인 라오콘이 비교적 큰 형태로 가운데 있고, 그의 두 아들은 라오콘의 양쪽에 그보다 작게 있다. 세 사람은 꿈틀거리는 거대한 뱀 두 마리에 의해 서로 연결되어 완벽한 삼각형을 이루는데, 구도상 안정적이면서도 변화무쌍한 느낌이다.

작가는 사실주의 기법으로 라오콘 부자가 거대한 뱀에 물려 죽을 때의 극심한 고통을 절묘하게 표현해 냈다. 세 부자가 독사에 물려 죽기 직전의 몸부림과 뱀에게 몸이 감길 때의 두려움, 절망 속의 부르짖음과 고통에 신음하는 모습을 여과 없이 보여 준다. 관람객은 사실적이고 생생하게 묘사된 죽음의 고통을 자신의 일처럼 느끼게 된다. 작품을 자세히 살펴보면 세 인물의 표정이 조화를 이루며 전체적으로 긴밀하게 연결되어 있음을 알 수 있다.

가운데 있는 아버지 라오콘은 체격이 크다. 어떻게든 자신과 아들들을 뱀으로부터 벗어나게 하려고 있는 힘을 다하고 있지만 거대한 뱀이 그의 몸을 칭칭 감고 물어 극도의 공포와 고통도 느끼는 모습이다. 무성한 수염은 고통 때문에 구부러졌고 눈썹은 잔뜩 찌푸려져 높낮이가 다르다. 두 눈동자는 튀어나왔고 눈꼬리는 밑으로 처졌다. 눈빛은 당혹스러움으로 가득하고, 할 말은 많지만 이젠 말할 힘조차 잃은 입은 무력하게 열려 있다. 왼편에 있는 아들은 아직 뱀에게 물리지 않았지만 극도의 공포가 엄습해 오면서 어떻게든 뱀에게 감긴 다리를 빼내려 애쓰고 있다. 한편으로 아버지 쪽으로 고개를 돌려 망연한 눈길로 살려 달라고 부르짖고 있다. 오른편에 있는 아들은 이미 뱀에게 칭칭 감긴 채 절망적으로 오른팔을 높이 들고 있다. 숨이 넘어가기 직전, 아마도 마지막 신음을 내뱉는 중일 것이다.

세 부자는 몸이 뒤틀린 채 극도로 고통스러운 얼굴이다. 우리는 고통을 받는 육체를 통해 주인공의 정신적 고통은 훨씬 클 것임을 짐작할 수 있다. 신화에 따르면 라오콘 부자는 진실을 말했기에 신으로부터 징벌을 받았다. 지혜로움으로 신의 뜻을 예지했기에, 진실을 이야기했기에, 조국을 사랑하는 마음에 진리를 이야기했기에 신의 노여움을 산 것이었다. 게다가 신은 아들들에게도 벌을 내렸다. 이 얼마나 불공평한가!

〈라오콘〉은 운명의 비극이 충돌하면서 생명이 꺼져 가는 고통을 가장 생생하게 표현한 위대한 작품이다. 죽음의 고통을 예술적으로 묘사했으며 또한 생명의 소중함과, 불행을 당한 사람에 대한 동정, 무정한 폭력에 대한 비판과 저항을 드러냈다. 나아가 인류의 운명에 대한 작가의 깊은 통찰을 보여 준다. 인간 본성의 각성을 나타내는 중요한 상징이라 할 수 있다.

———————————— What is Death ————————————

1. 구스타프 슈바브, 《그리스 신화와 전설》, 연산출판사, 2002, p. 55
2. 니체, 《이 사람을 보라》, 중국화평출판사, 1986, p. 37

제 8 장

8

죽어서도
썩지 않는다

What is Death

모든 생명은 죽음을 피해 갈 수 없다. 작은 풀 한 포기든 잎이 무성한 나무든, 평범한 사람이든 세상에 이름을 떨친 인물이든, 모두 언젠가는 흙으로 돌아간다. 시작이 있으면 끝이 있는 것과 마찬가지로 생이 있으면 죽음도 있다. 이처럼 한 생명이 세상에 태어나 죽음을 통해 땅으로 돌아가는 과정은 거스를 수 없다. 그렇다면 죽음의 본질은 무엇일까? 우리는 죽음을 어떻게 평가해야 할까?

죽음의 가치는
무엇인가?

What is Death

대다수의 사람에게 죽음이란 두렵고, 싫고, 거부하고 싶고, 피하고 싶은 대상이다. 우리가 가진 모든 것을 앗아가는 악마 같기 때문이다. 죽은 다음에는 더 이상 하고 싶은 일을 할 수도, 사랑하는 사람과 함께 있을 수도 없다. 그래서 죽음이라는 글자만으로도 얼굴빛이 변하곤 한다. 죽음은 선택하거나 피할 수 없다. 이 때문에 죽음에 대한 두려움은 인류가 존재할 때부터 인간이 지닌 가장 본질적이고 심층적인 두려움이었다.

인도 철학자 초우드리K. Choudhary는 인간이 죽음을 두려워하는 이유를 다음과 같이 설명했다. "첫째, 죽음은 고통스러운 경험이다. 죽어 가는 사람은 일반적으로 심한 고통을 겪는다. 둘째, 죽은 후에 모든 것은 무로 돌아간다. 생전에 누렸던 명예와 지위, 재산은 모두 사라진다. 셋째, 주위 사람들에게 잊히면서 혈육과 친구들을 잃는다."[1] 인도 요가 철학 전통의 영향을 받은 그는 인생이 한바탕 꿈이며, 꿈에서 깨면 모든 것은 허무하게 변해 사라진다고 여겼다. 이때 죽음에 대한 두려움은 현세에 대한 미련 때문이다. 물욕이 인간의 마음을 속박하고, 이 때문에 죽음에 대한 무한한 두려움에 빠진다. 따라서 죽음을 벗어나기 위해서는 먼저 물욕에서 벗어나야 한다. 그래야만이 진정 자유로운 사람이 될 수 있으며, 죽음이 가져오는 고통과 실망에서 벗어날 수 있다.

어떻게 해야 죽음에 대한 두려움을 이기고 죽음을 똑바로 바라볼 수 있을까? 쇼펜하우어는 이 명제를 철학의 영역으로 가져왔고, 이로써 죽음의 공포에 대한 '해독제'로의 철학 관념이 등장했다. 바꿔 말하면 어떻게 하면 잘 죽을 수 있을까 같은 형이상학적인 질문에 대한 견해와, 죽음의 두려움을 극복할 수 있는 일종의 치료 방법을 제공하는 것이 철학의 주요 기능이 되었다는 뜻이다.

쇼펜하우어는《사랑과 생활의 괴로움》에서 "모든 종교와 철학 체계는 주로 이러한 목적에서 출발한다. 사람들에게 반성할 수 있는 지혜를 길러 줌으로써 죽음의 두려움에 대한 해독제를 주는 것이다. 이 목적에 도달하는 정도는 종교와 철학마다 천차만별이겠지만 다른 방법에 비교하여 확실하게 평온한 마음으로 죽음을 바라보게 하는 힘을 주었다"라고 말했다. 평온하게 죽음을 맞이할 수 있도록 정신적인 힘을 길러 주고, 아무 두려움 없이 죽음을 직면하도록[2] 돕는 것이 철학의 필요성이자 기본적인 임무라는 것이다. 그는 철학을 공부하는 것,

특히 인도 철학 등을 공부함으로써 고통의 근원을 찾을 수 있다고 봤다. 자의식의 일종인 억압에서 벗어나 자신의 욕망을 제어하고 스스로를 통제하는 것은 금욕을 행하는 것과 같다. 물론 이 경지까지 도달하는 이는 매우 적을 것이다. 대다수는 죽음에 대한 두려움과 그로 인한 고통에서 벗어나기 힘들다.

니체는 쇼펜하우어의 학설을 계승했지만 차이가 있다. 쇼펜하우어의 이론을 바탕으로 쾌락과 긍정의 요소를 더했다. 공통점은 죽음을 그림자, 즉 '인간의 암담한 동행자'라 본 것이다. 《즐거운 학문》에서 그는 "사람들은 모두 자신이 미래에 남들을 제치고 최고가 되기를 바라지만… 미래에 벌어질 일 중에 단 하나 확실한 것은 죽음이다"라고 했다. 여기서 그 유명한 명제가 나온다. '아모르 파티^{amor fati}', 즉 자신의 운명을 사랑하라! 이를 위해서는 죽음과 소멸을 향해 가는 생명의 운명을 직면해야 한다.

그의 또 다른 저술 《비극의 탄생》에는 생명의 운명은 비극이며, 피할 수 없으므로 직면하고 받아들여야 한다는 그의 사고가 깔려 있다. 비극에서 벗어나기 위해서는 강력한 의지가 필요하다. 생명에 대한 강력한 의지다. 그리고 그것은 소멸되지 않는 영원한 힘이다. 삶을 긍정하려면 삶의 일부인 비극과 고통 역시 긍정해야 하고 이를 위해서는 생명력의 일종인 권력 의지가 필요하다. 긍정적인 자세로 고난을 극복하며 자아 생존을 추구하는 본능적인 힘. 인간은 죽음에서 벗어날 수 없는데도 죽음에 가치가 깃들어 있을까? 가치가 있다면 무엇일까? 철학적 범주에서 '가치'는 주체와 객체의 관계를 반영하는 범주다. 외부의 객관적인 세계에서 한 주체가 필요로 하는 만족감이자,

특정 속성을 가진 객체가 주체에 대해 필요로 하는 의의를 가리킨다.

사과를 객체로 삼아 보면 사과에 영양이 풍부하다는 속성은 주체인 인간의 영양에 대한 필요를 만족시킨다. 사과에 영양이 풍부하다는 속성이 없었다면 사과는 인간에게 아무 가치가 없었을 것이다. 이때 가치의 객체는 사물, 현상, 인간 자신일 수도 있다. 주체 또한 개인, 집단 심지어 인류가 될 수 있다. 죽음의 가치는 죽음이 인생에 대해 가지는 의의의 본질을 종합한 것이다. 주체에 대한 죽음의 특수한 의의를 밝히며 죽음 현상과 주체 사이에 존재하는 모종의 특수하고 본질적인 관계를 설명한다. 죽음은 인류가 두려워하는 대상이자 사람들이 조심스럽게 회피하는 대상이다. 거의 모든 사람이 죽음에 부정적인 태도를 보인다. 죽음의 가치에 대한 인정이나 긍정은 말할 것도 없다. 하지만 죽음은 생명의 필연적인 과정이며, 모든 개인이 반드시 마주해야 하는 선택할 수 없는 선택이다.

지금까지 인간은 죽음의 부정적인 효과를 과도하게 확대해 왔다. 하지만 인간이 문명을 이루고 그것을 발전시킬 수 있었던 것은 죽음과 밀접한 관련이 있다. 죽음이 없으면 변화도 없기 때문이다. 이것만으로도 죽음은 가치가 있을뿐더러, 개인은 물론이고 사회에도 중요하다. 심지어 죽음의 가치는 개체의 생명이 존재한다는 최종 증명이자 사회 발전의 촉진제라 할 수 있다.

가치의 의의 면에서 죽음은 개체 생명에 대한 부정이지만 동시에 개체 생명에 대한 긍정, 나아가 사회 발전과 진보에 대한 긍정이기도 하다. 이것이 삶과 죽음의 변증법이다. 개인은 죽음을 선택할 수 없음을 깨닫고 생명의 유한성을 인정해야 한다. 생명의 유한성을 깨달으면 자신과 타인의 생명도 소중히 여길 수 있고, 자신의 유한한 생명에서 의미 있는 선택을 하려고 노력한다. 그리고 자신의 선택에 책임지며 숭고하고 의미 있는 삶을 살기 위해서도 노력할 것이다. 이처럼 죽음은 한 사회가 정상적으로 유지되기 위한 전제다. 죽음이 존재하기에 인류는 일정한 규모를 유지하고 발전할 수 있었다. 이렇듯 죽음은 완전히 부정적이고 아무런 가치가 없는 존재가 아니다. 죽음의 가치를 정확하게 알수록 인생을 이성적으로 바라보고 바람직한 행동을 할 수 있다. 인생의 가치를 실현하고 죽음에 대한 두려움을 없애는 데에도 긍정적으로 작용한다.

죽음은 평등하지만 미리 경험할 수는 없다. 죽음에 대한 인식은 타인의 죽음에 대한 인지와 느낌을 토대로 한 것들이다. 이것이 사람들에게 신비로운 두려움을 선사했다. 이 두려움은 나약함일까? 아니다. 죽음에 대한 두려움은 생명에 대한 사랑이며, 죽음을 두려워하는 것은 생명의 유한성과 소중함을 깨달았음을 의미한다.

삶과 죽음의 관계에서 죽음의 가치는 삶을 이루는 데 있다. 따라서 죽음의 가치는 지향성에 있다. 죽음이 있기에 생명의 가치가 두드러지기 때문이다. 중국의 작가 노신은 《야초野草》에서 "과거의 생명은 모두 죽었다. 나는 이 죽음을 크게 기뻐한다. 죽음을 통해 한때는 살아 있었음을 알 수 있기 때문이다. 죽은 생명은 이미 부패되었다. 나는 이 부패를 크게 기뻐한다. 부패한 것을 통해 그것이 아직 공허가 아님을 알 수 있기 때문이다"라고 했다. 죽음의 가치를 통해 생명의 가치를 돌아보는 것, 이것이 죽음 가치 연구의 주요 수단이자 목적이다. 그런데 우리는 죽은 이의 가치를 평가할 때 죽음 자체가 아니라 그가 생전에 실천하고 창조했던 가치에 대해 평가한다.

죽음이 각각의 생명 개체에 갖는 가치는 천차만별이다. 모택동은 "사람은 모두 죽지만 죽음의 의의는 모두 다르다"[3]라고 했는데, 여기서 의의가 다르다는 것은 사람마다 죽음 가치가 다름을 의미한다. 이러한 차이는 주로 두 가지 측면에서 나타난다. 첫째, 개인은 자신만의 독특한 삶의 과정을 겪으며 이 때문에 완전히 같은 삶은 존재하지 않는다. 죽음은 개인의 인생 가치가 실현되었는지를 판단하는 최후의 기준이기에 사람마다 차이가 있는 것이 당연하다. 둘째, 사람마다 죽음이 다가오는 시기, 장소, 방식과 원인이 다르기 때문에 죽음 가치도 서로 다르게 보인다.

그렇다면 이 관점에서의 죽음은 어떤 가치를 지닐까? 또 죽음은 어떻게 삶을 이루는 것일까? 먼저 죽음의 가치는 가장 먼저 개인의 삶을 완벽하게 만들어 주는 것에서 드러난다. 삶의 본질은 유한함이고, 유한함은 어느 누구도 위배하거나 초월할 수 없는 절대 규칙이다. 다만 삶의 유한함은 삶이 다채로워지는 근본적인 원인이다. 우리의 삶이 영원에 가까울 만큼 오래 이어진다면 삶의 목적이나 열정, 가치를 제대로 세우기 어려울 것이다. 삶의 끝에 있는 죽음은 삶의 유한성을 증명하며, 유한한 삶에 마침표를 찍어 준다. 모든 생명이 '한때 존재했다'는 사실은 의미 없이 영원하게 존재하는 것과 대립하면서 죽음이 삶을 완벽하게 만들어 준다는 명제를 증명한다. 이런 의미에서 죽음이 없는 삶은 불완전하다. 죽음이 있어야 삶이 유한하게 변하고,

삶이 유한해야 사람들은 비로소 삶을 소중하게 생각하며 의미 있는 인생을 추구한다.

그다음으로 죽음은 개인의 생명 가치를 긍정한다. 개인이 죽음을 두려워하고 피하려는 가장 큰 원인은 죽음이 생명을 완전하게 부정하기 때문이다. 그러나 사실은 그렇지 않다. 변증법으로 설명할 수 있다. 긍정과 부정은 변증을 통해 하나가 된다. 죽음은 개인의 생명을 끝냄으로써 생명을 부정하지만 이와 동시에 개인의 생명이 한때 존재했음을 긍정한다. 또한 개인이 한때 사회에 생명의 흔적을 남겼음을 증명한다.

헤겔은 "고대의 죽음은 단지 살아 있음에 대한 단순한 부정이었고 생존 현실에 대한 단순한 해탈이었다. 그러나 현대의 죽음은 부정의 부정으로, 정신의 존재를 최종적으로 긍정해 준다"고 했다. 《좌전左轉》(공자의 《춘추》를 해석한 책*)에도 이런 구절이 나온다. "인간의 활동 중 가장 으뜸가는 것을 태상이라 한다. 여기에는 덕을 쌓는 것, 공을 세우는 것, 글을 남기는 것이 있다. 이것들은 세월이 흘러도 썩지 않는다." 사람의 육체는 사라져도 덕을 쌓고 공을 세우며 글을 씀으로써 정신은 살아남을 수 있다. 죽어서도 썩지 않는 것, 바로 사이불후다.

숭고함을
지닌 죽음

What is Death

나뭇잎은 메마른 후에야 바람을 따라 춤추고, 늙은 나무는 말라 죽을 때에야 세상의 풍파를 겪은 듯한 처량한 아름다움을 뽐낸다. 별은 소멸하는 순간에야 찬란한 빛을 발하고, 가시나무새는 죽음을 앞두고서야 아름다운 울음을 낸다. 꽃잎은 시들어 떨어질 때에야 흙으로 돌아가 꽃의 양분이 된다. 이들은 숭고함과 위대함을 보여 준다….

어쩌면 죽음이야말로 가장 숭고한 아름다움의 경지일 수 있다. 살아 있음을 가장 찬란하게 보여 주기 때문이다. 이때 숭고하다는 것은 마음속으로 경외敬畏한다는 의미다. '경敬'은 숭고한 사람이 보여 주는 위대한 인격과 정신의 힘이 가진 아름다움 때문이고, '외畏'는 죽음과 연결되어 사람에게 고통과 두려움을 느끼게 해 주기 때문이다.

184

18세기 영국의 미학자 에드먼드 버크는《숭고와 미의 근원을 찾아서》에서 "어떤 방식으로든 고통 또는 위험한 관념을 일으키는 것에 적응할 수 있도록 하는 사물, 즉 두려운 것 또는 두려움에 근접한 사물 또는 두려움 비슷한 역할을 하는 사물은 숭고함의 근원이다"라고 했다. 여기서 우리는 숭고함을 지닌 대상은 일종의 공포를 내재함을 알 수 있다. 버크의 말처럼 편성을 가진 모든 허무한 관념, 예를 들어 공허함인 흑암, 고독 등은 모두 숭고하다. 우리를 두렵게 만들기 때문이다. 그중에서도 죽음이 가장 두렵다. 생과 함께 와서 어디에나 있다. 죽음의 필연성으로 죽음의 공포 또한 영원하게 되었다.

버크는 숭고의 구체적인 특징을 묘사했다. 첫째, 끝이 보이지 않을 만큼 부피가 크다. 둘째, 신비로운 종교 사원처럼 흐릿하고 어둡다. 셋째, 야수처럼 맹렬하고 사납다. 넷째, 거대한 폭포에서 쏟아지는 물줄기처럼 끝이 없다. 죽음은 우주 전체에 가득 찬 채 생명과 꼭 붙어 한시도 떨어지지 않는다. 아무도 막지 못한다. 그는 숭고와 아름다움의 근본적인 차이를 아름다움은 즐거움을 주고, 숭고는 고통을 주는 것이라 했는데, 삶과 죽음이라는 모순을 바탕으로 한 주장이다. 삶은 기쁨을 의미하므로 아름다운 것, 죽음은 고통을 의미하므로 숭고하다는 의미다.

물론 버크는 직관적인 경험주의의 입장에서 아름다움과 숭고를 논했다. 숭고함은 현상 자체가 가진 특성에 따라 결정되는 것이 아니라 객관적인 사물이 우리 주체에 가져다주는 일종의 주관적인 느낌이라는 것이다. 따라서 숭고함이 발생하는 기제는 설명하지 않았다.

이에 대해서는 칸트가 답했다.《판단력 비판》에서 칸트는 "자연계의 모든 것은 미미하고 보잘것없다. 우리 마음에 일종의 우월성이 있다면, 그 헤아릴 수 없는 자연계를 초월한 것이다. 따라서 그것의 막을 수 없는 위력은 비록 우리를 자연물로서 보게 하고 우리 육체의 무능함을 의식하게 하지만, 그와 동시에 우리는 자연에 굴복하지 않는 능력을 발견하고 자연에 대한 우월성을 지니게 된다"라고 했다. 그는 숭고는 이성의 존엄을 보여 주며, 사람의 윤리 도덕 역량의 자연 역량에 대한 승리를 보여 준다고 주장하면서 다음과 같이 결론 내렸다. "진정한 숭고란 판단자의 마음속에서만 찾을 수 있으며, 자연 대상에는 존재하지 않는다."

그는 숭고의 진정한 근원은, 주체가 사람의 이성 존엄과 윤리 도덕 역량을 보여 줄 수 있는 지각에 있다고 봤다. 하지만 숭고를 논할 때 죽음을 배제했다. 먼저 주체를 안전지대에 둔 다음 자연에서 오는 두려운 힘을 느끼게 하고, 그 힘에 대한 인간의 승리를 보여 주려고 했기 때문이다. 그러나 진정한 숭고를 논할 때 죽음을 회피해서는 안 된다. 이와 관련하여 플라톤이 죽음과 죽음에 대한 초월을 어떻게 설명했는지 보자. 《파이돈》에서 그는 소크라테스의 말을 빌려 진정으로 철학에 헌신하는 사람이 종사하는 일이 죽음에 대한 탐구라고 했다. "철학을 신봉하는 사람들은 모두 죽음을 수행하고 있네. 따라서 죽음이 다가와도 두려운 기색을 보이지 않지. 그들은 자신의 육체에 매달리지 않고 영혼이 자유롭게 달려 나갈 수 있기를 바라기 때문이네. 그런데 만일 그날이 왔을 때 그들이 겁을 내고 노여워한다면, 완전히 논리에 부합하지 않는 것이 아니겠는가?"

신고전주의의 거장 자크 루이 다비드가 그린 〈소크라테스의 죽음〉.

　지금으로부터 2천여 년 전 로마군이 그리스의 한 도시를 침공했을 때 한 노인이 모래 바닥에 쭈그려 앉아 도형 계산에 몰두하고 있었다. 노인은 당대 최고의 물리학자 아르키메데스였다. 로마군의 칼에 죽기 전 그가 마지막으로 외친 말은 "내 원을 밟지 마시오!"였다. 이보다 먼저 유라시아 대륙을 정복한 알렉산드로스 대왕이 그리스의 또 다른 도시를 시찰하던 도중, 땅에 누워 일광욕 중인 철학자 디오게네스를 발견했다. 왕은 그에게 물었다. "내가 당신을 위해 무엇을 해 주면 좋겠소?" 돌아온 답은 이러했다. "햇빛을 가리지 말고 옆으로 비켜 주시오!" 고대 그리스의 철학자들에게 영혼 생활이 얼마나 소중했는지를 보여 주는 일화다.

　곱씹어 보면 숭고는 일종의 정신적 초월이다. 사람들이 사랑을 위해 기꺼이 목숨을 희생하는 것과 같고, 정의로운 사람들이 대의를 위해 담담히 죽음을 맞이하는 것과 같다. 이것이야말로 강력한 정신의 힘이 죽음의 공포를 뛰어넘은 것이다.

기원전 399년에 아테네에서 가장 지혜로운 사람으로 추앙받던 소크라테스가 청년들을 현혹하고 신성을 모독했다는 이유로 고소되어 사형을 선고받았다. 불공정한 판결이었기에 그의 친구들과 제자들이 사면 요청과 해외 도피를 제안했다. 하지만 소크라테스는 제안을 모두 거절하고 담담하게 죽음을 받아들였다. 《소크라테스의 변명》에는 그의 마지막 말이 실려 있다. "이제 이별의 순간이 왔습니다. 우리는 각자의 길을 가는 겁니다. 나는 죽음으로, 여러분은 삶으로 갑니다. 어느 길이 더 좋을지는 신만이 아시겠지요." 소크라테스의 죽음은 그의 철학은 물론, 삶도 완성시켰다. 그의 육신은 사라졌지만 정신은 오늘날까지 남아 있다. 아테네 광장 중심에 우뚝 서 있는 그의 동상처럼 사람들의 마음속에 꿋꿋이 서 있다.

철학가에게 죽음은 최후의 자아실현이며, 구하려 해도 구할 수 없는 것이다. 죽음은 진정한 지식으로 통하는 문을 열어 주기 때문이다. 영혼은 육체의 굴레에서 해방되어 빛으로 가득 찬 천국의 경지에 도달한다.

- 소크라테스

삼불후 三不朽

삼불후는 유가에서 영원함을 추구하는 방법으로, 소위 '대인'이 영원함을 추구하는 방식이다. 《좌전》에 처음 나온다. "가장 좋은 것은 입덕立德이요, 다음은 입공立功, 그다음은 입언立言이다. 오랫동안 없어지지 않고 남아 있으니 불후不朽, 썩지 않음라 할 수 있다."[4] 여기서 입덕, 입공, 입언(삼불후)은 사람은 살면서 출중한 덕을 쌓아 영향력 있는 일을 이루어야 하며, 만대에 길이 남을 명언을 남겨야 함을 의미한다.

삼불후는 인생의 세 가지 중요한 요소인 도덕적으로 완전한 삶, 훌륭한 업적, 역사에 길이 남을 명성과 관계 깊다. 유가 사상이 한결같이 추구해 온 것들로, 이 세 가지를 이루어야 인생의 가치를 획득하고 영원함을 실현할 수 있다. 유가가 추구하는 내성외왕內聖外王, 안으로는 성인의 재덕을 갖추고 바깥으로는 왕도를 행한다, 수신양생, 치국천하의 적극적으로 세상에 뛰어드는 인생 태도와 이상을 지극히 함축적으로 포괄한다. 중국 고대 사대부들이 영원함을 추구하는 기본적인 방식으로 일찍이 자리 잡아, 뜻 있는 사람들이 자신의 가치를 실현하도록 격려해 주었다.

《좌전》이 이르길 삼불후는 저마다 등급이 다르며 그 순서 또한 엄격하다. 입덕과 입공은 비교적 높은 지위나 공덕을 기록하는 일로, 사람들이 그들을 기억할 수 있는 중요한 수단이나 상등의 입덕과 중등의 입공도 어느 정도 입언에 의지한다. 특히 업적을 기록하는 역사서는 더욱 그러하다. 《좌전》, 《사기》 등이 기록되지 않았다면 공자와 맹자, 진시황, 한무제가 세운 공로는 흔적도 없이 사라졌을 것이다. 유가는 공적을 기록하는 사서를 중시했다. 대인의 혁혁한 공로와 훌륭한 인품은 언어 문자로 기록되어야 국가와 사회 구성원이 알 수 있고, 널리 퍼져 사람들로 하여금 영원한 인생 가치를 추구하도록 격려할 수 있기 때문이다.

대인이든 소인이든 개인의 생명을 민족이나 국가라는 커다란 생명으로 전환하거나 융합하는 방식으로 영원함을 추구했다. 그들이 추구하던 가치와 이상이 삼불후다. 유가가 추구하는 인생 태도와 이상을 가리키며, 일찍이 여러 뜻 있는 사람들이 살신성인과 정의를 위한 희생으로 추구했던 영원함을 이루는 기본적인 방식이기도 하다. 유가는 사람들이 유한한 삶 속에서 오랫동안 변하지 않고 사람들에게 기억될 수 있는 것을 추구하며 영원함에 도달할 수 있도록 장려했다. 이러한 인식은 사람들의 정신적 의지처이자 삶을 완성하는 일종의 동력이 되어 뜻 있는 사람들이 각자가 정의한 삶을 완성하고 영원함을 추구할 수 있도록 격려해 주었다. 자연을 초월한 호연지기와 이성적인 눈빛이 있다면 죽음이 어찌 두렵겠는가?

———————— W h a t   i s   D e a t h ————————

1. K. 초우드리, 《현대 인도의 신비주의》, 델리BP출판사, 1981, p. 139
2. 쇼펜하우어, 《의지와 표상으로서의 세계》, 상무인서관, 1995, p. 453
3. 《모택동 선집》(제3권), 인민출판사, 1991, p. 1004
4. 황잉쳰黃應全, 《죽음과 해탈死亡與解脫》, 작가출판사, 1997, p. 155에서 재인용

제 9 장

9

죽음과
화해하다

What is Death

불로장생을 추구한 인간사의 기나긴 여정에서 삶과 죽음의 전환, 즉 귀신과 힘겨루기를 하는 과정에서 인간이 만들어 낸 종교, 신화, 문학, 예술, 과학 기술 등의 모든 신화 공정은 생사대계와 관련 있다. 이는 죽음을 배척하고 죽어야만 하는 운명을 부정하는 일종의 저항이었다. 하지만 이 모든 저항은 아무 소용없었다. 인간은 결국 죽음에게 화해의 악수를 청할 수밖에 없었던 것이다.

귀신과 전쟁을
선포하다

What is Death

일반적으로 사람과 귀신은 서로 다른 두 세계에서 생활한다고 여겨진다. 사람은 죽으면 또 다른 세계로 들어가는데, 이곳은 인간 세계를 반영하고 복제한 장소로 인간 세계와 맞물려 있다. 따라서 인간 세계에 있는 것은 귀신 세계에도 똑같이 존재한다.

귀신 세계란 쉽게 말해 귀신이 사는 세계다. 저승, 음부, 황천, 구천, 지부, 명부, 유계, 유명 등 그곳을 부르는 이름은 여럿이다. 전 세계적으로 인간, 귀신, 신은 각자의 거주지가 있다. 귀신은 유명계, 신은 천상계, 인간은 그 중간인 인간계에 살며, 각 세계의 경계는 매우 엄격하다. 마왕퇴馬王堆 한나라 묘 1호와 3호 고분에서 출토된 비단에 각 계의 모습이 자세히 그려져 있다. 귀신 세계(명부)에는 벌거벗은 거인이 두 손으로 하얀 평대를 들어 올리고 있다. 평대는 대지를 상징한다. 평대 아래는 고대인이 말하는 황천이다. 거인은 죄인을 밟고 서 있으며, 거대한 구렁이가 그의 사타구니를 휘감고 있다. 전체적으로 음침하고 어둡다.

중국의 명부에 대한 신앙은 부단히도 바뀌었다. 귀신 관념이 등장한 초기에 사람들은 자신들이 조상과 신비롭게 연결되어 있다고 생각했다. 그래서 죽은 이의 혼을 그들이 대대로 거주하던 곳으로 돌려보내야 한다는 신앙이 생겨났다. 조상들의 거주지는 서쪽, 북쪽 또는 서북쪽 등의 방향이었는데, 고대 중국 민족의 대규모 이동에서 비롯되었다. 《예기》에는 "죽은 이를 북방에 장사 지내고 머리를 북쪽으로 두는 것은 하, 은, 주 3대에 통용된 예법이며, 죽은 이가 순조롭게 저승에 돌아가도록 하기 위함이다"라는 기록이 있다.

이외에도 옛사람들은 해와 달의 신비로움을 숭배했다. 태양은 매일 동쪽에서 떠올라 서쪽으로 졌기에 서쪽을 사람이 죽은 후에 돌아갈 곳이라고 생각했다. 또 높은 산의 신비로움을 숭배하여 귀신이 높은 산으로 돌아간다는 신앙도 생겨났다. 옛날 중국 서북부 곤륜산 지역에 살던 사람들은 귀신이 곤륜산으로 돌아온다고 믿었다(그들이 말하는 곤륜산에 대해서는 해석이 다양하다). 곤륜산을 명계라 여긴 당시 사람들은 곤륜산과 관련된 여러 기록을 남겼다.

도교는 민간으로부터 귀신 신앙을 흡수해 명부의 왕도가 산에 있다고 설명했다. 그 산은 나풍산이다. 《유양잡조酉陽雜俎》에 "나풍산은 북방의 계지癸地에 있고 둘레는 3만 리고 높이는 2천600리다. 동천육궁洞天六宮은 둘레가 1만 리고 높이가 2천600리로 하늘의 귀신을 위한 궁이다… 사람이 죽으면 모두 이곳으로 온다"는 기록이 나온다. 반면에 민간 신앙에서는 풍도산을 유도幽都라 여겼다. 하지만 이는 '나풍'이 잘못 전해졌기 때문이다.

한편 태산을 명계라고 믿기도 했다. 진한 시대 이후 술사와 유생들이 오악의 명산을 숭상하고 역대 제왕들이 여러 차례 입산을 금지시켰기 때문이다. 《태평광기太平廣記》 제99권은 《명보기·대업객승冥報記·大業客僧》을 인용하여 "태산에서 귀신을 다스린다"라고 적었다. 《박물지·지博物志·地》에서는 "태산泰山은 천손天孫이라고도 한다. 천제天帝의 손자라는 뜻이다. 태산은 귀신과 혼백을 불러 관장한다"라고 했다. 서한 시대에는 태산을 태산군부泰山郡府로 불렀다. 저승의 주요 기관으로 삼은 것이다. 한나라 때의 진묘문鎭墓文은 이와 관련된 가장 오래된 기록이다. 제3조에 "생사의 길은 서로 다르니, 망자의 혼은 태산으로 돌아가 저승의 관리로부터 단속을 받는다"고 나와 있다. 태산을 명계로 믿는 신앙은 후대로 갈수록 단단하게 자리 잡았다. 《후한서·오환전後漢書·烏桓傳》에 "병사가 죽으면… 살찐 개에 오색 밧줄을 매고 망자가 타던 말과 입던 옷가지를 모두 불태워 함께 보낸다. 그러면서 개에게 망자의 영혼을 적산까지 잘 호송해 달라고 당부한다. 적산은 요동 서북쪽으로 수천 리 떨어진 곳으로, 중국인이 죽으면 그 혼령은 태산으로 돌아가는 것과 마찬가지다"라는 구절이 나온다.

이후로는 불교와 기독교의 영향으로 죽은 후 영혼이 가는 곳을 지옥, 지부地府라고 불렀다. 지옥은 산스크리트어 Naraka를 의역한 것인데, 괴로움 또는 고통의 결과를 의미한다. 불교에는 다양한 지옥이 있다. 네 가지 종류의 열여덟 개 지옥이 있는데, 네 가지 종류는 팔대

죄를 지으면 저승으로 가 가혹한 형벌을 받는다고 한다.

지옥(팔열지옥), 근변지옥(유증지옥), 팔한지옥, 고독지옥이다. 그중에서도 팔열지옥, 팔한지옥, 18층 지옥이 유명하다. 팔대지옥에는 등활지옥, 흑승지옥, 종합지옥, 호규지옥, 대규지옥, 염열지옥, 대열지옥, 아비지옥(무간지옥)이 있다.

　저승 지부와 지옥 왕국의 인물, 사건, 관직, 질서 등은 인간 세계와 같다. 동악대제, 십전염왕, 오도장군, 판관귀리, 흑백무상, 우두마면 등이 저승의 통치 집단이다. 불교에서는 지옥을 관리하는 마왕을 염라라고 한다. 산스크리트어를 음역한 것으로, 염라왕 또는 염라대왕, 염마왕이라고도 불린다. 그중 십전염라는 중국 불교에서 말하는 지옥을 관리하는 열 명의 염왕을 가리키는 총칭으로 당나라 말기에 등장했다. 일부 유명한 역사적 인물은 죽은 후에도 저승에서 관직을

198

맡았다. 청렴하고 정의를 수호하던 명판관 포청천이 제5전 염왕을 맡은 것이 그 예다. 민간에서는 염왕을 저승의 주인이라고 여겼다. 당나라 말에는 염왕이 본래 제1전에 기거했는데 죽은 영혼이 불쌍하다는 이유로 몇 번이고 이승으로 돌려보내는 바람에 제5전으로 강등되었다는 설이 널리 퍼졌다. 그러나 후대로 갈수록 신의 체계가 점점 간소화되면서 민간에서는 주로 염라왕만 기억에 남게 되었다.

인간계와 귀신계 사이에는 강 하나가 있다. 이 강의 이름은 약수, 혼수하 또는 음양하다. 《사기·대완열전^{大宛列傳}》색인은 《여지도^{輿地圖}》를 인용하며 "곤륜의 약수는 용을 타지 않고서는 도착할 수 없다"라고 했다. 또 곽박은 "그 물은 깃털보다도 훨씬 가볍다"라고 주석을 남겼다. 이처럼 약수는 깊이를 알 수 없을 정도로 깊고 깃털마저도 떨어지면 하염없이 가라앉을 정도라 약수를 건넌다는 것은 사실상 불가능했다. 하지만 어디에나 예외가 있는 법, 약수를 건널 수 있는 내하교라는 다리가 있었다. 전설에 따르면 흑무상과 백무상이라는 두 귀신이 죽은 자의 혼령을 데리고 내하교를 건너 명부로 들어가는데, 일단 내하교를 건너면 다시는 인간 세상에 발을 디딜 수 없었다. 반면에 혼령이 환생하여 인간 세상에 다시 태어날 때는 내하교를 건너면서 전생의 모든 기억을 지워 준다는 맹파탕을 마셨다.

사실 전 세계적으로 저승으로 통하는 강 또는 수역이 공통적으로 존재한다. 이집트 신화에서는 명계로 들어가기 전 반드시 무시무시한 우르네스^{Urnes} 강을 건너야 한다. 그리스 신화에서는 저승에 아케론^{Acheron} 강이 흐르는데, 물살이 거세어 뱃사공 카론이 영혼을 배에 실어 저승으로 데려다준다. 북유럽 신화에 등장하는 저승의 강인 기올

약수를 건널 수 있는 내하교. 이 다리를 건너면 명부로 들어갈 수 있다.

Gioll 강에는 하나뿐인 다리 위에 해골 형상의 모드구드가 지키고 서서 통행료로 피를 요구하는데, 이를 거절하면 새로운 영혼이 저승에 들어가는 것을 절대로 허락하지 않았다.[1] 이처럼 인간이 지상의 생활을 끝내고 땅으로 들어갈 때는 반드시 저승으로 통하는 길을 지나야 한다는 것이 저승과 관련된 원시 신앙에 나타나는 공통점이다.

인간과 귀신 사이의 은혜와 원한은 어디까지나 두 세계 사이의 일이다. 신이 시간이 없어서 살피지 못하거나 태만하게 관심을 두지 않을 수도 있다. 다만 인간은 어쩔 수 없이 귀신의 괴롭힘을 막고 자신을 지키기 위해 분투할 수밖에 없다. 이 싸움에서 인간이 약자가 되는 것은 당연하다. 이에 인간은 귀신이 괴롭히지 않으면 가만히 있겠지만 일단 괴롭힘을 당하면 본때를 보여 준다는 원칙을 세웠다. 사실 인간은 귀신에 대해 그리움과 두려움이라는 모순된 감정을 가진다. 둘

귀신으로부터 몸을 보호하기 위해 지녔던 여러 가지 호신부.

사이에는 음양의 특수한 길이 놓여 있을 뿐, 어울려 살아가야 하기 때
문이다.

인간은 귀신과 소통하기 위한 다양한 방식을 발명했다. 가장 기본
적인 것이 부적과 주술이다. 부적은 보통 문자나 그림, 부호로 이루어
진다. 그림에는 부신符神, 신금神禽, 신수神獸, 귀신 형상 등이 있다. 부호
는 대개 성운, 삼청, 북두, 신기 같은 것들이다. 문자는 진압하려는 귀
신의 이름, 법술을 부리는 신의 이름 또는 능력을 강하게 만들어 주는
글자 등이 있다. 부적은 귀신을 소집하거나 진압하는 독특한 문서로,
도사들이 신으로부터 영감을 받을 때 주사를 이용해 그리는 경우가
많다.

부적은 몸에 지니거나 걸거나 붙이거나 태우거나 먹거나 땅에 묻
었다. 몸을 보호하고 사악한 기운을 물리치며, 귀신과 재앙을 쫓고 터
주(집터를 지키는 귀신*)를 위로하며 병을 치료하기 위함이 목적이었

다. 이를테면 단옷날이면 귀신과 도깨비를 쫓는다는 부적을 문에 붙였다. 심지어 귀신을 피하기 위해 가지각색의 괴물을 만들어 내기도 했다.

세계 여러 민족에 그들만의 호신부가 있다. 고대 이집트는 딱정벌레가 호신부여서 파라오의 무덤에서 딱정벌레 형상이 많이 발견되었다. 이슬람교에서는 파티마의 손, 그리고 일부 유럽의 민족들은 《성경》을 호신부로 삼았다. 자연재해를 막기 위해 기우 부적 같은 소재부消災符를 쓰기도 했다. 민간에서 가장 중요시했던 부적은 퇴병부退病符와 진댁부鎮宅符다.

귀신과 소통하는 또 다른 방식은 주술로, 일종의 구결 형식 문자와 언어를 매체로 하여 귀신을 쫓거나 요괴를 진압하고 또는 병을 치료하는 데에 사용했다. 주술의 '주呪'의 원래 뜻은 축복이다. 신에게 자신의 마음을 표현하며 아름다운 말로 신을 기쁘게 하는 것이다. 고서에는 '축祝'이라는 글자로 선과 악의 두 가지 뜻을 나타냈다. 《석명·석언어釋名·釋言語》에는 "축은 속屬이다. 선악의 단어가 모두 속해 있다"는 구절이 있다. 선의 측면에서 보면 축복이고, 악의 측면에서 보면 저주다. 이들은 저주를 행하는 과정에서 종종 혼재되어 개념의 혼란을 막고자 축복과 저주의 용법을 분리했다.

주술의 적용 범위는 매우 넓다. 파종하거나 수확할 때, 비가 오기를 기도할 때, 메뚜기 떼의 습격을 쫓고 곡식을 말릴 때에 주술이 사용되었다. 해가 바뀔 때, 혼례와 장례 때, 집을 짓거나 허물 때도 빠지지 않았다. 재해를 피하고 병을 고치고 혼백을 소환하고 억울함을 밝

힐 때 역시 주술이 꼭 사용되었다.[2]

주술의 특징은 다음과 같다. 첫째, 주문은 구결 형식의 문자로, 읽을 때 입에 착착 붙으며 운율과 압운이 있다. 주문은 귀신을 쫓고 요괴를 제압하며 병을 치료하는 데 쓰였다. 예를 들면 "천령령, 지령령, 우리의 태상노군님, 하늘의 날이 새로운 땅에 이로울지니, 세찬 물이 솟아날지어다. 급급여율령!" 같은 것이다. 둘째, 주문에는 '급급여율령'이라는 구절이 많이 쓰인다. 법의 명을 급히 따르라는 뜻인데, 주문의 효력을 극대화하고 신법의 힘을 빌려 집행력을 강화하고자 하는 의도다. 셋째, '뢰雷'가 많이 쓰인다. 천둥의 특징과 관련 있는데, 천둥은 매우 신속하면서도 천지를 뒤흔드는 위력을 가지고 있다. 자연 현상에 대한 과학적 이해가 부족했던 옛사람들은 번개가 치고 천지가 갈라지는 것 같은 천둥소리가 들린 후 집이 무너지고 사람들이 죽는 것을 보고는, 그것이 신이 악한 귀신들을 벌하기 위해 위력을 보인 것이라 여겼다. 이에 자연스럽게 천둥의 신을 숭배했다. 부적에 천둥을 뜻하는 글자를 쓴 것도 천둥의 힘을 빌리기 위해서였다.

사람과 귀신이 소통하는 과정에서, 두 세계를 이어 주는 사람은 비범한 능력을 가진 것으로 간주되었다. 그가 바로 무당, 샤먼이다. 무당과 샤먼의 직책은 서로 다른 세계 또는 세계 내부의 각 단계를 소통시켜 주는 것이었다. 무당과 박수는 고대 중국에서 매우 중요한 역할을 했고, 관직에 있는 것과 비슷한 권위가 있었다.

무당에는 남성 무당과 여성 무당이 있다. 남성 무당만 칭할 때는 특별히 '박수'라고 부르기도 한다. 중국의 고대 문헌에는 무당을 무巫,

무격^{巫覡}, 축^祝이라 지칭하며 민간에서는 사공^{師公}, 법사^{法師}라 불렀다. 무당은 귀신과 소통할 수 있었다. 《설문해자》에는 "무^巫는 곧 축^祝이다. 형체가 없는 일을 능히 하는 여자는 춤을 추어 신을 내려오게 한다"는 기록이 나온다. 이때 '무^巫'와 '무^舞'는 같은 음을 지닌다. 즉, 무당이 신에게 점괘를 물을 때는 반드시 음악과 춤이 수반되었다. 무당은 음악에 맞춰 춤을 추면서 신을 내려오게 한 다음, 귀신과 말로 관계를 맺기 위해 주술을 활용했다. 무당과 신이 소통하는 원시적 수단은 격고, 음악, 포효, 주음 등 다양하다. 시각적인 방법에는 춤과 주술 그림 등이 있으며, 연기를 피워 현장 분위기를 고조시키기도 했다.

원시적인 사고에 따르면 무당은 귀신과 소통할 수 있는 영험한 사람이었다. 이에 무당도 사람들의 귀신 신앙을 바탕으로 귀신에게 질문을 한다든지 저승 구경을 시켜 준다든지 하는 각종 신비로운 주술을 통해 신임을 얻곤 했다. 주술을 행할 때 무당은 몰아지경 상태로 악기를 시끄럽게 두들겼다. 이렇게 이해할 수 없이 신비로우면서도 한편으로는 믿음직한 주술 활동을 보면서 사람들은 무당이 저승 세계에 직접 들어가 귀신들이 하는 말을 전해 주는 것이라 믿었다.

샤먼은 퉁구스어로 무당을 뜻한다. 흥분한 사람, 또는 미치광이를 뜻하는 말의 음역이다. 원래는 북아시아와 동아시아 지역에서 주술을 의미했으나 이것이 종교화되면서 '샤머니즘'이라는 말이 생겨났다. 중국 민간에 존재하는 풍수쟁이, 단공, 동파, 필마, 신한 등은 모두 현대의 무당이다. 이들은 근대에 들어서며 핍박받았지만 현대에도 독특한 역할을 맡고 있다. 근대 이전의 무당과 풍수쟁이는 일정한 문화 소양을 갖추고 있었다. 글자를 알아 책을 볼 줄 알았고, 셈에도 능해 사

샤먼, 즉 무당은 귀신과 소통할 수 있는 특수한 능력을 지닌 인물이다.

람들의 신임을 받았다. 이에 마을의 경조사나 택지, 치료, 액막이, 기우제, 점괘 등 여러 대소사에 활발하게 참여했다. 무당이라면 일반적으로 신을 내리게 하는 굿을 할 수 있다. 굿은 보는 사람을 진심으로 탄복하게 만드는 신과의 소통 기술로, 사람과 귀신을 직접 소통하게 해 준다.

귀신과
화해하다

What is Death

  인간과 귀신이 맞붙었을 때 최종적인 의미
에서 인간은 실패자일 수밖에 없다. 인간은 언젠가 죽을 것이 확실한
존재이기 때문이다. 모든 방법을 동원해 가능한 한 생명을 늘인다 해
도 얼마 동안이다. 따라서 인간의 귀신에 대한 전쟁은 죽음에 대한 몸
부림일 수밖에 없다. 시시포스가 벌인 정해진 운명에 대한 헛된 투쟁
은 그러한 점에서 죽음이라는 거역할 수 없는 운명에 영원히 항거하
는 인간과 닮았다. 인간은 이길 수 없는 결과에 마침내 죽음과 어쩔
수 없는 화해를 시도한다. 그 평화로운 화해 수단에는 금기, 주술, 종
교, 과학 등이 있다.
  금기는 사회 행위와 신앙 활동에서의 제약과 구속, 행동 방식 등
을 포괄하는데, 학계에서는 '터부'로 통칭한다. 터부는 원래 신성하고

비범하다는 뜻이나, 후에 '금지된', '위험한'이라는 뜻이 파생되었다. 이 단어가 유래한 폴리네시아에서 사람들은 '마나'라는 신비한 힘을 믿었다. 그래서 마나를 가진 사람 또는 물건과 접촉하면 안 된다고 여겼다. 마나와 접촉하면 그 사람은 물론이고 부락 전체에 재난이 닥친다고 믿었기 때문이다.

동양은 '금기'라는 말이 있다. 《한서·예문지·음양가漢書·藝文志·陰陽家》에는 "융통성 없는 사람은 금기에 얽매이고 작은 술수에 구애받아 사람이 해야 할 일을 귀신에게 맡길 수 있다"라는 구절이 나온다. 또한 《후한서·낭횡전郎竑傳》에도 "신은 초야에서 나고 자라 금기를 알지 못하며, 솔직하게 직언하는 편이다"라는 기록이 있다. 아마도 이 시기나 이보다 훨씬 이른 시기부터 금기는 제사, 귀신 등의 현상과 관련된 문자 기록에 함께 쓰이며 예상치 않게 닥치는 불행을 피하기 위해 사람들의 행동을 구속하는 용도로 사용되었으리라 짐작 가능하다.

어느 정도 부정적인 구속을 뜻하기도 한다. 영국의 인류학자 제임스 조지 프레이저는 《황금가지》에서 금기를 부정적인 규칙 범주로 환원시키면서 "우리가 관찰한 공감 주술의 체계는 적극적인 규칙은 물론이고 수많은 소극적인 규칙, 즉 금기를 포함한다. 그것은 우리에게 무엇을 하라고 알려 줄 뿐만이 아니라 하지 말아야 할 것도 알려 준다. 적극적인 규칙은 주술이고 소극적인 규칙은 금기다. 사실상 금기의 전반적인 원칙 또는 그 원칙의 대부분은 유사와 접촉이라는 양대 법칙으로 이루어진 공감 주술의 특수한 응용에 지나지 않는다"라고 썼다.

금기의 역사는 인류의 역사와 같다고 할 수 있으니 종교보다도 일찍 세상에 나온 셈이다. 《토템과 터부》에서 프로이트는 "막스 분트는 터부를 인류의 가장 오래된 무형 법률이라고 묘사했다. 터부의 존재는 일반적으로 신의 관념과 그 어떤 종교 신앙보다 일찍 탄생했다"라고 했다. 종교 관념은 인간의 사유 체계가 어느 정도 높은 단계까지 발전했을 때의 산물로, 추상적인 사고 도구인 언어의 탄생 이후의 일이기에 충분히 납득 가는 말이다.

사실 원시 인류에게도 금기가 존재했다. 학자들은 1만8천 년 전 중국 북경에 거주했던 산정동인을 연구한 끝에 그들의 하악골 구조로는 분절 언어를 발음할 수 없었으며 사고 능력 또한 매우 낮았다는 결론을 내렸다. 즉, 영혼 같은 초자연적인 관념은 아직 형성되지 않았으며, 신이 인간을 보호하고 도와준다는 종교적 사상이나 공동의 종교 활동도 없었을 것이다. 따라서 당시의 금기 활동은 일종의 풍습이라고 볼 수 있다.[3]

금기의 기원은 죽음에 대한 두려움과 불안이다. 사유 능력이 지극히 낮았던 고대인은 두려움을 일으키는 죽음을 과학적으로 해석할 수 없었다. 그래서 신비로운 힘을 노하게 해 인간이 받는 벌이 죽음이라고 생각했다. 죽음은 갑자기 발생하는 사건이었기에, 일종의 금지 제도를 만들어 도처에 존재하는 신비로운 힘 또는 자연계에 존재하는 위험을 막으려 했다. 그들은 금기를 거스르지만 않는다면 갑작스런 죽음을 피할 수 있다고 믿었다. 또 이렇게 함으로써 죽음에 대한 두려움과 곤혹스러움을 누그러뜨릴 수 있었다. 분트는 "금기는 인류의 가장 원시적이고 가장 오래 유지된 본능, 즉 악마의 힘을 두려워하는 것에서 기원하며, '악마의 분노를 조심하라'는 유일한 명령에서 기원했다"라고 설명한 바 있다. 금기는 부정적인 규칙으로 기본적인 방식은 "~을(를) 하지 마라. 그렇지 않으면 벌을 받게 될 것이다"다.

프레이저는《황금가지》에서 금기의 원칙에 대해 다음과 같이 설명했다. "만약 어떤 특정 행위의 결과가 그들에게 불쾌하고 위험한 것이었다면 그들은 나중에 똑같은 결과가 나타나지 않도록 이후에는 그 행동을 하지 않도록 조심할 것이다. 다시 말해 그들은 인과 관계를 잘못 이해해서 특정한 재해를 초래한다고 오해하게 된 행동을 삼간다. 스스로 금기에 복종하는 것이다. 이런 점에서 금기는 주술을 응용하는 과정에서의 소극적인 응용이다. 적극적인 주술사나 법술사는 '이러저러한 일이 일어나도록 이런 일을 하라'라고 말하고, 소극적인 주술사나 법술사는 '이러저러한 일이 일어나지 않도록 이렇게 하지 마라'라고 한다."

사람에 대한 금기는 주로 죽은 사람과 접촉한 사람, 정결하지 않은 사람이나 신력을 가진 사람에게 해당되었다. 이를테면 죽은 사람과 신체적인 접촉을 한 사람은 목욕을 하거나 특정 나뭇가지로 몸을 털어 낸 후에야 손으로 음식물을 집을 수 있었다. 그렇지 않으면 귀신에 씌거나 액운이 따라온다고 믿었다. 죽은 사람을 접촉한 사람에게는 다른 금기보다 훨씬 괴상한 금기가 적용되기도 했다. 이를테면 마오리족은 시신을 처리하거나 묘지까지 시신의 운반을 도와준 사람, 또는 죽은 사람의 뼈를 만진 사람은 거의 모든 사람과의 교류를 끊어야만 했다. 그런 사람은 다른 이의 집에 들어가거나 그 누구도, 어떤 물건과도 접촉해서는 안 되었다. 이를 어기면 그와 접촉한 사람 또는 물건이 죽은 자의 영혼으로부터 괴롭힘을 당한다고 여겼다. 심지어 손으로 음식물을 만지는 것도 허용되지 않았다. 그래서 음식을 먹을 때에는 땅에 앉거나 꿇어앉아 양팔을 조심스럽게 등 뒤로 모은 후 땅에 놓인 음식을 입으로만 먹어야 했다. 아니면 다른 사람이 먹여 주기도 했다. 이때 음식을 먹여 주는 사람과도 몸이 닿지 않아야 했다.

정결하지 않은 사람이란 대개 월경기, 분만기에 있는 여성을 가리켰다. 당시 사람들은 혈액의 생성 과정과 역할에 대해 무지했기 때문에 월경 혈을 독이 있는 더러운 물질로 간주했다. 분만기 여성에 대한 금기도 많았다. 출산 시 나오는 물질을 모두 더럽고 불길한 것으로 여겨, 이것들을 제대로 처리하지 않으면 '핏빛 재앙'이 닥친다고 믿었다. 조상과 여러 신령을 모욕하게 되어 산모와 태아에게는 물론 가족 전체가 신으로부터 벌을 받는다는 이유에서였다. 그래서 재앙을 막고자 분만기 여성에 대한 금기를 만들어 냈다. 오스트레일리아의 원주민 여성들은 월경기에 남성이 사용하는 물건을 만지는 행위가 엄격하게 금지되었으며, 심지어 남성들이 자주 다니는 길을 걸어서도 안 되었다. 그렇지 않을 경우 죽음을 초래할 수 있었다.[4]

신력을 가진 사람이 누구냐는 물음에 프레이저는 신성한 사람, 즉 국왕이나 추장, 제사장 등이라고 답했다. 고대인들은 자신들의 추장과 국왕이 신령한 힘을 가졌으며, 그들을 접촉하면 접촉한 사람이 해를 입는다고 여겼다. 이는 사람 또는 귀신에게 붙어 있는 특수하고 신비로운 힘, 즉 마나 때문이었다. 사람마다 신분과 지위에 따라 각기 다른 양의 마나를 보유했다. 지위가 높을수록 더 많은 마나를 보유했고, 위력 또한 강했다. 이에 신성한 사람에 대한 여러 가지 금기가 생겨났다. 예를 들어 폴리네시아의 신성한 국왕과 제사장은 자신의 손으로 음식물을 만지는 것이 금지되었다. 반드시 다른 사람들이 시중을 들어야 했으며, 그들이 사용한 그릇과 입었던 의복, 기타 물품은 타인이 사용할 수 없었다. 그렇지 않을 경우 역시 질병이나 죽음의 징벌을 받게 되었다.[5]

물건에 대한 금기는 주로 망자의 유품과 관련 있었다. 망자가 입었던 옷이라든지 사용했던 그릇 같은 것들이 여기 해당한다.《예기·옥조玉藻》에는 "아버지가 돌아가신 뒤에 아버지가 읽던 책을 읽지 못하는 것은 아버지의 손때가 남아 있기 때문이고, 어머니가 돌아가신 뒤에 어머니가 사용하던 잔과 그릇을 사용하지 못하는 것은 어머니의 입때가 남아 있기 때문이다"라는 구절이 나온다. 사람이 죽으면 그가 생전에 사용했던 물건들을 시신과 함께 매장하거나 묘지에서 태우는 경우가 있는데, 산 사람이 그것들을 사용하는 바람에 망자의 분노나 보복을 초래하거나 망령이 이승에 미련이 남아 저승으로 떠나지 못하는 일을 막기 위함이었다. 심지어 망자가 살았던 집을 부수거나 빈 집으로 두는 일도 있었다.《안씨가훈·풍조顔氏家訓·風操》에는 이런 구절이 나온다. "양친이 돌아가면 양친이 거주하던 재실과 침실에는 아들이나 며느리가 들어가 살지 못한다. 북조 돈구에 살던 이구의 어머니 유씨 부인이 죽자 이구는 어머니가 살던 집을 평생 닫아 놓고 차마 열고 들어가지 못했다."

사람이 죽으면 그가 살던 집을 부수는 금기는 서양의 원시 부족에게서도 자주 볼 수 있다. 오스트레일리아의 토착 부족인 아란다족 사람들은 시신을 매장한 후 죽은 사람(남성 또는 여성)이 살던 천막을 즉시 불태우고, 그 안에 있던 물건들도 함께 태웠다. 아비폰족은 망자가

쓰던 모든 물건을 불더미에 넣고 태웠으며, 그들이 살던 집도 완전히 부수었다. 망자의 부인과 아이들, 그리고 다른 가족들은 몸을 의탁할 다른 곳을 찾아야 했다. 자신들이 살던 곳에 더 이상 머물 수 없었기에 다른 사람 집에서 얼마간 살거나 따로 천막을 지어 거주했다.[6]

죽음에 대한 금기를 지킴으로써 사람들은 자신의 안전을 도모하고, 목숨이 위협받는 상황을 최대한 막고자 했다. 죽음에 저항하는 것이 헛된 일임은 알지만, 적어도 이에 대한 마음속의 불안과 두려움을 줄이고자 했던 것이다.

주술은 귀신과 교류하는 또 다른 방식으로 초자연적인 힘을 빌려 특정 사람이나 사물에 영향력을 끼치거나 그것을 통제하는 행위다. 《무당과 주술》의 저자 쑹자오린宋兆麟은 "주술은 선사 시대 인류 또는 무당의 일종의 신앙과 행위의 총합으로, 신앙의 기술과 방법의 하나다. 무당이 자신의 역량을 이용해 직접적 또는 간접적인 방법으로 객관 사물과 기타 행위에 영향을 미치고 통제하는 무교巫教의 방식이다"라고 했다. 원시 인류의 객관적인 세계와 각종 현상에 대한 잘못된 인식이 주술을 탄생시켰다. 즉, 주술이란 객관적인 규칙에 위배되는 경험이 누적되는 과정에서 얻은 결과로, 일정한 절차와 동작을 통해 객체를 통제하고 영향을 준다.

주술은 실천성이 매우 강하다. 각 지역과 민족은 각자의 실천 목표에 따라 여러 가지 주술을 만들어 냈다. 따라서 다양한 분류가 가능하다. 성격에 따라 분류하자면 원시 사회의 주술은 흑주술(흑마법*)과 백주술(백마법*)로 나뉜다. 흑주술은 도덕과 법률에 위배되는 흉한 주술이고, 백주술은 사람을 치료하고 살리는 것에 목적을 둔 길한 주술이다. 연구에 따르면 백주술이 흑주술보다 훨씬 먼저 발전했다. 원시사회에서 개인이 주술을 행한 주요 목적은 평안과 풍년의 기원이었기 때문이다. 또 무당이 행하는 주술도 마을의 어려움을 해소하고 질병을 몰아내기 위한 씨족 제사가 대부분이었다. 이들의 출발점은 모두 자신과 씨족을 보호하는 것이었다. 후에 적을 무찌르기 위해서까지 주술 사용이 확대되면서 흑주술이 등장했다. 보통은 다른 사람에게 화를 덮어씌우는 방식이었다. 적의 모습을 본떠 만든 인형을 망가뜨리면 실제 사람에게도 화가 미친다는 식이다.

주술을 원시적인 사고방식에 따라 분류하면 모방 주술과 접촉 주술로 나뉜다. 프레이저는 《황금가지》에서 "주술이 성립하는 원칙은 두 가지로 요약할 수 있다. 첫째, 같은 종류는 서로 상생한다, 또는 하나의 결과에는 반드시 같은 원인이 있다. 둘째, 물체가 일단 접촉하면 실질적인 접촉이 끝난 후에도 계속적으로 먼 거리에서 서로 영향을 주고받는다. 전자는 유사 법칙, 후자는 접촉 법칙 또는 감염 법칙이다. 주술은 첫 번째 원칙인 유사 법칙에 의해 파생되며 모방을 통해 그가 하고자 하는 일을 할 수 있다. 두 번째 원칙에서 주술사는 목표 대상과 접촉했던 물체를 통해 대상자에 영향을 발휘할 수 있다. 유사 법칙에 기반을 둔 주술은 모방 주술(공감 주술), 접촉 법칙 또는 감염 법칙에 기반을 둔 주술은 접촉 주술이라 한다"고 했다.

사실 모방 주술과 접촉 주술은 '교감 주술'이라는 큰 범위의 아래에 있는 두 갈래다. 둘 다 모종의 신비한 교감을 통해 원거리에서도 상호 작용이 가능하기 때문이다. 유사 법칙에 따라 사람들은 자신이 싫어하거나 없애고 싶은 사람이 있다면 그를 대체할 수 있는 물건을 파괴하거나 소멸함으로써 당사자에게 실질적인 피해를 입히거나 없앨 수 있다고 믿었다. 나무 인형에 침을 찌르면 나무 인형이 대표하는 실제 인물도 침에 찔리는 것 같은 통증을 느낀다는 식이다. 심지어 실제 인물을 대표하는 물건을 불태우고 죽음의 저주를 걸면 저주에 걸린 당사자가 죽을 수도 있다고 여겼다. 전 세계적으로 흔하고도 널리 존재하는 풍습이다.

귀신에게 제사를 지내기 위한 주술도 발명되었다. 귀신 신앙의 영향으로 누군가 병이 나거나 어려움이 닥치면 귀신이 말썽을 부렸기 때문이라고 생각했다. 그리하여 귀신을 몰아내고 사악한 기운을 쫓는 것이 중요한 일이었다. 사람들은 귀신이 자신에게 해를 입힐까 두려워하면서도 귀신에게 비호받기를 원했다. 이에 귀신에게 굴복한다는 뜻으로 그에게 정성껏 제사를 올려 귀신을 기쁘게 해 주자는 발상을 하게 되었다. 사실 귀신에게 제사를 올리는 것과 신을 모시는 것은 별개의 일이 아니었다. 당시 사람들에게 귀신과 신은 거의 하나의 개념으로, 귀신도 신과 마찬가지로 초월적인 힘을 가졌다고 여겨졌다.

귀신의 제사를 지내고 귀신을 기쁘게 해 주는 것에는 귀신을 쫓겠다는 의도가 보이지 않는다. 오히려 귀신과의 화해를 이루고 귀신으로부터 보호를 받으며 이를 통해 재앙을 없애겠다는 의지가 보인다. 귀신의 비위를 맞추기 위한 또 다른 방식이다. 《황금가지》에는 "귀신과의 화해는 신과의 화해라고도 한다. 귀신과 화해함으로써 원한 관계를 끊는 것이다. 귀신에게 권유하는 것은 귀신과 화해하는 형식 중 하나로, 대개 주문으로 표현된다"고 나와 있다. 귀신과의 화해는 사람의 힘으로는 진압하기 힘든 사납고 악한 귀신에게 주로 사용된다. 그들의 비위를 맞추는 달콤한 말로 귀신을 잘 구슬려 화해를 시도하는 것이다.

중국 호남성의 매산교梅山敎는 '화육랑和六娘'이라는 의식을 치른다. 여기서 육랑은 진압하기 어려운 사나운 귀신을 말한다. 주문은 다음과 같다.

마음 놓고 담대하게 나아가 신과 화해를 청하오니, 기분이 좋아진 육랑이 곱게 단장하고 구름과 해를 양쪽에 띄우네. 머리에는 꽃이 없는 데도 꽃이 절로 피어나고, 가슴에는 기름이 없는 데도 절로 반짝이네. 얼굴은 금 그릇처럼 반짝이고 이는 하얀 쌀알 같으며, 입으로는 연꽃처럼 향을 내뿜고 발에는 봉황혜를 신었네. 대나무 물지게로 물을 길어와 제단의 만다라에 뿌리네…[7]

악귀와 화평을 이루는 것에는 화합을 중히 여기는 중국의 전통적인 정신문화가 반영되어 있다. 귀신과 화해하고 귀신을 달래는 민요는 사람들에게 악을 버리고 선을 행하도록 유도한다. 또한 어느 정도의 사상성과 예술성을 갖추었다고 할 수 있다.

야모자귀(밤도깨비)를 달래는 노래 가사는 다음과 같다.

야모자귀야, 이리 오너라. 나 땡중이 하는 말을 듣고 마음을 열거라. 야모자귀야, 귀신에게도 귀신의 도리가 있다. 사람은 하늘로부터 받은 두 손으로 쟁기를 끌고 밭을 갈아 곡식을 심고, 돼지를 키우고 채소를 가꾸고 생선을 낚으며, 나무를 베고 벽돌을 쌓아 집을 짓고, 실을 지어 베를 짜고 비단을 짜며 실과 바늘로 옷을 만든다. 사람은 두 손만 있으면 입을 걱정 먹을 걱정 없느니라. 그런데 너희 귀신은 정말로 아무 쓸모가 없구나! 손은 단지 소매에서 삐져나와 있을 뿐. 어미의 뱃속에서 땅으로 떨어진 너희는 손을 씻지 않고 농사도 경작도 하지 않는구나. 멧돼지처럼 몰래 과일을 서리하고 채소를 망쳐 놓으며 승냥이처럼 닭과 오리를 물어뜯는구나. 갈수록 고약하고 대담해져서 담을 넘고 문을 뚫고 벽에 구멍을 내는구나. 가난한 사람의 장작을 훔쳐 가니, 이들이 호수에 몸을 던지고 목을 매다는구나. 외로운 사람의 그릇을 훔쳐 가니, 이들이 울부짖으며 도마를 자르는구나. 넌 귀신일 뿐이라, 일하지 않아도 능히 유유자적하게 지낼 수 있으니 감옥의 일을 어찌 알겠느냐. 몽둥이가 죄어 오고 곤장이 날아오며, 무거운 추를 몸에 매달아 늘어뜨리니 돼지를 잡을 때처럼 비명이 터져 나온다. 훔치는 건 쉬울지라도 관아의 형벌보다 두려운 것이 사적인 형벌이라. 다른 사람에게 걸리면 살아남지 못하리라. 쥐가 지나가면 다들 잡으려 혈안인 법, 네가 아무리 철갑 옷을 입어도 두려워하지 않으리라. 쇠도 화로에 들어가면 녹아내리니, 네 입에서 신물이 나올 때까지 때릴 것이니라. 네 온몸은 울긋불긋해지고 눈은 튀어나오고 다리는 절게 될 것이라. 억울하게 죽은 네 혼백을 위해 재물을 조금 가져 왔으니, 앞으로는 악귀의 마음을 버리고 바른 신의 길을 가거라![8]

사람들은 고독한 떠돌이 귀신을 구제하고 위로하기도 했다. 민간 귀신 신앙에서는 사람이 죽으면 인간 세상과 같은 구조의 또 다른 세

216

계에서 살게 된다고 여겼다. 그런데 혼령에게도 여러 필요한 것이 있고 욕망도 있기에 사람들이 제사를 지냄으로써 그 필요를 채워 주어야 했다. 마치 산 사람이 인간 세상에서 물질에 대한 수요를 충족하듯 말이다. 그렇지 않으면 혼령은 고독한 떠돌이 귀신이 되어 사방을 떠돌며 다양한 악행을 저질렀다. 이에 사람들은 귀신을 구제해 평안을 이루고자 했다. 종이 돈과 음식, 의복을 준비해 제사를 지내 주면서.

중국 상녕현 '유교'(유불선이 혼합된 지방 종교를 가리킨다*)에서는 따로 선생을 청해 망자를 제도하는 의식을 치렀다. 망자의 고독을 위로하기 위한 주문은 다음과 같았다. 마지막에는 "x년 x월 x일, 상중의 xxx가 경고함"[9]이라고 적었다.

운명의 시기를 잘못 타고나 지옥문에서 고통을 받는구나. 먹어도 배부르지 않고 옷으로도 몸을 가릴 수 없도다. 바람과 이슬을 맞으며 추운 데서 노숙하니 춥고 배고픈 것이 심히 불쌍하구나. 내 너를 위해 지옥문을 부수었도다. 지옥에는 갖가지 고통이 도사리니 한시라도 눈을 붙일 수 없구나. 아침에도 울고 밤에도 울고, 저승의 바람은 음산하구나. 내가 이렇게 하는 것은 양심이 있어서며, 네 괴로움을 불쌍히 여김이라. 구제하려는 마음으로 술과 밥을 차려 놓았으니, 고독한 혼령들이여 서로 빼앗으려 하지 말고 사이좋게 나눠 들어라. 은혜를 받았으면 각자 본분을 지켜야 하는 법, 개와 닭을 울어대게 하지 말고 하늘을 원망하지 말며 사람을 괴롭히지 말지니라. 이 모든 것은 사주팔자에 정해진 것이니 천당에 들어가지 못하고 지옥문에 내려왔구나. 달인은 천명을 알고 군자는 가난해도 도를 지킨다.

불교에서 음력 칠월 보름인 백중날은 부처에게 공양을 드리는 날로, 등을 올린다.

　이밖에도 '귀신의 날'을 정해 성대한 제사를 지내기도 했다. 이 날
은 망령을 추도하고 고독한 떠돌이 귀신을 잘 위로해 보내는 날이었
다. 보통 음력 7월 15일이며 중원절中元節이라고도 했다. 도교에서 비
롯된 것인데, 도교에서는 음력 7월 초하루부터 저승의 문이 열려 떠
돌이 귀신이 인간 세상으로 나와 제사를 받는다고 여겼기 때문이다.
사람들은 귀신의 괴롭힘을 받지 않기 위해 음력 7월 15일이면 귀신
을 위해 음식을 준비하고 종이 돈을 태워 갈 곳 없는 영혼들을 위로
했다. 그리고 더 이상 인간 세계에서 말썽을 부리지 말라고 잘 설득했
다. 무로족은 매해 7월 15일이 되면 쌀가루로 손가락 크기 만한 만두
를 빚어 차가운 반찬과 함께 공중에 뿌려 후손 없이 죽은 혼령에게 바
쳤다. 이를 '절고絕孤' 또는 '시고施孤'라고 했다.[10]

　서양에서도 혼령을 위로하고 구제하는 의식이 있었다. 로마의 레
무리아Lemuria는 매년 5월 9일, 11일, 13일에 거행되는 종교 의식이다.

사람들은 이 기간에 떠돌이 망령lemures이 세상에 내려와 집에서 소란을 일으키는 것을 막기 위해 음식을 바치며 망령을 위로했다.[11]

또 일부 소수 민족은 신에게 발원할 때 한 약속을 지키는 의식에도 망령을 위로하고 구제하는 절차를 포함시켰다. 요족은 환반왕원이라는 의식에서 하늘 다리를 부순다는 접대 의식을 행했다. 이러한 의식을 치르기 전에는 망령을 모셔 와 종이 돈을 태우고 나쁜 짓을 하지 못하도록 달랜 후 주술 검을 휘둘러 위협을 가했다. 먼저 예를 갖추고 후에 공격하는 것이다. 이를 통해 민간 귀신 신앙에서 망령을 구제하는 것은 사람들의 망령에 대한 두려움에서 비롯되었고, 망령을 구제하고 달래는 것은 실제로는 사람들의 죽음에 대한 두려움을 달래는 것과 같다고 할 수 있다.[12]

하지만 귀신에게 늘 잘해 주는 것은 아니었다. 필요할 때는 강경하게 대응했다. 액막이가 대표적인 예다. 귀신에게 친근함이나 굴복을 표시하는 것과 별개로 사람들은 자신 또는 가족에게 피해를 입히는 귀신을 강제적으로 쫓거나 진압했다. 이 또한 귀신에 대한 일종의 공포심을 제거하거나 누그러뜨리기 위한 행위였다. 사람들은 모든 질병과 재난, 불행을 귀신이 한 짓이라고 생각했다. 따라서 귀신을 몰아내거나 없애야만 병이 치료되고 죽은 사람도 편히 쉴 수 있다고 여겼다. 귀신을 쫓는 의식은 민간에서 보편적으로 실시되었으며, 대부분 실력 있는 주술사가 주술을 통해 완성했다.[13]

이와 비교하여 종교는 인간과 죽음(귀신)이 화해하는 고급 형식이다. 자신의 지혜와 신념으로 불안한 마음을 평정시킬 수 있는 무기를 찾는 것이기 때문이다. 기독교는 예수의 죽음과 부활로 영원한 삶을 알리고, 불교는 생사윤회로 생사를 초월하며, 도교는 육체의 불사로 생사를 초월한다. 종교는 사람들에게 종교에 의탁함으로써 죽음에서 벗어날 수 있으며, 죽은 후에는 또 다른 상태로 천국에 오르거나 지하로 떨어진다는 것을 알려 주었다. 천국에 오르거나 지옥으로 떨어지는 것은 또 다른 존재 방식이지만 어쨌거나 사람이 죽은 후에도 또 다른 영원한 세계가 존재함을 의미한다. 이것만으로도 조금이나마 위안을 준다. 게다가 천국이나 지옥에 가는 것은 개인의 행동에 달렸으니 더욱 현재에 충실할 수 있고 미래에 대한 희망을 가질 수 있다.

과학이 발전한 오늘날에는 과학적인 수단과 힘으로 죽음에 저항한다. 과학자들은 열역학의 엔트로피 이론을 통해 죽음을 설명하고자 한다. 또 죽음의 가능성과 생명의 연속성을 밝히고자 여러 가지 시도를 하고 있다. 엔트로피 이론의 등장은 과학이 죽음을 해석할 수 있는 가능성을 열어 주었다.

20세기 이론물리학자 슈뢰딩거는 《생명이란 무엇인가》에서 "각 과정과 사건, 돌발적인 변화, 이것들을 뭐라 불러도 상관없다. 자연계에서 현재 진행 중인 각각의 사건은 모두 그것이 진행하는 그 세계의 엔트로피를 증가시키고 있음을 의미한다. 따라서 생명 유기체는 계속해서 엔트로피를 생산하고(양의 엔트로피 증가) 점차 죽음이라는 최대 엔트로피의 위험한 상태로 다가간다. 죽음에서 벗어나 살아 있기 위한 유일한 방법은 환경 속에서 계속적으로 음의 엔트로피를 얻는 것이다… 유기체는 음의 엔트로피에 의지해 생명을 유지하며, 유기체는 음의 엔트로피를 흡수함으로써 살아 있는 동안 자신이 생산하는 엔트로피의 증가를 상쇄하고, 이를 통해 낮은 수준의 엔트로피 상태를 안정적으로 유지한다. 바꿔 말하면 유기체는 음의 엔트로피 증가를 통해 타성에 젖은 평형 상태로 쇠퇴하는 것을 막아 활력을 유지할 수 있다… 좀 더 확실히 말하자면 신진대사의 본질은 유기체가 살아 있는 동안 생산할 수밖에 없는 엔트로피를 떨어내는 것에 있다"라고 했다. 후에 그는 이 이론을 보충해 생명은 자기 조직의 낮은 엔트로피 상태며 생명은 개방적인 체계라고도 지적했다. 자기 조직화는 물질이 변화하는 과정에서 질서 있는 구조를 형성하는 현상이다.

과학자의 눈에 비친 인간은 특별한 물질 생명체다. 생물 대분자 구조에, 체온은 35-37℃, 그리고 일종의 자가 학습과 자가 교정, 자가 적응이 모두 가능한 고도로 진화한 자기 조직 시스템을 갖추었기 때문이다. 고도로 기술이 발달한 현대 사회는 사람을 만드는 일부 기관을 바탕으로 한 복제 기술을 이용해 복제 양을 만들어 냈다. 그리고 이제는 인간을 만들려는 대담한 시도를 하고 있다. 어쩌면 과학이 죽음에 선전포고를 했다고 해도 과언이 아니다.

하지만 그 결과가 어떨지에 대해서는 숙고해야 한다. 기술의 발전은 분명 삶의 질을 높여 주었고 생활환경을 개선해 주었다. 생명 존중에 관해서도 매우 중요한 의의가 있다. 하지만 과학 기술의 추구가 인간의 본성을 위배하고 인류의 정서에 해를 입히며 자연 법칙을 파괴해 인류와 인류가 살고 있는 이 지구에 재난을 가져온다면 그것이 무슨 의미가 있을까?

《자연변증법》에서 엥겔스는 이렇게 말한 바 있다. "죽음은 생명의 중요한 요소다. 생명은 스스로의 부정否定인 죽음을 본질적으로 내포하면서 삶과 죽음의 모순으로 자기를 지양한다. 이것을 부정한다면 더 이상 과학이 아니다. 생명은 언제나 자기 부정, 즉 씨앗으로서 생명 안에 존재하는 죽음과 연결 지어 고려되어야 한다. 이것이 바로 변증된 생명관이다." 또한 신학자이자 윤리학자인 버나드 해링도 이에 대한 명언을 남겼다. "유전자 기술은 마땅히 현재가 아닌 미래로 눈길을 돌려야 한다. 의학과의 관계에서도 개인의 필요를 최고로 삼는 것에서 의학의 사회 공동 책임과 인류 사회 전체를 중시하는 쪽으로 전환되어야 한다."

──────── W h a t i s D e a t h ────────

1. 장징쑹張勁松,《중국의 귀신 신앙中國鬼信仰》, 중국화교출판공사, 1991, p. 64
2. 리수충,《죽음과의 화해: 동서양 죽음 현상 만담與死亡言和: 東西方死亡現象漫談》, 사천인민출판사, 2002, p. 286
3. 리쉬젠李緒鑒,《중화 문화 풍정 탐색 시리즈: 금기와 타성中華文化風情探秘叢書: 禁忌與惰性》(제2판), 국제문화출판공사, 1994, p. 31
4. 허센밍何顯明, 위친余芹,《천국으로 향하는 낙타 방울: 죽음학의 정수飄向天國的駝鈴: 死亡學精華》, 상해문화출판사, 1990, p. 110
5. J. G. 프레이저,《황금가지》, 섬서사범대학출판사, 2010, p. 311
6. 레비 브륄,《원시인의 정신세계》, 상무인서관, 1986, p. 315
7. J. G. 프레이저,《황금가지》, 섬서사범대학출판사, 2010, pp. 85-86
8. 장징쑹,《중국의 귀신 신앙》, 중국화교출판공사, 1991, p. 89
9. 위의 책, p. 98
10. 위의 책, p. 97
11. 위의 책, p. 97
12. 위의 책, p. 97
13. 위의 책, pp. 113-114

제 **10** 장

죽음,
그 아이러니

What is Death

누구에게나 삶은 단 한 번만 주어진다. 죽음 또한 한 번이다. 하지만 죽음을 어떻게 바라보고 어떻게 맞이하느냐에 따라 그 의미는 완전히 달라질 수 있다. 똑같은 죽음이라도 깃털처럼 가벼울 수도 태산보다 무거울 수도 있다. 죽음은 세상에서 가장 흔하면서도 지극히 위대한 사건이다. 그럼에도 오랜 시간 깊은 오해를 받아 왔다.

모든 이에게 공평하고 모든 것을 포용하는 죽음은 삶과 마찬가지로 인류가 존재하고 성장하고 발전하기 위한 필요조건이다. 죽음이 없다면 삶도 존재할 수 없고, 생명이 귀한 만큼 죽음도 귀하다. 따라서 생명을 중시하는 동시에 죽음도 중시해야 한다. 죽음을 직시하고 죽음을 배우는 것은 우리 모두가 배워야 할 인생의 필수 과목이다.

거대한 죽음의 파도가
세상을 덮치다

세계의 역사를 돌아보면 전쟁과 평화가 되풀이되어 왔음을 알 수 있다. 당연히 어느 시기를 사느냐에 따라 사람들의 삶도 달라졌다. 물론 진심으로 전쟁을 바라거나 좋아하는 사람은 없을 것이다. 전쟁을 일으킨 이들조차 특정한 목적을 이루기 위해 전쟁이라는 무시무시한 수단을 사용한 것이다. 어쨌거나 일단 전쟁이 시작되면 끔찍한 지옥문이 열린다. 전쟁은 그 거대한 입으로 살아 있는 모든 것을 삼켜 버린다. 순식간에 수많은 사람이 목숨을 잃게 되는 가장 큰 원인이다.

전쟁 중에는 서로가 서로를 죽인다. 인간의 목숨은 벌레보다 보잘것없어지고, 아무도 생명의 소중함에 대해 깊이 생각하지 않는다. 또한 죄도 없고 전쟁을 원하지 않는 사람들조차 죽음으로 몰아넣는다.

게다가 이로 인해 희생되는 사람들의 수가 수천에서 수십 만 명에 이른다. 모든 사람은 언젠가 죽는다지만 전쟁으로 인한 죽음은 삶의 정상적인 과정이 아니다. 그것은 죽기 직전까지 괴로움에 몸부림치며 고통스럽게 죽는 비정상적인 일이다. 대체 전쟁은 왜 벌어지는 것일까? 전쟁이란 무엇일까?

소크라테스는 전쟁이 돈에 대한 탐욕에서 비롯된다고 말했다. 인간에게는 본디 탐욕스러운 면이 있고, 인간 본성에도 악한 부분이 있다. 이 때문에 종종 돈이나 이익을 위해서 전쟁을 일으키는 것도 마다하지 않는다. 전쟁을 일으키는 사람들은 전쟁의 결과가 어떨지, 그것이 사람들에게 어떤 영향을 끼칠지에 대해서는 아예 고려하지 않는다.

유럽인들 사이에 소위 황색 공포yellow peril를 일으켰던 몽골 제국의 유럽 원정이 대표적인 예다. 유라시아 내륙에 분포하던 유목민 몽골족은 건조한 황토 고원에 주로 거주했다. 그들은 자연 환경의 제약 때문에 평원 지역을 삶의 터전으로 삼은 다른 민족들처럼 농업 경제를 발전시키지 못했다. 대신 양이나 말을 기르며 목초지를 따라 이동하는 원시적인 유목 생활을 했다. 이 때문에 경제, 생활, 문명 수준 전반이 중원 지역보다 훨씬 뒤처졌다. 그들에게 약탈은 재물을 획득하고 자신의 사회를 유지시키는 주요 방식이었다.

13세기 무렵 타타르족의 후예인 몽골족은 몽골 고원에 강력한 칸 왕국을 세우고 서쪽으로 원정을 떠났다. 그리고 지나가는 지역마다 방화와 약탈을 일삼으며 주민들을 모조리 학살했다. 몽골이 화레즘Khwarezm을 쳤을 때, 사마르칸트 성의 100만 명이 죽임을 당했다고 한다. 서하를 멸망시킬 때는 80만 명을 도살했다. 송나라 때는 경내에

페르시아 전쟁은 기원전 492년부터 기원전 479년까지 세 차례에 걸쳐 벌어졌다. 페르시아가 그리스를 침범함으로써 일어났는데, 그리스가 승리하여 그리스 문화가 번영하는 계기가 되었다.

학살당한 사람의 수가 7천 만 명을 넘었고, 이는 1985년 《기네스》에 등재되기도 했다. 몽골의 유럽 원정은 당대 사회에 거대한 고통을 안겼다. 문명이 파괴되고 사람들이 몰살당했기에 이를 복구하는 데 오랜 시간이 걸렸다.

역사를 통해 사람들은 전쟁의 주는 고통과 그것의 추악함에 대해 익히 알고 있다. 그럼에도 전쟁은 계속해서 일어난다. 현대에 들어서도 다를 바 없다. 오히려 이익이 모든 것의 출발이라는 생각이 더욱 명확해져서 자원과 각종 이익을 두고 다투는 일이 끊임없이 벌어지고 있다. 작게는 지역 사이의 전쟁에서 크게는 세계 대전에 이르기까지, 전 세계는 늘 전쟁의 위협에 시달린다. 최근의 미국과 아프가니스탄의 전쟁, 이라크의 전쟁은 우리에게 21세기에도 평화는 요원하며, 전쟁은 여전히 존재함을 시사한다.

교통, 통신, 과학 기술이 발전한 오늘날에도 전쟁은 존재한다. 오히려 그것이 영향을 미치는 범위가 더욱 넓다. 그리고 훨씬 잔인해진 수단과 대폭 증가한 살상력으로 인해 전쟁은 과거보다 깊은 후유증을 남긴다. 미사일, 가스탄, 생화학 무기 등은 이름만으로도 사람들을 벌벌 떨게 만든다. 시험 삼아 터뜨린 최초의 원자폭탄이 가진 위력이 얼마나 컸는지, 당시 현장에 있던 과학자들조차 두려움을 금치 못했을 정도였다. 원자탄의 아버지라 불리는 미국의 물리학자 로버트 오펜하이머는 고대 인도의 경전을 인용해 당시의 심경을 토로했다. "기묘한 빛이 하늘을 가득 뒤덮으니 마치 전능자의 광채와 같았다. 태양 1천 개가 있어야 그 광채에 비할 수 있을까. 나는 이제 사신, 세계의 파괴자가 되었다."

원자폭탄의 첫 번째 피해지는 일본이었다. 1945년 8월 6일에 리틀 보이라는 귀여운 별명을 가진 원자폭탄이 히로시마시에 투하되었다. 곧 거대한 폭발이 일어났다. 이로 인해 도시 주변 4킬로미터 이내 지역의 온도가 5000도 이상 치솟았으며, 폭발 순간 수많은 사람이 흔적도 없이 녹아 버렸다. 도시의 3분의 1가량이 평지로 변했고 건물의 90퍼센트가 파괴되었다. 게다가 폭발로 발생한 방사능 미립자는 살아남은 사람들에게 평생을 가는 치명적인 피해를 입혔다. 일본 통계에 따르면 당시 폭발로 최소 7-8만 명이 그 자리에서 사망했으며, 중상 또는 방사능 피폭으로 사망한 사람도 13만 명에 달했다고 한다.

제1차 세계대전 때는 30여 개국의 15억 명이 전쟁에 휘말려 3천여 만 명이 목숨을 잃었다. 인류 역사상 최대 규모의 전쟁이었던 제2

228

차 세계대전 때는 61개국의 20여 억 명이 전쟁에 휘말렸다. 병력만 해도 1억 명이 넘었다. 그중 9천 만 명의 병사와 민간인이 사망했고, 3천여 만 명이 살 곳을 잃고 떠돌이 신세가 되었다.

전쟁이 아니더라도 질병이라는 무시무시한 존재가 줄곧 인간 곁에 득실거렸다. 기록에 따르면 과거 사람들은 위출혈이나 궤양, 종양 및 각종 피부병, 한센병 등으로 죽는 경우가 많았다. 그중에서도 한센병은 사람들을 큰 두려움에 떨게 만들었다. 한센병에 걸리면 즉시 격리되었고, 죽은 사람과 같은 대우를 받았다. 과거 프랑스에만 한센병을 치료하는 병원이 2천여 개가 있었다고 하니 사람들의 공포가 얼마나 컸는지 짐작 가능하다. 이는 당시의 낮은 의료 위생 수준과 더러운 환경과 관련 있다.

20세기 프랑스의 학자 미셸 보벨은 《1300년부터 현재까지 서양에서의 죽음La mort et l'Occident de 1300 à nos jours》에서 "질병은 종종 기근과 연결되어 있다. 기근은 사람들을 허약하게 만들고 면역력을 떨어뜨린다. 배고픈 사람들은 상한 음식도 가리지 않고 먹기 때문에 죽는 사람은 폭발적으로 늘어난다. 특히 1315년에서 1317년 사이에 발생한 심각한 위기는 영국에서부터 독일, 스칸디나비아를 거쳐 러시아까지 휩쓸었다. 이로 인해 피렌체에서는 인구의 약 3분의 1이 감소한 것으로 추정된다. 플랑드르에서는 훨씬 구체적인 통계가 나와 있다. 이프르 지역에서는 주민의 10퍼센트가 목숨을 잃었고 브루크와 투르네의 가난한 사람들은 분뇨 더미에서 사경을 헤맸다. 가난으로 인한 기근과 알 수 없는 전염병은 14세기 초에 들어서 더욱 극심해졌다. 이탈리아 토스카나 지역은 1310년, 1322년, 1329년, 특히 1340-1342년, 1347년에 연속으로 기근과 전염병의 습격을 받았다. 흑사병은 질병이 횡행하던 취약한 세상에서 폭발했다"고 적었다.

인류 역사상 최악의 전염병으로 기록되는 흑사병은 페스트라고도 한다. 온몸이 새까맣게 변해 죽는다고 하여 '검다'는 뜻의 이름이 붙었다. 쥐의 몸에 기생하는 벼룩을 통해 전파되며 사람이 물리면 바로 감염된다. 6세기경 중동에서 처음 발생하여 유럽으로 전파되었는데, 50-60년간 북아프리카와 유럽의 거의 모든 국가를 휩쓸었다. 사람들은 흑사병으로 비참하게 죽어 갔으며 사망자 수는 1억 명에 달했다. 당시 한 기록에는 "흑사병의 증상은 머리에서 시작된다. 눈이 충혈되고 얼굴이 부어오르며 호흡이 불편해진다. 이런 증상을 보이는 사람들은 곧 영원히 사라졌다… 어떤 사람은 내장이 흘러나왔고, 어떤 사람은 샅굴 부위의 림프절에 페스트균이 들어가 고름이 흘러나오고 고열에 시달렸다. 이런 사람들은 2-3일 내에 목숨을 잃었다. 아무리 발버둥 쳐도 며칠 정도만 목숨을 부지할 따름이었다"라고 나와 있다.

콜레라도 위협적인 질병이었다. 일단 감염되면 대부분이 사망했다. 전염성이 컸기 때문에 감염자는 즉시 격리되고, 격리된 곳에는 '이 문을 들어오는 자는 모든 희망을 문 밖에 두고 올 지어다'라는 무시무시한 글귀를 걸어 놓았을 정도였다. 천연두도 있다. 1555년에 천연두가 멕시코를 휩쓸어 200만 명이 치료도 받지 못하고 세상을 떠났다. 20세기에 천연두로 죽은 사람은 전 세계적으로 3억 명 정도였으며, 이는 전쟁으로 죽은 사람 수의 세 배에 달한다. 전쟁이 없어도 전염병의 공포가 전쟁 못지않았음을 알 수 있다.

너무나 거대한 재난 앞에서 교회는 기도밖에 할 수 없었다.

　이외에도 원인을 알 수 없는 괴질이 대규모 사망을 초래하기도 했다. 15세기 프랑스에서는 호흡기 질병이 대유행했다. 1485년에는 의문의 발한병이 런던을 덮쳤다. 이 병에 걸리면 고열과 발한 증상이 나며, 고작 24시간 안에 죽음에 이르렀다. 북해와 발트해 연안, 영국, 독일 등지까지 퍼져 나가 사망자가 속출했다. 또 반상 출혈, 백일해, 성홍열, 매독, 이질, 디프테리아, 홍역 등도 사람들을 위협했다.

　20세기에 들어 전염병에 대한 인식이 높아지면서 일련의 위생 조치가 보급되었다. 또 의학 기술도 크게 발전해 일부 질병은 치료가 가능해졌다. 하지만 질병으로 인한 대규모 사망은 여전하다. 비교적 최근인 1918년에 발생한 스페인 독감은 인류가 경험한 최대 규모의, 최악의 전염병이었다. 미국 캔자스 주에서 처음 발병한 후 불과 며칠만에 미국 각지에서 독감 환자가 속출했다. 당시는 제1차 세계대전이 한창이었다. 미국이 유럽 전장에 병력을 파견하면서 독감 바이러스도 이들을 따라 유럽 대륙에 전해졌고, 이때부터 전 세계로 퍼지기 시작했다.

오늘날은 어떨까? 과학 기술이 발전하고 각종 규칙과 제도가 완비되어 가는 현대 사회는 의료와 생활 수준의 제고로 사람들의 평균 수명이 점점 높아지는 추세다. 그럼에도 죽음은 여전히 우리 곁에 도사리고 있다. 다양한 재난이 우리를 위협하는 것도 그대로다. 자료에 따르면 현재 전 세계에서는 해마다 5천400만 명이 죽는데, 그중 각종 전염병으로 죽는 사람이 2천 만 명 정도다. 예를 들어 1990년 러시아에서 창궐한 디프테리아는 동유럽 15개 국가로 퍼져 나가 10만여 명이 감염되었다. 에이즈는 이보다 더 심각하다. 해마다 많은 사람이 에이즈에 감염되며 사망률은 100퍼센트에 달한다. 2003년 유엔에이즈 계획UNAIDS이 발표한 보고서에 따르면 2002년에 전 세계적으로 에이즈 환자는 500만 명이 증가했으며, 그중 300만 명이 사망했다. 에이즈는 여전히 통제되고 있지 않다.

아프리카의 상황이 가장 심각하다. 감염자 수가 2천660만 명에 달하며 매년 320만 명이 새롭게 감염되고 230만 명이 사망한다. 그중에서도 남부 아프리카의 상황이 최악이다. 일부 지역의 에이즈 감염률이 40퍼센트에 달하는 것이다. 아시아는 아프리카 다음으로 에이즈 감염률이 높다. 감염자 740만 명 중 신규 감염자가 100만 명 정도며 50만 명이 사망했다. 인도의 경우 에이즈 감염자가 300-600만 명으로 추정되며 신규 감염자 수는 30만 명이다. 환자 수만 보면 남아프리카 다음으로 2위를 차지한다. 라틴아메리카와 카리브해 지역에는 에이즈 감염자가 200만 명, 사망자 수는 10만 명이다. 동유럽과 중앙아시아 지역에서도 에이즈가 계속 퍼지고 있다. 러시아의 감염자 수는 100만 명을 넘었다.[1]

인류 역사는 질병과의 끊임없는 투쟁의 역사라고 할 수 있다. 인류 문명이 발전하면서 질병 또한 새로운 형태로 바뀌고 있다. 사스, 조류 독감, 인플루엔자 등이 우리 지근거리에서 늘 생명을 위협하고 있다. 한편 일상생활에서도 식품 안전과 각종 스캔들이 사람들을 두려움에 떨게 만든다. 해마다 많은 이들이 식품으로 인한 중독 또는 그로 인한 질병으로 목숨을 잃는다. 자동차 사고나 산업재해 등 인간으로 말미암은 사고도 끊이지 않는다.

전쟁, 재해, 인재, 전염병 등은 전쟁과 평화 시기에 인류를 죽음으로 몰아넣었던 주요 원인이다. 자살이나 안락사처럼 사람이 주동적으로 선택하는 것이 아닌, 피동적인 죽음이다. 쇼펜하우어는 이렇게 말했다. "삶 자체는 암초와 소용돌이가 가득한 바다다. 인간은 자신이 고난을 이겨 내고 갖은 노력 끝에 바다를 헤쳐 나간다 해도 결국에는 난파하여 바다 밑으로 가라앉는다는 것을, 자신은 죽음을 향해 나아가고 있음을 알고 있다. 죽음은 고된 항해의 마지막 목적지이자, 인간에게는 그동안 피해 왔던 그 어떤 암초보다 위험한 것이다."

'죽음의 예술'이
우리에게 전하는 것

What is Death

칼에 찔리거나, 총에 맞거나, 목을 매거나, 독극물을 복용하거나, 익사하거나, 병에 걸리거나, 늙어서 죽는 등 죽음을 맞는 방식은 다양하다. 심지어는 다른 사람을 죽이는 법, 스스로를 죽음으로 몰아넣는 자살 방법을 알려 주는 책도 있다. 고도로 문명이 발달한 현대 사회에는 죽음에 이르는 법도 많다. 그리고 죽음에 이르는 법을 소위 '죽음의 예술'이라고도 부른다. 어떻게 그것을 완성할 것인가에 대해서는 여러 방법이 쏟아지고 있다.

그중 학살은 가장 기본적이면서도 매우 잔인한 살해법이다. 자신보다 약한 생명을 괴롭히며 만족감과 성취감을 느끼는 학살 시행자들 중에는 심리적 장애를 가진 경우가 많다. 이와 관련해서는 이상하리만치 그 방법이 발전해 왔다. 고문의 육체적, 정신적 고통을 죽음 이상으로 높이는 것이다.

서양 역사에서는 십자군 원정을 가장 먼저 꼽을 수 있다. 십자군은 신의 뜻이라는 명목으로 길에서 마주치는 사람들을 모조리 죽였다고 한다. 불을 지르고 약탈을 자행했음은 물론이다. 그들이 벌인 야만적인 행위는 절대 용서받을 수 없다. 14세기에 벌어진 마녀사냥도 있다. 교회는 부패로 인한 신앙 위기를 회복하고 사람들의 관심을 다시 끌어들이기 위해서, 귀족들은 이교도들의 재산을 자신들이 차지하기 위해 마녀사냥을 벌였다. 사방에서 마녀를 잡아들였고, 옷을 벗기고 거리 행진을 시켰다. 민중들은 이 행렬에 동참함으로써 자신이 마녀의 편이 아니라는 것을 입증해야 했다.

학살에는 여러 가지가 있었다. 가장 무거운 벌인 사형만 하더라도 나라마다 달랐다. 고대 이집트에는 최소한 두 종류의 사형 방식이 있었다. 고대 히브리에는 투석형, 화형, 참형, 교수형 등 네 가지가 있었다. 고대 인도에는 참형, 말뚝형, 화형, 채형踩刑, 수장형, 열유형熱油刑, 맹수형, 육시형, 궁시형弓矢刑 등이 있었다. 고대 바빌론의 사형 방식은 익형, 참형, 화형, 교수형 등이 있었다. 고대 그리스에는 독살형, 십자가형, 투석형, 교수형, 거열형 등이 있었다. 고대 로마의 사형 방법에는 장형, 참형, 교수형, 십자가형, 맹수형, 화형 등이 있었다. 고대 일본에는 참형, 교수형, 궁시형, 난장형 등이 있었다.[2]

투석형은 아주 오래전부터 존재했던 직접적인 처형 방식이다. 일종의 인민재판으로, 증인이 죄인에게 돌을 던지면 다른 사람들도 따라서 돌을 던졌다. 독일에서는 돌을 던질 때 저주도 함께 내렸다고 한다. 북유럽에서는 도둑에게 투석형을 실시하기 전에 먼저 그의 머리를 빡빡 깎은 다음 타르를 바르고 깃털로 덮어 동물로 취급했다. 그다음 돌을 던졌는데, 이때 죽지 않고 목숨이 붙어 있으면 석방될 수 있었다. 절벽에서 떨어뜨리거나 기둥에 매달아 죽이는 가형架刑도 있었다.

죄인을 매단다는 점에서 가형과 비슷한 교수형은 계속해서 변화했다. 최초의 교수형은 목을 매달아 질식사하게 만드는 게 아니라, 죄인을 죽을 때까지 매달아 두는 것이었다. 유대인들이 매달아 두는 형벌을 선호했다. 죄인 양쪽에 살아 있는 개를 거꾸로 매달아 두기도 했다. 개들이 발버둥 치며 죄인을 물고 할큄으로써 그의 고통이 가중되었다. 형벌의 강도를 더욱 높이기 위해 한쪽 다리만 매달기도 했다. 철환형鐵環刑은 교수형의 변형으로 죄인을 기둥에 묶은 후 목을 쇠고리로 고정시켰다. 집행관이 쇠고리의 나사를 조금씩 조여 가면서 산 채로 목 졸라 죽였다.

거형車刑은 18세기 말-19세기 초 이전에 독일과 오스트리아, 프랑스 등지에서 주로 남성 죄인들을 상대로 행해졌다. 먼저 죄인의 사지를 바닥에 놓인 나무쐐기에 묶은 다음 그 밑에 나무 막대를 받쳐 사지가 공중에 뜨게 했다. 집행관은 죄수의 사지를 향해 바퀴를 던진 다음 심장 또는 머리를 향해 다시 던졌다. 중죄인일 경우 밑에서부터 서서히 올라가 고통을 흠씬 맛보며 천천히 죽음에 이르게 했다. 반면 경죄인은 위에서부터 아래로 내려갔는데, 보통은 한 번에 맞아 죽거나 정신을 잃어 죽을 때의 고통이 덜했다. 죄에 따른 최소한의 배려였다. 죄인이 죽거나 정신을 잃으면 커다란 바퀴 위에 올려 두고 기둥 꼭대기에 세워 시체를 말렸다.

거열형은 오래전부터 유럽은 물론이고 인도와 중국, 일본 등에서 널리 실시되었다. 말 네 마리에 죄인의 사지를 묶고 달리게 하는데, 죄인의 관절을 미리 잘라 놓고 말이 당겨 찢도록 했다. 1757년에 로베르-프랑수아 다미앙이 루이 15세 암살 미수로 거열형을 선고받았다. 다미앙의 사지는 각각 네 마리의 건장한 말에 묶여 팽팽히 당겨졌다. 집행관이 명령을 내리자 네 마리의 말이 각기 다른 방향으로 동시에 내달리기 시작했다. 하지만 충격이 너무 강했는지 한 마리가 미끄러져 땅에 주저앉았다. 다미앙의 사지는 그대로였다. 세 번이나 시도했는데도 효과가 없자 집행관은 다미앙의 관절과 힘줄을 자르라고 명했다. 다미앙의 사지는 그제야 몸에서 분리되어 떨어졌다.[3]

각국의 사형법에는 인간이 생각해 낼 수 있는 모든 방법이 들어있다. 죄인이 죽을 때까지 돌아가면서 때리는 채찍형, 죄인의 피부 전체를 벗기는 박피형, 교수형(죄인의 배를 갈라 꺼낸 내장을 회전 차에 감아 돌리면서 내장까지 완전히 끌어내는 것을 포함한), 화형, 압형, 톱형, 가열형, 난장형, 조각형, 십자가형, 그리고 죄인을 밧줄에 묶어 살이 터질 때까지 문지르는 방법 등. 정말이지 잔인하기 짝이 없는 방법들도 많다.

고대 로마의 성문법인 12표법에 채무자가 채무를 갚지 않았을 경우 채권자는 채무자를 죽여 시체를 조각 낼 수 있다는 조항이 있다. 일본이 천주교 신도들을 박해했을 때는 여성 신도들의 옷을 벗겨 뱀이 들어 있는 통에 넣은 후 끓는 물을 부어 뱀들이 여성 신도의 몸에 파고들도록 하는 비열한 방법을 쓰기도 했다. 1737년에 스웨덴의 한 법정은 마녀 혐의를 받은 여성에게 반년 가까이 갖은 고문을 행했다. 못이 박힌 쇠 목걸이를 목에 씌우고, 뜨거운 물을 부어 화상을 입히고, 연신기 위에 묶어 사지를 잡아당기고, 밧줄에 매단 후 그 밑에 100킬로그램 정도의 돌을 매달고, 가느다란 나뭇가지로 때렸다. 고문은 그녀가 죽음으로써 끝이 났다.[4]

근대에는 과학 기술의 발전 등에 힘입어 사형법도 더욱 고도화되었다. 단두대형, 교수형, 전기의자, 독가스실 등이다. 현대에는 이와 같은 잔혹한 형벌은 없어졌지만 죽음의 방식은 더욱 다양해지는 추세다. 폭력, 테러, 암살, 자살 등이 우리 삶을 에워싸며 우리의 감각 기관과 정신을 자극한다. 교통사고는 가장 흔하고도 폭력적인 죽음이다. 음주 운전과 뺑소니에 대한 처벌이 높아지고는 있지만 아직은 역부족이다. 또 과학 기술의 발전에 따라 휴대폰, 엘리베이터, 비행기 등 각종 새로운 사물들이 등장했다. 그리고 이들을 사용하거나, 밥 먹고 잠자고 노는 와중에 예상치 못한 기괴한 죽음을 맞기도 한다.

죽음은 독특하고 다양한 방식으로 우리에게 경고한다. 자신이 늘 우리 가까이에 존재하고 있다고 말이다. 우리 모두가 언젠간 죽음을 맞이하는 것이 당연한 일일지라도 어떤 죽음인가는 어느 정도 택하거나 준비할 수 있다. 이때 우리가 해야 할 일은 시시각각 위험을 경계하며 안전 의식을 갖추는 것이다.

—————————————— W h a t i s D e a t h ——————————————

1. 우싱융吳興勇, 《생사에 대하여論生死》, 인민출판사, 2011, pp. 277-278
2. 후이안湖宜安, 《현대생사학도론現代生死學導論》, 광동고등교육출판사, 2009, p. 220
3. 칼 브루너 레더, 《사형: 사형의 기원과 역사, 그 희생자들》, 생활독서신지 삼련출판사, 1992, p. 89
4. 진량녠金良年, 《혹독한 고문과 중국 사회酷刑與中國社會》, 절강인민출판사, 1991, p. 2

11

죽음의 권리를
주장하다

What is Death

죽음은 어느 누구도 피할 수 없는 삶의 마지막 과정이다. 그러나 죽음에 이르는 방법은 다양하다. 인간에게도 '죽음'의 권리가 있을까? 스스로 자신의 삶을 마감할 수 있는 권리, 즉 자살할 수 있는 권리가 존재할까?

스스로 죽을 권리,
죽음권 논쟁

권리에 대한 요구는 보통 특정 사회적 배경에서 등장한다. 죽음의 권리도 마찬가지다. 세계보건기구는 전 세계 자살 인구가 매년 증가하고 있으며, 2020년이 되면 100만 명에 이를 것이라고 예측했다. 일반적으로 자살 미수자는 자살 사망자의 10-20배 규모다. 즉, 2020년이 되면 20초당 한 사람이 자살로 사망하고, 1-2초마다 자살 미수자가 나온다.[1]

다음은 1950년부터 집계한 전 세계 자살률 그래프다. 매년 각국에 보고된 자살 사망자 수에 그 해 5세 이상의 세계 총 인구수를 나눈 값이다. 1950-1955년에 남성 자살률은 49퍼센트, 여성 자살률은 33퍼센트 증가했음을 알 수 있다. 남성의 자살률은 줄곧 여성보다 높았다. 1950년에는 그 비율이 3.2:1이었으며, 1995년에는 3.6:1이었

다. 2020년에는 3.9:1이 될 것으로 예상된다.[2]

전 세계 자살률 그래프

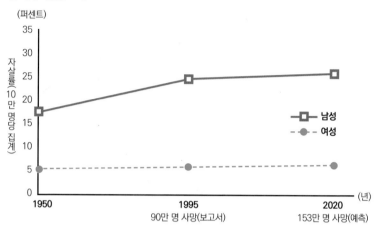

국가별 자살 현황(1950년부터 집계)

국가명	자살 인구수	자살률 (10만 명당)	자살률 순위	국가명	자살 인구수	자살률 (10만 명당)	자살률 순위
중국	195,000	16.1	24	리투아니아	1,600	45.6	22
인도	87,000	9.7	45	러시아	57,800	41.5	3
러시아	31,413	41.5	2	리투아니아	1,000	40.7	23
미국	29,180	11.9	38	아르메니아	600	40.1	25
일본	14,558	16.8	23	핀란드	1,700	33.8	21
독일	11,157	22.6	11	헝가리	3,000	32.9	16
프랑스	10,268	15.8	25	스리랑카	5,400	31.0	10
우크라이나	6,584	20.7	14	카자흐스탄	4,500	28.6	13
브라질	6,460	3.5	71	벨라루스	2,800	28.0	17
스리랑카	5,841	31.0	7	슬로베니아	600	26.6	24

1995-1999년 중국 내 사망 원인

	순위	사망 원인	사망자(10만 명)
전체 인구	1	뇌혈관질환	110.41
	2	기관지염 및 만성 폐기종	107.15
	3	간암	24.78
	4	폐렴	24.66
	5	자살	23.23
15-34세 인구	1	자살	26.04
	2	교통사고	20.61
	3	익사	6.78
	4	간암	4.72
	5	타살	4.26

　국가별 자살 현황을 보면 동유럽 국가들의 자살률이 상대적으로 높다는 것을 알 수 있다. 중국과 인도의 자살률은 상대적으로 높지 않지만 자살 인구는 많다. 위의 표에서 중국의 사망 원인을 살펴보면 더욱 놀라게 된다. 자살이 사망의 주요 원인이며, 특히 15-34세 인구의 사망 원인 1위다.

　현대 사회에서 자살은 간과할 수 없는 심각한 사회 문제다. 자살을 택하는 이유 또한 다양하다.

　2003년 4월 1일에 북경 사범대학의 대학원생 류 모 씨는 석사 논문이 잘 풀리지 않는 상황에서 지도 교수에게 부족한 부분을 지적받자 기숙사 7층에서 뛰어내렸다. 같은 해 9월 1일에 78세 노인이 저녁이 되었는데도 아들과 며느리가 밭에서 돌아오지 않자 외로움을 느끼고 부엌에 있던 식칼로 목을 그었다. 2004년 1월 13일에 19세 남학생이 얼굴에 여드름 흉터가 생겼다는 이유로 비관하여 농약을 먹었다. 2006년 6월 21일에 한 의학 박사가 심야에 칼을 휘둘러 아내를 수차례 찔러 죽인 후 동맥을 끊어 자살하려다가 실패하자 6층에서 뛰어내렸다. 2008년 10월 3일에 지진에서 살아남은 둥 모 씨는 지진으로 외아들을 잃은 데다 업무 스트레스와 우울증에 시달리다 집에서 목을 맸다. 2010년 1월부터 11월까지, 고작 몇 개월 사이에 중국 폭스콘 공장에서 투신 사건이 14번이나 발생해 전 세계의 주목을 받았다. 2014년 6월 4일에 상해에서 일가족 세 명이 카드 빚을 갚지 못할 처지에 놓이자 집에서 석탄을 피웠다.

해마다 여러 건의 자살이 발생한다. 특히 유명인의 자살은 사회에 적지 않은 반향을 일으킨다. 프로이트, 반 고흐, 어니스트 헤밍웨이, 세르게이 예세닌, 슈테판 츠바이크, 다자이 오사무 등의 유명 인사들이 자살로 삶을 마감했다. 삶과 죽음의 곤혹에 시달리는 것은 모든 인간에게 예외가 없다는 것을 알 수 있다. 이에 마음 깊은 곳에서 물음 하나가 떠오를 것이다. 인간은 자살을 택해도 되는가? 바꾸어 말하면 인간에게 자살을 선택할 권리가 있을까? 이 질문에 답하기 위해서는 먼저 자살이 무엇인지, 사람들이 왜 자살을 선택하는지 알아야 한다.

프랑스의 사회학자 에밀 뒤르켐은 "희생자 자신이 죽음이라는 결과가 벌어질 것을 알면서 직접 행한 적극적 또는 소극적 행동이 직접적 또는 간접적으로 초래한 죽음을 자살이라고 한다"[3]고 자살을 정의했다. 어떤 사람은 이렇게 정리했다. "당사자 자신이 직접 또는 간접적으로 죽음의 결과가 발생할 것임을 알면서 직접 행한 모종의 적극적 또는 소극적인 행동이 자살이다."[4] 사실 모든 자살은 개인의 행위이자 일종의 사회 현상이기도 하다. 원인은 복잡하고 다양하며, 여러 요소가 종합적으로 작용해 발생한 결과다.

생물학 측면에서 다윈의 진화론은 생존 경쟁과 적자생존을 전제로 한다. 자살은 무수한 억압과 금지 등 열악한 생존 조건을 겪으면서도 줄곧 존재해 왔다. 심지어 계속 증가하고 있다. 이를 통해 자살이 인류의 천성이며, 인간 유전자에 기본적으로 포함된 것일지도 모른다는 생각을 해 볼 수 있다. 유전과 우울증, 신경계통의 질병 등도 자살을 부를 수 있다.

심리학 측면에서 프로이트는 사람에겐 누구나 본능적인 욕구가 있으며, 이것이 충족되지 않으면 분노나 공격성 또는 절망이 생긴다고 봤다. 이러한 정서가 외부로 분출되거나 해결되지 않으면 내면을 향하는데, 이것이 자살의 원인이 되기도 한다는 것이다. 그는 추동 drive 이론을 발전시켜 사람에게는 삶과 죽음의 본능 두 가지가 있다고 봤다. 죽음의 본능은 고요하고 안정적인 상태로 돌아가는 것을 강조한다. 자살 유전자와 마찬가지로 인간에게는 선천적으로 죽음에 대한 경향이 있으며, 일정한 자극을 받으면 자살을 일으킬 수 있다고 설명한다. 삶에 대한 본능과 죽음에 대한 본능은 생명의 양대 본능이라는 것이다.[5]

인본주의 심리학자 매슬로의 인격 발전 이론에 따르면 인간에게는 다양한 욕구가 있다. 욕구는 우선순위에 따라 단계별로 나뉜다. 크게 생리적 욕구, 안전 욕구, 소속과 애정의 욕구, 존경 욕구, 자아실현 욕구가 있다. 단계별로 다른 욕구가 충족되어야 하는데, 그렇지 않을 경우 불만이나 분노가 생겨나 자살을 부를 수 있다.

이 다섯 가지 욕구 단계에 따라 자살의 원인을 분류하면 다음과 같다.

- 생리적 욕구로 인한 자살: 생리적 욕구에는 식욕과 수면욕, 성욕 등이 있다. 충족되지 않으면 불안과 긴장, 초조함 등을 느낀다. 오랫동안 배고픈 상태에 놓인 사람은 삶의 질이 떨어져 염세적인 감정을 느끼고 자살을 결심하기 쉽다.

- 안전 욕구로 인한 자살: 안전 욕구는 위험한 상황을 피하고 보호받기를 바라며 안전감을 얻고자 하는 욕구다. 생리적 욕구를 채운 다음 필요로 하는, 생리적 욕구보다 한층 높은 수준의 욕구이자 필수적인 욕구다. 사람은 장기간 안전감이 결여된 상태로 두려움과 공포에 사로잡혀 불안감에 시달리면 심리적인 안전 욕구가 충족되지 못해 자살할 가능성이 높다.

- 소속과 애정의 욕구로 인한 자살: 소속과 애정의 욕구에는 사람들로부터 포용과 보살핌, 격려와 지지를 받는 것 등이 포함된다. 인간은 집단 속에서 사회생활을 하며 살아가기에 타인과의 교제와 어울림이 필요하다. 또한 누구나 타인으로부터 인정과 보살핌을 얻기를 바란다. 사회로부터 고립되고 보살핌과 관심을 받지 못한다면 공허함과 고독감을 느끼고, 이에 삶의 가치를 찾지 못해 자살을 하는 경우가 많다.

- 존경 욕구로 인한 자살: 존경 욕구에는 타인으로부터의 존중과 자아 존중 두 가지가 있다. 타인으로부터 존중받지 못하면 열등감을 느

끼기 쉽고, 자신을 부정하고 의심하게 된다. 자기 자신마저도 스스로를 부정하게 되면 자살 충동이 생겨나기 쉽다.

- 자아실현 욕구로 인한 자살: 자아실현은 가장 높은 수준의 욕구다. 앞의 네 가지 욕구는 자아실현을 이루기 위한 기초가 된다. 앞의 욕구들이 충족되지 못하면 자아실현은 말할 것도 없이 불가능하다. 자아실현 욕구는 일종의 파생적인 욕구다. 개인이 인생에서 자신의 가치를 최대한 실현하기 위해 필요로 한다. 이 욕구가 충족되지 않아도 자살을 결심할 수 있다.

지금까지 자살이 없는 사회는 없었을 정도로 자살은 보편적인 현상이었다. 자살의 보편성과 장기성은 그것이 어떤 측면에서는 합리적인 요소를 가졌음을 의미한다. 그렇다고 해도 현대 사회의 비정상적으로 높은 자살률은 문제가 있다. 이에 대해서는 개인과 사회 차원에서 깊이 고심해야 한다. 오래전부터 지금까지 자살에 대한 사람들의 생각은 계속해서 바뀌어 왔다. 법률적, 도덕적으로 엄격히 금지해야 한다는 것부터 시작하여 개인의 권리기에 존중해야 한다는 주장에 이르기까지, 자살에 관한 논쟁은 계속되고 있다.

모든 종교는 자살을 금지한다. 기독교 교리에 따르면 자살은 신에 대한 범죄다. 인간의 탄생과 죽음의 결정권이 신에게 있으므로, 인간에게는 자살할 권리가 없다. 이슬람교의 선지자 무함마드는 "사람은 신의 뜻과 생명책에 기록된 수명에 따라 죽을 수밖에 없다"고 했다. 이슬람교의 경전 《코란》에는 "사람이 죽는 순서는 운명에 이미 정해졌으니, 누구도 이를 뛰어넘을 수 없다", "생명의 기한은 알라가 정하는 것이니 죽음은 알라의 뜻에 귀의하는 것이다. 죽음이 오기 위해서는 반드시 알라의 허락이 있어야 한다"고 나온다.

이처럼 종교 사회에서 자살은 신의 의지에 반항하는 것으로, 엄청난 범죄였다. 기독교는 452년에 열린 아를 공의회에서 일찍이 자살을 범죄로 규정하고 개인은 스스로 생명을 박탈할 권리가 없다고 못박았다. 또 자살로 죽은 사람은 교회에서 장례식을 치를 수 없고 장례를 치를 때도 성가를 부르지 못하게 했다.

힌두교와 불교는 사람에게 죽을 권리가 있는지를 명확하게 언급하지는 않았지만 종교 교리를 통해 일부 짐작할 수 있다. 힌두교 경전 《베다》에 "사람이 죽은 후 그 영혼은 사라지지 않고 다시 태어난다. 하지만 다시 태어나는 삶에는 그의 무수한 전생과 마찬가지로 재난과 고통, 불행이 도사리고 있다. 고통에서 벗어나기 위해서는 생사의 윤회에서 벗어남으로써 불행한 죽음과 불행한 삶을 벗어나야 한다"라는 구절이 나온다. 불교도 사제, 오온, 윤회, 업보, 열반 등을 제창한다. 《성유식론成唯識論》 제8권에는 "명의 길고 짧음은 인연에 따른 것으로 이미 정해진 것이다"는 해석이 실려 있다. 이를 통해 불교와 힌두교는 사람의 운명이 정해져 있고, 생사 또한 전생의 업보와 윤회에 의해 이미 정해져 있으므로 개인이 결정할 수 없다고 여긴다는 것을 알 수 있다.

역사를 돌아보면 일본 등 일부 사회를 제외하고는 예부터 거의 모든 사회가 자살을 반대해 왔다. 이를 통해 자살을 죄라고 보는 것이 보편적인 사회 인식이었음을 알 수 있다. 이처럼 개인은 자신의 삶을 끝낼 권리가 없다고 여겼다. 서양에서는 오래전부터 자살을 박해하는 전통이 있었다. 중세 프랑스에서는 자살로 죽은 남성의 시체를 대중 앞에 공개하며 사람들에게 경고했다. 1670년에 루이 14세는 자살자에 대한 징벌을 법률로 규정하기까지 했다. "첫째, 자살자의 시체를 머리가 밑으로 오도록 틀에 거꾸로 넣어, 끌고 거리 위를 지나간 후 높이 매달거나 쓰레기 더미 위에 던져 모두가 볼 수 있도록 한다. 둘째, 자살자의 재산을 나라의 재산으로 몰수한다. 셋째, 자살자가 귀족인 경우에는 그의 가족을 모두 평민으로 강등시킨다. 또한 그들 소유의 성을 허물고 땅에 불을 지르며, 가문의 문장을 깨뜨린다." 영국에서 자살은 살인 같은 중죄로 여겨졌다. 중국에서는 몸과 머리털, 피부는 부모에게서 받은 것이라는 유교 전통에 따라 자살이 극심한 불효로 여겨져 호된 비난을 받았다.

종교와 전통 문화도 대부분 자살에 반대한다. 자살이 빈번하게 일어나는 오늘날에도 자살은 늘 부정적인 이미지로 비춰진다. 하지만 사회가 아무리 비난하고 종교적으로 엄격한 벌을 내린다 해도 없어지지 않고 오히려 증가하고 있다. 이에 자살을 인정해야 한다는 목소리도 나오고 있다.

문화학자 토인비는 개인의 입장에서 출발하여 인간에게도 죽을 권리가 있다고 했다. 죽음이라는 방식으로 곤경에서 벗어나 해탈을 추구할 권리가 있다는 말이다. 나아가 사회는 이에 대해 강제로 간섭할 수 없으며, 마땅히 개인의 권리를 보호해야 한다고 주장했다. 무조건적으로 자살에 동의한다는 뜻이 아니라 상황에 따라 개인의 선택을 존중해야 한다는 의미다. 토인비는 타인의 생명을 박탈하는 것은 극악무도한 일이나 자신의 생명을 끝내는 행위에 있어서는 당사자의 뜻을 충분히 존중해야 한다고 여겼다. 완전한 절망에 빠진 한 사람이 신중한 고려 끝에 자살하기로 결정했다면 그의 뜻을 존중해야 한다는 것이다. 하지만 정신이 온전치 못한 사람이 자살을 시도하거나 정신이 멀쩡한 사람이 순간의 충동으로 자살하려 한다면 최대한 막아야 한다고 했다. 즉, 개인의 존엄을 지키기 위한 자살에 한하여 찬성한다는 입장이었다. 니체 역시 사람은 자유롭게 살고 자유롭게 죽어야 한다고 주장했다. 또한 죽음에 대한 두려움을 완전히 극복하기 위해서는 적절한 때에 죽음을 맞는 법을 배워야 한다고 했다.

반대 입장도 있다. 바이중옌柏忠言은 타인과 사회의 측면에서 자살에 반대하며, 인간에게는 자살할 권리가 없다고 했다. 인간은 혼자서는 생존할 수 없고, 언제나 사회의 구성원으로서 주변 사람들과 사회와 복잡한 관계를 맺는다. 따라서 사회 일원으로서의 책임이 있다. 한 사람이 자살하면 자신뿐 아니라 타인 및 사회와의 관계도 끝낸다는 것으로, 더 이상 사회를 위해 일하지 않고 상응하는 책임을 지지 않는다는 것을 의미한다. 자살자는 자신의 감정만 생각해 죽음을 통해 고통에서 벗어나고자 하지만 그의 죽음이 가족과 친구에게 얼마나 큰 상처를 입힐지에 대해서는 고려하지 않는다. 따라서 자살은 사회적 책임에 대한 도피며, 일종의 이기적이고 무책임한 행위라고도 볼 수 있다.

한편 사회적, 도덕적으로 자살이 인정된다면 자신이 타인에게 큰 부담이 된다고 괴로워하는 사람은 죽고 싶지 않더라도 가족과 사회를 위해 죽어야겠다는 생각을 할 수 있고, 그렇게 되면 죽음이 일종의 의무가 될 수도 있다.

뒤르켐은 《자살론》에서 "자살은 개인의 행위이긴 해도 사회도 손실을 입는다. 도덕규범의 기초를 파괴하기 때문이다. 이것이 처벌받지 않는다면 사회 구성원 간의 유일한 유대 관념이 크게 약화된다. 도덕의식이 이러한 파괴를 반대하지 않는다면 유대 관념은 최소한의 권위를 유지할 수 없을 것이다. 인간은 신성하다. 개인이든 집단이든 인간을 마음대로 처분할 권리가 없으며, 인간에 대한 그 어떠한 공격도 금지되어야 한다. 범죄자와 피해자가 동일인이라 할지라도 그로 인해 생겨난 부정적인 사회적 영향은 줄어들지 않는다. 폭력적인 수단으로 생명을 없애는 것은 일종의 모독이다. 어떠한 상황에서도 용인할 수 없으며, 이를 위해 양보한 집단 관념은 그 힘을 잃고 말 것이다"라고 했다.

죽음의 권리에 대한 논쟁은 갈수록 치열해지고 있다. 주요 쟁점은 다음과 같다.

첫째, 생명의 신성성이다. 생명의 신성성은 생명 자체에 가치가 있으며 이것을 누구도 침범할 수 없음을 의미한다. 종교가 있는 사람들은 신이 이 세상의 주인이고 모든 생명을 만들었다고 믿는다. 세상에 존재하는 모든 생명은 신에게 속하므로 신성불가침하다. 누구도 생명을 박탈할 권리가 없다. 인도주의자들 역시 생명을 경외의 대상으로 여겼으며, 생명을 존중하고 보호하는 데서 선악이 기원한다고 봤다. 이때 생명을 아끼는 행위는 선이고, 생명을 파괴하는 행위는 악이다. 슈바이처는 사람의 생명에 대한 관심을 세상 모든 생명에게로 확대했다. 경험주의자들도 생명의 신성성이 인류의 가장 원시적인 경험에서 기원한 것이며, 인류가 직접 경험한 내면의 구성이라 봤다. 과학자들은 우주와 과학적인 측면에서 생명의 신성성을 논증했다. 인간 중심 원리에 따르면 지극히 복잡한 우주에서 인간이 출현할 수 있었던 것은 여러 조건이 완벽하게 결합되었기 때문이다. 즉, 인류가 탄생했다는 사실 하나만으로도 생명의 위대함과 신성함을 보여 준다고 할 수 있다.

물리학자 프리먼 다이슨은 "우주는 언젠가 인류가 올 것임을 알고 있었다. 우주가 생물이 존재할 수 있도록 지극히 완벽한 계획을 짜 놓은 것을 보면 알 수 있다. 만유인력 상수와 원자력 상수처럼, 많은 물질에 하나의 상수를 주었듯이 말이다. 모든 것은 미묘한 균형 속에서 각자의 역할을 발휘하고 있다. 누군가 소수점 밑 60개의 0 다음에 숫자 하나만 바꾸어도 우주는 우주가 될 수 없을 것이다. 우리는 이렇게 정확한 통제 하에 살고 있다. 그러니 어떻게 우리 자신이 우연히 등장한 것이라 단언할 수 있을까? 여기에 우연은 눈곱만큼도 포함될 수 없다"[6]고 했다.

동시에 인간은 만물의 영장이자 만물의 척도다. 우주 또한 인간의 존재로 그 가치와 의의가 두드러지고 있다. 생명의 신성함은 각자의 생명이 모두 신성불가침하며 누구도 박탈할 권리가 없음을 의미한다. 이와 관련해 국제 사회에서 사형을 폐지하자는 목소리가 점점 커지고 있다. 마찬가지로 개인도 자신의 생명을 박탈할 권리가 없다.

하지만 죽음의 권리를 주장하는 사람들은 생명이 신성한 것처럼 죽음 또한 신성하다고 반론한다. 생과 사는 삶의 양면으로, 죽음이 없다면 생명도 의미를 잃는다. 죽음이 있기에 삶이 보다 찬란해지는 것이다. 각 사람에게는 하나의 생명이 주어진다. 생명의 끝인 죽음은 신성하며 무엇으로도 대체될 수 없다. 존재주의 철학자 하이데거는 '죽음은 현존재의 가장 본래적인 가능성'이라 했다. 죽음이 인간의 가장 본래적인 가능성이라면 우리는 죽음을 진지하게 대해야 한다. 그리고 죽음은 반드시 우리의 선택 대상이 되어 누구도 간섭할 수 없는 자신만의 권리가 되어야 한다.

둘째, 생명의 가치다. 죽음의 권리를 반대하는 사람들은 생명의 신성성에서 출발해 인간의 생명은 값을 매길 수 없을 정도로 지극히 귀하다고 생각한다. 인간은 만물의 영장으로서 모든 가치를 창조하는 기반으로, 인간이 없으면 이 모든 것은 존재할 수 없다. 인간의 가치는 인간이 존재하는 데에서 비롯되며, 죽은 인간은 아무런 가치가 없다. 즉, 인간은 살아 있어야만 가치를 가지며 다른 가치를 창조할 수 있는 것이다. 반면에 죽음의 권리에 찬성하는 사람들은 생명 자체에 가치가 있는 것이 아니라 그것이 살아 있을 만한 가치를 지닐 때 비로소 가치가 있다고 여긴다. 살아 있을 만한 가치를 평가하는 기준에는 세 가지가 있다.

먼저 생명 자체의 품질, 즉 육체를 가진 생명으로서 존재하는 품질이다. 사람은 살면서 어느 정도 생활의 질을 추구한다. 죽음을 피할 수 없다면 우리는 어떻게든 살아 있는 동안 삶을 즐기고 삶의 아름다움을 느껴야 한다. 예법에 얽매이지 않고 마음껏 방탕하게 사는 것은 그다지 좋은 인생 태도가 아니다. 하지만 욕심도 추구하는 것도 없이 정신을 옭아 매고 산다면 생명의 가치와 삶의 아름다움을 드러낼 수 없다.

다음으로 정신적인 초월이다. 인간이 동물과 구별되는 가장 큰 특징은 인간에게 의식이 있고 꿈이 있다는 점이다. 인간이 살아가는 데는 물질생활만이 아니라 정신생활도 중요하다. 물질생활이 힘든 상황에서도 정신생활이 만족스럽다면 생명의 가치를 충분히 이어 나갈 수 있다. 삶을 진정으로 힘들게 하는 것은 육체가 아니라 정신인 경우가 많기 때문이다. 다시 말해 정신이 물질보다 중요하다.

마지막으로 사회 가치다. 인생의 가치는 개인의 만족을 뛰어넘어 사회의 가치를 실현하는 데 있다. 사람들은 일정한 사회 안에서 생활하며 주변 사람들과 가족, 친구, 동료 등 다양한 관계를 맺고 살아간다. 우리 삶의 의미와 가치는 우리가 그들에게 무엇을 해 주었느냐에 따라 결정된다. 만약 누군가의 죽음이 주변 사람들에게 아무런 영향을 주지 않았다면 그 사람은 살아 있어도 죽은 것과 마찬가지로 아무 가치가 없을 것이다. 생명의 가치는 삶의 길고 짧음에 있는 것이 아니라 살아 있는 동안에 무슨 일을 했느냐에 달려 있다. 따라서 누군가 정신적, 육체적으로 심한 고통을 겪는 동시에 타인을 위해 아무것도 할 수 없다면 자아 가치를 실현할 수 없다.

셋째, 생명의 존엄성이다. 이는 생명의 신성성으로 말미암은 필연적인 결론이다. 존엄은 사람의 기본적인 권리이며 법률의 보호를 받는다. 세계 인권 선언에 모든 사람은 태어날 때부터 자유롭고, 존엄하며, 평등하다고 확실하게 명시되어 있다. 여러 나라의 법에도 나와 있다.

- 중국: 중화인민공화국 국민은 침범될 수 없는 인격 존엄을 가진다. 국민에게 모욕과 비방, 무고한 모함 등을 가하는 모든 방법은 금지된다.
- 독일: 인간의 존엄성은 침범될 수 없다. 인간의 존엄성을 존중하고 보호하는 것은 모든 국가 권력의 의무다.
- 스페인: 본국은 인간의 존엄성과 완전성, 자유를 존중하는 것을 행동 원칙으로 삼는다.
- 헝가리: 각 사람은 생존과 존엄에 대한 태생적인 고유의 권리를 지니며, 그 누구도 이런 권리를 임의로 박탈할 수 없다.
- 남아프리카공화국: 누구나 각자의 고유한 존엄성을 가지며 그의 존엄성에 대한 존중 보장을 얻을 권리를 가진다.

이처럼 각국의 법률을 살펴보면 존엄성은 각국이 공인하는 기본적인 인권이며 그 누구도 침범할 수 없다는 것을 알 수 있다. 죽음의 권리를 둘러싼 논쟁에서도 존엄성은 중요한 논거다. 죽음의 권리를 찬성하는 쪽에서는 사람이 태어날 때부터 존엄성을 가진다고 여긴다. 많은 사람이 고통에 시달리며 사는 대신 존엄하게 죽는 편을 선택하는 것에 인식을 같이 하고 있다.

한편 죽음의 권리에 반대하는 사람들은 인간 생명에 대한 존중을 반대의 이유로 내세운다. 인간의 생명은 신성불가침하기에 삶은 비로소 존엄을 가진다. 생명을 박해하는 것은 생명의 존엄성을 파괴하는 것과 같다. 생명마저도 보장할 수 없으면서 어찌 존엄을 논하겠는가? 벨기에의 천주교 주교는 안락사 법안에 대해 이렇게 일침을 가했다. "이 모든 것은 인간의 존엄한 생명에 대한 기본적인 존중을 위반하고 있다. 생명에 대한 기본적인 존중이야말로 사회의 핵심이라는 점을 기억해야 한다."[7] 미국에서 의료 자살을 반대하는 사람들은 "의료 자살이라는 개념은 마치 독약처럼 인간의 소중한 생명의 존엄성을 독살하고 있다"[8]고 소리를 높인다.

넷째, 기본적인 인권이다. 죽음권에 찬성하는 사람들은 삶과 죽음이 인간의 자연스러운 속성이며, 인간의 생명 과정에 포함되어 있다고 본다. 생명권이 신성불가침한 권리라면 죽음권 또한 마찬가지로 인간의 기본 권리에 포함되어 있다는 것이다.

죽음학 연구자 루이스 포먼은《삶과 죽음》에서 "죽음권은 생존 권리의 필연적인 결과처럼 보인다. 우리가 우리의 생존권을 해제할 수 없다면, 그게 무슨 권리겠는가? 해제할 수 없는 권리는 권리가 아니라 의무일 뿐"이라고 지적했다. 개인의 기본권에는 자유, 평등, 존엄 등이 포함되어 있다. 이때 죽음은 개인의 선택으로, 개인의 자유에 속한다. 존 스튜어트 밀은《자유론》에서 "개인은 자신의 몸과 마음에 대해서만큼은 최고의 주권자다"라고 했다.

사람에게는 살 권리는 물론, 죽을 수 있는 자유도 있다. 제퍼슨은 〈미국 독립 선언〉에서 "모든 사람은 평등하게 창조되었고, 그들은 조물주로부터 생명, 자유, 행복을 추구할 권리 등 타인에게 양보할 수 없는 천부적인 권리를 부여받았다. 아울러 이러한 권리를 보장하기 위해 사람들 사이에 정부가 조직되었으며, 정부의 정당한 권력은 피통치자의 동의에서 유래한다. 따라서 어떤 정치 형태에 의해 이러한 목적이 훼손된다면 사람들은 정부를 개편하거나 폐지하고 새로운 정부를 조직할 권리를 지닌다"고 했다. 삶에서의 행복이 없다면 죽음을 선택할 수 있다는 말이다.

이에 반대하는 사람들은 생명의 신성성이 생명 주체인 개인 자신을 포함한 누구도 생명을 박탈할 수 없음을 의미한다고 주장한다. 칸트의 말처럼 "인간은 결코 고통을 피하기 위해 자신의 생명을 처분할 권리를 획득하는 것이 아니"며, "죽음을 선택할 권리에 동의하는 것은 생명을 보호하는 사회 공공적 이익 및 법률상의 기본적인 이익에 위배된다. 따라서 죽음권은 인간의 기본 인권이라 할 수 없다"[9]는 것이다. 이탈리아의 경제학자 체사레 베카리아도 생명권은 인간의 양도할 수 없는 특수한 권리며, 개인 또한 이를 자유롭게 처분할 권리를 가지지 못한다고 주장했다. 물론 자살로 생명을 끝낼 권리도 없다. 생명은 한 번만 주어지기 때문이다.

세계 인권 선언에는 "모든 사람은 자기 생명을 지킬 권리, 자유를 누릴 권리, 그리고 자신의 안전을 지킬 권리가 있다. 어느 누구도 고문이나 잔인하고 비인도적인 모욕, 형벌을 받아서는 안 된다"고 규정되어 있다. 시민적·정치적 권리에 관한 국제규약[ICCPR]도 "모든 인간에게는 고유한 생명권이 있다. 이 권리는 법률에 의하여 보호된다. 어느 누구도 자의적으로 자신의 생명을 박탈당하지 않는다"라고 말한다.

지금까지 살펴본 것처럼 죽음의 권리를 둘러싼 논쟁은 다양한 분야 및 문제와 얽혀 있다. 이에 대한 정확한 답은 없다. 아마도 계속해서 생각하고 발전시켜야 할 것이다. 이 또한 죽음을 이해하고 받아들이는 과정이다.

죽음권의 구조
살펴보기

What is Death

죽음권은 사회가 발전하고 과학과 문명이 고도화됨에 따라 등장했다. 물질생활과 정신생활의 수준이 높아지면서 삶의 질이 올라가고 수명도 연장되었다. 이 과정에서 사람들은 삶의 마지막 과정인 죽음과 죽음의 다양성, 어떻게 죽을 것인가에 대해 끊임없이 생각했다. 그리고 마침내 의미 없이 사느니 차라리 존엄하게 죽는 것이 낫다는 생각이 퍼져 나가기 시작했다.

2001년 4월에 중국 서안에서 요독증 환자 아홉 명이 장기간 병마에 시달리며 입은 정신적, 경제적인 압박을 견디다 못해 현지 정부와 공안 기관 및 언론사에 안락사를 원한다는 청원을 냈지만 응답을 받지 못했다.[10] 2003년에 중국 호남성의 장 모 씨는 말기 후두암으로 치료받다가 더 이상 가망이 없다는 사실을 알고 안락사를 요청했다. 하지만 병원은 그의 요청을 거절했고, 각종 의학적 조치로 그의 생명을 유지시켰다. 그는 극도의 고통과 절망 속에 유서를 남기고 병원 5층에서 뛰어내렸다.[11] 2010년에 중국 중경에 거주하는 팔순의 노파가 자신이 오랫동안 병상에 누워 있는 것이 가족들에게 부담된다고 생각해 이웃에게 자신을 죽여 달라고 부탁했다. 노파의 거듭된 부탁에 이웃 사람이 독약을 사다 주었다. 이에 이웃은 살인죄로 징역 3년에 집행유예 4년을 선고받았다.[12]

죽음의 권리에 대한 문제는 회피할 수 있는 성질의 것이 아니다. 우리가 아무리 피하려고 해도 이와 관련된 문제는 계속해서 발생할 것이다. 무엇보다 이 문제를 그냥 덮고 넘어간다면 더 많은 사람들이 고통 속에서 죽거나 극단적인 방법을 취할 수도 있다. 어쩌면 죽음권을 인정하고 개인에게 죽음권을 부여하는 것이 합리적일지도 모른다. 그러나 그 전에 분명히 짚고 넘어가야 할 부분이 있다. 죽음의 권리란 무엇인가? 그리고 어떻게 해야 누릴 수 있는가?

죽음의 권리도 권리의 일종이나 그 뜻에 대해서는 의견이 나뉜다. 1980년판 중국《법학사전》은 권리를 '법률이 사람들에게 누릴 수 있도록 부여한 모종의 권익으로, 권리를 누리는 사람이 일정한 행위를 할 수 있는 권리와 타인에게 상응하는 행위(의무)를 하도록 요구할 권리로 표현된다'라고 정의했다.

현재 중국에서 가장 영향력 있고 대표적인 권리 학설은 자격설, 주장설, 자유설, 이익설, 법력설, 가능설, 규범설, 선택설의 여덟 개다. 자격설은 주체가 모종의 권리를 누리기 위해서는 반드시 이에 상응하는 자격을 갖추어야 한다고 본다. 즉, 죽음이 사람의 권리가 되기 위해서는 주체 또한 모종의 자격을 갖추어야 하며, 따라서 모두가 죽음의 권리를 누릴 수 있는 것은 아니다. 주장설은 권리란 법률적으로 유효하고 합법적인 요구로, 주체가 권리를 누릴 때 이에 상응하는 주장과 요구를 할 수 있다고 봤다. 즉, 죽음의 권리를 가진 사람은 법률이 규정한 죽음을 주장하거나 죽음을 달라고 요구할 수 있다. 자유설은 사람이 모종의 권리를 가진다는 것은 권리의 범위 내에서 주체가 자유롭게 행위하거나 하지 않을 수 있음을 의미한다고 본다. 죽음의 권리를 대입하면 이 권리를 누리는 사람은 법률이 규정한 범위 내에서 죽거나 죽지 않는 것을 자유롭게 선택할 수 있다. 어디까지나 개인의 자유 영역이다. 이익설은 사람이 권리를 추구하는 이유는 권리 뒤에 숨겨진 이익을 추구하기 위해서며, 이익이 권리를 추구하는 목적이라고 봤다. 법력설은 권리에는 반드시 법률적으로 확인과 보장이 이루어져야 하며, 법률 보장이 없는 권리는 허울뿐이라고 봤다. 이에 따르면 죽음의 권리도 법률상으로 인정을 받아야만 실제로 적용될 수 있다.

죽음의 권리에 관련하여 다음의 몇 가지 측면을 살펴보자.

첫째, 권리의 동기다. 권리는 언제나 이익과 연결된다. 사람들이 특정 권리를 행사하는 것은 특정 이익을 얻기 위해서다. 이익과 권리를 분리하여 이야기하는 것은 의미가 없다. 그런데 이익의 의미는 굉장히 광범위해서 여기에는 물질적인 이익, 정신적인 이익, 정당한 이익, 부정당한 이익, 타인의 이익, 개인의 이익 등 다양한 이익이 포함된다. 게다가 생명의 일회성과 죽음의 특수성으로 인해 모든 이익이 인정될 수는 없다. 이를 어떻게 정의해야 할까?

중국은 예부터 살신성인과 대의를 위한 희생을 예찬했다. 마르크스주의 죽음관에는 '인류를 위한 자신의 희생', '군중 스스로도 어째서 희생을 해야 하는지 알아야 한다', '절대다수의 이익을 위해' 등과 같은 관념들이 제시된다. 레닌은 '군중 속에서 죽음을 두려워하지 않는 정신을 발휘해야 한다', '죽음을 불사하고 소비에트 공화국을 지켜야 한다'고 제창했다. 모택동 또한 '인민의 이익을 위해 죽는 것은 태산보다 중하며, 인민을 억압하는 사람 대신 죽는 것은 깃털보다도 가볍다'라고 했다. 주은래는 혁명가라면 '살기 위해 노력하고 죽기 위해 노력해야 한다'는 말을 남겼다. 현대 사회에서도 우리는 정의로운 일에 용감히 뛰어들고 타인과 사회, 그리고 더 많은 사람들의 이익을 위해 희생하는 사람에게 찬사와 존경을 표한다.

2005년 3월 31일 낮, 중국 강소성 금단시의 한 초등학교에서 단체로 영화 관람에 나섰다. 학생들이 줄을 맞춰 길을 건너던 중 갑자기 자동차 한 대가 학생들을 향해 빠르게 돌진했다. 이때 51세의 교사가 달려가 도로 중앙에 있던 학생 일곱 명을 길가로 밀치고 자신은 차에 치어 25미터 정도 날아가 떨어졌다. 자신의 목숨을 희생해 학생 일곱 명의 목숨을 살린 교사의 행동은 모든 사람이 존경할 만하다. 타인과 집단의 이익을 지키는 측면에서 그렇다. 하지만 개인적인 측면에서 죽음은 마땅히 개인의 정당한 이익을 지키는 방식이 되어야 한다.

2006년 12월 16일 아침 7시경, 중국에서 한 남성이 준공을 앞둔 한 빌딩의 70미터 정도 되는 타워 크레인에 올라가 자살 시위를 벌였다. 청부업자가 임금 700위안을 덜 주었다는 것이 이유였다. 청부업자가 요구를 들어주겠다고 하자 처음에는 20만 위안을 요구했다가 100만 위안으로 말을 바꾸었다. 결국 그는 60만 위안짜리 수표와 현금 40만 위안을 챙기던 도중 경찰에 제압되었다. 이 경우 부정당한 이익을 얻기 위해 죽음으로 상대방을 위협한 것이므로 죽음의 권리를 누릴 자격이 없다. 700위안의 체불된 임금을 얻기 위해서라 하더라도 마찬가지다. 생명의 가치와 얼마의 금전적인 이익은 비교할 수 있는 대상이 아니다.

둘째, 권리의 합리성이다. 죽음의 권리를 획득하기 위해서는 합리적인 이유가 있어야 하며, 사람들로부터 인정받아야 한다. 이익은 권리의 배후에 존재하는 중요한 동기다. 하지만 생명의 신성함과 죽음의 일회성으로 말미암아 이익을 획득하기 위한 죽음은 반드시 합리적인 이유를 갖추어야 한다. 즉, 죽음은 어쩔 수 없는 선택이어야 하며 죽음 외엔 다른 길이 없을 때 개인은 비로소 자신의 생명을 끝낼 수 있다. 예를 들어 신체 건강한 사람이 좌절을 겪었다고 자살로 목숨을 끊는 행위는 정당한 권리로 인정받을 수 없다. 사회 안에서 살아가는 개인이라면 누구나 어느 정도 스트레스를 받는다.

2000년 8월 2일, 중국의 한 일간지에 이런 기사가 보도되었다. "1일 오전 진강의 한 마을에서 판 모 씨가 같은 회사 여직원에게 마음을 고백했다가 거절당했다는 이유로 20여 미터 높이의 절벽에 올라가 그를 찾으러 온 동료들 앞에서 뛰어내렸다. 판 모 씨는 두개골이 터져 그 자리에서 즉사했다." 소소한 좌절로 극단적인 선택을 하는 것은 자신의 죽음이 주변 사람들에게 미칠 영향을 전혀 고려하지 않은 무책임한 행위다. 사람들이 사회적으로 자살을 반대하는 이유도 이 때문이다.

한편 안락사에 대해서는 논쟁이 끊이지 않지만 이를 합법화해야 한다는 목소리가 나날이 높아지고 있다. 안락사의 적용 대상이 불치병에 걸려 극심한 고통에 시달리고 있는, 죽음을 앞두고 있는 환자이기 때문이다. 그들에게 죽음은 더 이상 선택 가능한 일이 아니라 이미 확실하게 정해진 결과다. 그들이 할 수 있는 일은 좀 더 존엄하고 편안하게 죽는 방식을 선택하는 것뿐이다.

셋째, 권리의 정당성이다. 정당하다는 것은 권위가 있다는 뜻이다. 법률적인 권위와 일부 사회 조직과 단체의 권위, 그리고 전통과 풍습의 권위 등이 여기에 해당한다. 권리는 일부 특정 권위 주체로부터 인정받고 지원과 보호를 받는 권리를 말한다. 권리에는 크게 세 가지 형태가 있다. 마땅히 가질 권리와 법정 권리, 그리고 실제 권리다. 인도주의적인 측면에서 죽음의 권리는 특수 집단에게 주어지는 것으로, 문명사회의 발전에 필요한 마땅히 가질 권리에 해당한다. 그러나 현실의 문화, 도덕, 법률 등 여러 측면에서 사람들에게 주어지는 죽음의 권리는 권위가 부족하기 때문에 법정 권리와 실제 권리가 될 수 없다. 보장되지 않는 권리는 사람들이 누릴 수 있는 진정한 권리가 아니다. 오늘날 죽음의 권리에 관한 논쟁 중 하나는 그것의 합법화 실현 여부다. 죽음의 권리를 진정으로 누리기 위해서는 반드시 정당성을 획득해야 한다. 그렇지 않을 경우 사회의 비난은 물론이고 법률 제재까지 받을 수 있다.

2005년 5월 7일, 중국 염성시의 한 파출소에 신고가 들어왔다. 마을 주민 장 모 씨가 자택에서 갑자기 죽었다는 것이다. 하지만 죽음의 원인을 알 수 없었고 타살이 의심되었다. 경찰은 용의자 맹 모 씨(사망자의 부인)와 어 모 씨(사망자의 이웃)를 소환하여 조사를 실시했다. 두 사람의 말에 따르면 사망자는 67세로 2004년 7월부터 심각한 결핵성 흉막염과 다른 합병증으로 침대에 누워 있은 지 1년 가까이 되었다. 병마의 고통 때문에 장 모 씨는 여러 차례 자살하고 싶다는 뜻을 내비쳤고 수면제와 농약도 마셨지만 실패했다. 5월 7일에 다시금 아내에게 자살하고 싶다며 도와달라고 간청했다. 고통에 시달리는 남편을 보기 힘들었던 부인은 쥐약을 찾아 남편에게 건넸다. 그런데 어찌된 영문인지 남편은 아무 반응을 보이지 않았고 이번에는 아내에게 목을 매는 것을 도와달라고 했다. 마침 이웃 어 모 씨가 방문했다가 상황 설명을 듣고는 장 모 씨가 목숨을 끊는 것을 도와주었다. 호의로 시작한 일이었지만, 법적으로 인정받지 못했기 때문에 법률 제재를 받았다.

넷째, 권리의 제한이다. 마르크스는 "의무 없는 권리는 없고, 권리 없는 의무는 없다"고 했다. 일반적으로 우리는 권리와 의무를 하나로 연결 지어 생각한다. 타인과 사회에 대한 개인의 의무가 없다면 개인의 권리 또한 성립되지 않는다. 개인의 생존과 발전에 필요한 권리를 얻기 위해서는 사회에 공헌해야 하는 의무를 다해야 하며, 사회 발전을 기반으로 개인도 더 나은 발전을 이룰 수 있다. 죽음의 권리에 있어서도 마찬가지다. 우리가 죽음의 권리를 얻고자 한다면 그에 상응하는 의무를 져야 한다.

　여기에는 크게 두 가지 제한 조건이 있다. 먼저 개인의 죽음이 타인이나 사회에 영향을 끼쳐서는 안 된다. 우리는 사회적 환경에서 태어나며 사회적 환경에서 죽는다. 《성경》도 자기 자신을 위해 태어나거나 죽는 사람은 아무도 없다고 말한다. 죽음을 선택할 때는 반드시 그 선택이 타인에게 미칠 영향을 고려해야 한다. 죽음은 언제나 타인에게 피할 수 없는 영향을 끼치기 때문이다. 그중에서도 자살이 미치는 영향은 특히 심각하다. 자살을 반대하는 강력한 이유는 자살이 사회에 존재하는 사람들에게 치욕을 선사하기 때문이다.[13]

　우리 각자는 고립된 존재가 아니라 사회 안에서 타인과 다양한 관계를 맺으며 살아가며, 감정과 책임, 이익 등의 연결고리로 서로 이어져 있다. 죽음의 권리를 가진, 인간은 이러한 연결고리를 없애거나 관계를 최소화하기 위해 노력해야 한다. 다만 불치병에 걸려 곧 죽음을 앞둔 환자들에게 죽음은 피할 수 없는 사건으로, 언제 어떤 방식일지만 정해지지 않았을 따름이다. 어쩌면 그들에게 죽음의 권리를 부여함으로써 병마의 고통을 줄여 주고 생명의 마지막 존엄을 지킬 수 있도록 하는 것은, 자비를 베푸는 것일 수도 있다. 이것은 신체 건강한 사람이 한때의 좌절과 충격을 견디지 못하고 죽고 싶어 하는 경우와 엄연히 다르다. 후자는 각자에게 주어진 사회와 가정에 대한 책임과 의무를 회피하는 경우이기 때문이다. 또한 일시적인 좌절과 충격은 충분히 극복 가능한 여지가 있다.

　2003년 7월 14일 한 가장의 자살 소식이 세상을 떠들썩하게 했다. 중국 섬서성의 징 모 씨가 자녀가 명문대에 합격했다는 소식을 듣고 기뻐하기는커녕 절망하여 음독자살을 했다. 1992년부터 징 모 씨는 빈곤한 생활에서 벗어나기 위해 아내, 다섯 자녀와 교외의 농장을 빌려 밭을 일구고 채소를 팔며 생계를 유지했다. 그런데 두 자녀가 이미 가정을 이루어 분가했음에도 여전히 먹고 살기가 힘들었다. 특히 최근 몇 년간 세 자녀가 모두 고등학교에 입학해 해마다 내야 하는 학비가 엄청난 부담이었다. 2003년에 둘째 딸이 대학에 합격하고 나머지 두 아이는 명문 고등학교에 추천 입학하자 엄청난 경제적 부담이 다시금 그를 짓눌렀고 결국 음독자살을 선택했다. 의료진이 응급 처치를 실시했지만 살아나지 못했다. 게다가 가뜩이나 어려운 가계에 응급실 치료비 8천여 위안마저 빚으로 남았다. 가정의 버팀목이었던 가장이 세상을 떠나자 징 씨 가족의 생활은 더욱 힘겨워졌다. 경제적인 부담은 차치하고, 어린 자녀들에게 아버지의 죽음은 영원히 지워지지 않는 상처로 남을 것이다.

죽음의 권리에 관한 문제는 윤리, 도덕, 법률 등 여러 분야에 걸쳐 있는 복잡한 문제다. 따라서 사람들에게 죽음의 권리를 부여하기 위해서는 반드시 윤리성과 합법성 등을 고려해야 한다. 또한 현실적으로 사람들이 받아들일 수 있도록, 규정된 절차에 따라 정확하게 실시되어야 한다. 실제로 사람들이 자살을 반대하는 이유를 보면 자살자 대부분이 목을 매거나 독극물을 복용하거나 높은 곳에서 투신하는 등 극단적인 방법을 취한다는 것이 큰 비중을 차지한다. 처참한 모습이 사람들에게 극도로 부정적인 이미지를 주며, 심지어 해를 입히기까지

한다.

2013년 9월 26일, 중국 광동성에서 한 20대 젊은이가 애정 문제로 괴로워하다가 자살을 마음먹고 5층 건물에서 뛰어내렸다. 이때 마침 시장에 다녀오던 중년 남성의 머리 위로 떨어졌고, 중년 남성은 그 자리에서 사망했다. 아이러니하게도 자살을 시도했던 젊은이는 크게 다치지 않았으나, 쓰러진 중년 남성을 그냥 내버려 둔 채 다시 투신을 시도하다가 경찰에 붙잡혔다.

죽음의 권리는 특수한 조건을 만족해야 누릴 수 있는 특수한 권리다. 개인적인 측면에서 보면 개인의 죽고자 하는 소망을 이루게 해 주는 것은 현대 사회의 인도주의 정신에 부합한다고도 할 수 있다. 사회적인 측면에서 보면 특수한 집단에 속하는 사람들(예를 들어 불치병 환자)의 죽음은 다른 대중들도 받아들일 수 있고, 그들의 죽음이 다른 사람이나 사회에 심각한 해를 끼치지 않는다. 하지만 우리는 보이지 않는 본질과 이면에 더욱 집중해야 한다. 이 때문에 죽음의 권리는 앞으로도 계속 논쟁의 대상이 될 것으로 여겨진다.

죽음권을
보호하다

What is Death

　　지금까지 죽음의 권리를 이루는 요소들을 살펴봤다. 이를 통해 우리는 일부 특정 집단만이 사회가 허용하는 일정한 방식에 따라 죽음의 권리를 누릴 수 있으며, 자살자에게는 죽음의 권리가 주어지지 않는다는 것을 알 수 있었다. 자살은 개인의 선택으로 분류되어 법률의 제재를 받지는 않지만, 사회적으로는 엄격한 비난을 받는다. 대부분의 사람들은 자살에 찬성하지 않는다. 수많은 자살 사건이 우리에게 생명에 대한 경시와 포기, 그리고 현실 도피를 보여 주었기 때문이다. 물론 여기에는 일부 신념을 이루기 위한 사례도 있다. 그러나 그 속에서도 어쩔 수 없음과 타협의 흔적을 발견할 수 있다.

　　오늘날에는 어려움 속에서도 꿋꿋이 앞으로 나아가는 진취적인 정신이 더욱 강조된다. 사회 또한 긍정의 힘이 주는 영향을 적극 장려한다. 이러한 점에서 자살에 대한 동의와 인정은 아직 요원해 보인다. 사회가 자살을 인정하여 개인이 조금이라도 어려움에 부딪히거나 일이 잘 풀리지 않는다는 이유로 자살하는 풍조가 나타난다면 개인의 발전은 물론이고 사회도 발전할 수 없기 때문이다. 이 때문에라도 자살을 적극 예방하려고 한다. 2003년 세계보건기구는 매년 9월 10일을 '자살 예방의 날'로 정해 국제 사회가 자살 문제를 얼마나 심각하게 바라보고 있는지 알렸다.

자살은 개인뿐 아니라 사회 전체의 비극이다. 개인이 택하는 죽음이지만 사회적으로도 심각한 영향을 미치기 때문이다. 생리학적 원인이나 질병으로 자살하는 경우를 제외하고, 정상 인구의 자살을 예방하기 위해서는 몇 가지 방면에서의 노력이 중요하다.

첫째는 사회적인 노력이다. 경제, 정치, 법률 등 사회 체계를 전반적으로 개선하여 공정하고 공평하며 민주적이고 조화로운 사회가 만들어진다면 누구나 안정적인 삶을 누릴 수 있다. 따라서 환경 요인으로 인한 자살이 줄어들 것이다. 개인의 자살은 도움을 청하는 외침이기도 하다. 자살자는 특정 상황으로 인한 절망이나 무력감에 빠진 경우가 많다. 현재의 상황 또는 문제에 대한 해결책을 찾지 못해, 유일하게 선택할 수 있는 죽음으로 고통에서 벗어나려는 것이다. 따라서 자살을 막기 위해서는 주변의 적극적인 만류와 도움이 필요하다. 사회 역시 사회 차원에서의 긍정적인 힘을 대대적으로 전파함으로써 한순간의 충동으로 말미암은 자살을 줄여야 한다.

둘째는 개인적인 예방이다. 자살에 대한 자아 개입을 강화해야 한다는 뜻이다. 괴롭고 힘들 때 한번쯤 자살을 생각해 보지 않은 사람은 드물 것이다. 그러나 그들 모두가 실제로 자살을 실행하는 것은 아니다. 실행 여부를 결정하는 것은 자살 충동이 들 때 자아가 얼마나 개입하느냐다. 사실 자살 자체는 목적이 될 수 없다. 누가 자신의 삶을 스스로 끝내고 싶겠는가? 자살은 문제를 해결하기 위한 무책임한 도피일 뿐이다.

심리학자 아들러는 《인생의 의미》에서 "자살은 어려움 앞에서 완전히 위축되는 방식이다. 삶의 여러 문제들 앞에서 자살을 통해 모든 것을 포기하고, 자신은 하늘로 돌아갈 수 없다고 믿는다는 것을 보여준다"고 했다. 또 자살자들은 종종 사고와 인지 능력이 약간 떨어지는 경우가 많아 고통과 죽음 두 가지 선택만 보고 다른 해결법은 보지 못한다. 삶 속에서의 좌절과 고통을 직시하고 나 자신에게 그것을 바꿀 힘이 있다고 믿어야 한다. 좌절에 맞설 용기와 자신감을 기르고, 생각을 전환해 곤경에서 벗어날 자신만의 방법을 찾아야 한다.

자살의 권리를 누릴 수 있는 사람은 특정 조건을 충족하는 특수한 사람들이라는 전제에서 '안락사'는 현대 사회가 구체적으로 표현하는 죽음의 권리 형태가 될 수 있다. 이와 관련해서는 다음 장에서 논해보자. 죽음권의 보호와 실현은 죽음의 권리가 없는 사람의 자살을 반대하는 것과 안락사의 합법화를 위해 노력하는 것에 달려 있다.

마르크스주의 권리관에 따르면 권리란 구체적이고 역사적이며 통치 계급이 국가의 강제력을 통해 법률의 형식으로 확인하고 보호하는 것이다. 이는 경제 기반에 따라 결정된다. 권리는 영원히 사회 경제 구조를 뛰어넘을 수 없으며, 경제 구조에 의해 제약되는 사회 문화의 발전을 뛰어넘을 수 없다.[14] 하나의 권리가 인정받기 위해서는 반드시 사회가 일정 수준까지 발전해야 한다. 스테판 홈즈와 캐스 선스타인도 《권리의 원가》에서 이에 대해 "권리는 비싸다. 왜냐하면 구제 비용이 비싸기 때문이다. 권리를 실시하기 위해서는 돈이 필요하다. 특히, 일괄적으로 공평하게 실시하기 위해서는 더욱 그렇다. 법적 권리가 아직 실시될 수준에 이르지 못했다면 그 권리는 유명무실할 뿐이다"라고 했다.

모든 사람이 진정 평등하게 권리를 누릴 수 있도록 하기 위해서는 어느 정도의 경제적 기반이 갖추어져야 한다. 한편 마르크스주의에서는 인간의 본질을 모든 사회관계의 총합이라고 본다. 인간의 본질이 사회에 의해 결정된다면 우리가 추구하는 모든 권리 또한 필연적으로 사회에 속한다는 말이다. 즉, 권리는 사회에서 비롯된다고 할 수 있다. 또 권리를 이야기할 때는 반드시 사회 전체 각도에서 출발해 전체의 이익을 고려해야 한다.

죽음권은 윤리, 도덕, 법률, 제도 등 여러 분야와 얽혀 있는 복잡한 문제다. 단 한 번뿐인 귀한 생명을 끝낼 수 있는 권리를 인간에게 줄 수 있느냐가 이 논의의 핵심이다. 이러한 권리를 경솔하게 행사하는 것은 생명에 대한 비존중과 무책임이며, 심각한 사회 문제를 초래할 수 있다.

현재 세계 각국(소수의 몇 개 국가 제외)은 경제, 정치, 문화, 법률 면에서 아직 안락사를 실현할 수준에 이르지 못했다. 이와 관련한 문제

르네상스 시대의 3대 조각품 중 하나로 꼽히는 미켈란젤로의 〈피에타〉. 이탈리아어로 '자비를 베푸소서'라는 뜻이다.

가 발생하지 않으리란 보장을 할 만한 상황도 아니다. 이미 안락사 합법화를 실현한 스위스는 많은 외국인들이 스위스에 이른바 '안락사 여행'을 오게 되면서 죽음의 목적지가 되어 버렸다. 이로 인해 국가 이미지가 크게 손상되었다. 스위스 정부는 이 문제를 해결하기 위한 관련 정책을 추가로 내놓았다.

오늘날 죽음권이 아주 더디게 발전하고 있는 것은 그 자체의 문제 때문이 아니다. 여러 방면을 전체적으로 고려해야 하기 때문이다. 특정 집단에게 죽음의 권리를 부여하는 것은 현대 사회가 요구하는 거부할 수 없는 흐름이 되었다. 다만, 죽음권을 실현하기 위해서는 아직도 해결해야 할 문제가 너무도 많다.

──────────── W h a t   i s   D e a t h ────────────

1. 쿠사오슝庫少雄, 《자살: 이해와 대응自殺 : 理解與應對》, 인민출판사, 2011, p. 2

2. 다누타 와세르만, 《자살》, 중국경공업출판사, 2003, p. 25

3. 쿠사오슝, 《자살: 이해와 대응》, 인민출판사, 2011, p. 13

4. 위의 책, p. 31

5. 위의 책, p. 4

6. 베르트랑 베르줄리, 《금지된 죽음La mort interdite》, 해천출판사, 2004, pp. 111-112

7. 뤼젠가오呂建高, 《죽음의 권리와 그 한계死亡權及其限度》, 동남대학출판사, 2011, p. 49에서 재인용

8. 위의 책, p. 49

9. 황딩췐黃丁全, 《의료 법률과 생명 윤리醫療法律與生命倫理》, 법률출판사, 2007, p. 173

10. 뤼젠가오, 《죽음의 권리와 그 한계》, 동남대학출판사, 2011, p. 282

11. 위의 책, p. 282

12. 위의 책, p. 283

13. 위의 책, p. 138

14. 마르크스, 엥겔스, 《마르크스 엥겔스 선집》(제3권), 인민출판사, 1973, p. 12

12

우리가 죽음을
학습해야 하는 이유

What is Death

지금까지 우리는 인류가 '죽음'이라는 불변의 운명을 어떻게 바라봤는지를 세계 여러 종교와 문화권, 장례 풍습 등을 통하여 살펴봤다. 언제, 어떻게는 다르지만 죽음을 피할 수는 없다는 것만은 분명하다. 모든 인간에게 죽음은 시간의 문제다. 그래서 우리는 죽음을 더 알고, 인식하고, 학습해야만 한다.

죽음의 선배들에게
죽음을 배우다

What is Death

죽음은 단 한 차례만 주어진다. 그래서 어떤 삶을 사는지 만큼이나 어떻게 하면 '잘' 죽을 수 있을지도 중요하다. 가장 먼저 우리는 이미 죽은 사람을 통해서 그 물음의 실마리를 풀 수 있다. 그들의 죽음을 이해하고 학습하는 것이다.

대표적인 것이 신화다. 신화를 통해 죽음을 배울 수 있다. 인간이 직립 보행을 시작했을 때 유기체 구조의 변화 때문에 여성 사망률이 빠르게 높아졌다고 한다. 이것은 사람들에게 죽음을 처음 일깨운 사건이었다. 신화 또한 죽음에 대한 고대인의 두려움에서 기원했다. 그들은 열악한 환경에서 살았다. 자신과 외부 세계에 대한 지식도 턱없이 부족했다. 고대인들에게 바라지 않아도 종종 마주쳐야 하는 각양각색의 죽음은 충격 그 자체였을 것이다. 그래서 여기에 자신들의 환상을 덧붙여 제사와 토템, 장례와 같은 방식으로 영생을 도모하고 죽음에 항거했다. 또 죽음에 대한 공포와 두려운 마음도 위로받았다.

신화는 인류 문화의 발전과 함께 탄생했다. 마르크스는 신화를 "사람들의 환상을 통해 비자각적인 예술 방식으로 가공된 자연과 사회 형식 그 자체"[1]라고도 했다. 여기에는 인류의 죽음 의식을 바탕으로 한 죽음에 대한 사색과 반항도 포함된다.

티베트 불교에 전해지는 '겨자씨 이야기'를 살펴보자.

옛날에 고타미라는 젊은 부인이 살고 있었다. 어느 날 그녀의 사랑하는 아들이 병으로 세상을 떠났다. 이를 받아들일 수 없던 그녀는 아들을 되살릴 방법을 찾기 위해 사방을 헤매다 부처 앞까지 왔다. 그리고 부처에게 아들을 살려 주십사 애원했다. 부처는 자비로운 목소리로 가족이 한 명도 죽지 않은 집을 찾아가 겨자씨 한 알을 받아 오면 괴로움이 치료될 것이라고 말했다. 이에 고타미는 집집마다 다니며 겨자씨를 구하려고 했지만 돌아오는 대답은 하나같이 실망스러웠다. "우리 집엔 벌써 많은 사람이 죽었어요." 마침내 고타미는 부처가 내린 임무를 완성할 수 없다는 것을 깨달았다. 누구나 죽음 때문에 고통받고 있던 것이다. 고타미는 부처에게 돌아가 죽음과 죽음 이후의 진실을 밝혀 달라고 청했다. 부처가 말했다. "삶과 죽음의 의미를 알고 싶다면 수시로 이렇게 반성하십시오. 우주에는 변하지 않는 법칙이 하나 있으니, 바로 모든 것이 변하고 모든 것이 무상하다는 것입니다. 이웃의 죽음은 우리가 살고 있는 윤회 세계가 참을 수 없는 고통으로 가득하다는 것을 당신이 이해할 수 있도록 도와주지요. 생사의 윤회에서 벗어나는 방법은 딱 하나입니다. 해탈하는 것입니다. 고통은 당신이 깨달을 수 있도록 도와주며, 당신의 마음은 이미 진리를 향해 활짝 열려 있습니다."[2]

죽음은 우리 각자가 맞닥뜨려야 하는 일이다. 죽음에 다가가고, 받아들이고, 깨달아야 죽음을 똑바로 바라볼 수 있다. 중국의 여러 신화를 모아 놓은 《산해경》에는 "발구산에는 산뽕나무가 많이 자란다. 그곳의 어떤 새는 생김새가 까마귀 같고 머리에 무늬가 있고 흰 부리에 붉은 발을 가졌다. 그 새의 이름은 정위라고 한다. 우는 소리가 마치 그 소리를 듣고 있는 사람을 부르는 것 같다. 원래는 염제의 어린 딸로, 이름이 여와였다. 여와는 동해에서 노닐다 물에 빠져 돌아오지 못하고 정위라는 새로 변했다"고 나온다. 전설에 따르면 염제의 딸 여와는 죽은 후 정위라는 새가 되어 동해를 메우려고 노력했다.

이처럼 신화 속 인물을 통해 앞서 죽은 사람들의 죽음에 대한 투쟁을 살펴볼 수 있다. 동해를 메울 수 없음을 알면서도 포기하지 않은 정위의 모습에서 생에 대한 사랑과 죽음에 대한 혐오를 볼 수 있는 것처럼 말이다. 《산해경》은 또 "과부라는 사람이 태양을 잡으려 쫓아갔다. 태양에 가까워지니 엄청난 열기 때문에 목이 말랐다. 급한 대로 황하와 위수의 물을 마셨으나 갈증은 가시지 않았다. 이에 북쪽의 큰 물을 마시고자 달려가던 중 그만 갈증으로 죽고 말았다. 이때 그가 버린 지팡이는 등림이라는 숲이 되었다", "형천이 황제와 신의 지위를 다투었다. 황제가 형천의 머리를 잘라 상양산에 묻자 형천은 젖꼭지를 눈으로 삼고 배꼽을 입으로 삼아 도끼와 방패를 휘두르며 춤추었다"라고 기록했다.

　과부는 죽음도 불사하고 광명을 추구했고, 형천은 죽어서도 뜻을 굽히지 않았다. 정위와는 또 다른 방식으로 죽음을 두려워하지 않는 태도를 보여 주었다.

　다음 우화가 전하는 메시지는 훨씬 의미심장하다. 왕이 총애하는

중국의 신화집인 《산해경》에 나오는 동해 바다를 메우는 정위(위)와 태양을 쫓는 과부(아래).

장군이 길에서 사신과 맞닥뜨렸다. 놀란 그는 국왕의 가장 날쌘 말을 빌려 타고 사마르칸트 성으로 피했다. 국왕이 사신을 소환해 어째서 자신이 총애하는 장군을 놀라게 했느냐 묻자 사신이 답했다. "그가 왜 그렇게 날 두려워하는지 모르겠군요. 우리가 만나게 될 곳이 바로 사마르칸트 성인데 말이죠." 죽음을 피하려고 사마르칸트 성으로 갔으나 사마르칸트 성에서 죽을 것이 이미 정해져 있었던 것이다.

유가는 《역·건·문언易·乾·文言》에서 "대인은 천지와 더불어 그 덕을 합하고, 일월과 더불어 그 밝음을 합하며, 사철과 더불어 그 차례를 합하며, 귀신과 더불어 그 길흉을 합하는 사람이다"고 했다. 인간은 천지로부터 탄생했으니 자연법칙에 복종해야 하며, 생명이 있는 것의 죽음은 자연법칙이므로 덤덤하게 받아들이고 두려워할 필요가 없다는 말이다. 또 "아침에 도道를 들어 깨달으면 저녁에 죽어도 좋다"고 했는데, 진리와 함께 살 수 있다면 생명이 짧더라도 상관없다는 뜻이다.

공자는 "사람을 섬길 줄 모르는데 어찌 귀신을 섬길 수 있겠는가?", "생을 모르는데 어찌 죽음을 알겠는가?"라고 했다. 공자로 대표되는 유가 사상은 죽음이 아니라 어떻게 죽느냐와 무엇을 위해 죽느냐를 중시했다. 이에 대해 맹자는 "생生도 내가 원하는 것이고, 의義 또한 내가 원하는 것이다. 하지만 두 가지를 모두 얻을 수 없으니 생을 버리고 의를 취할 것이다. 생은 내가 원하는 것이나 그보다 소중한 것이 있으니, 구차하게 생을 유지하지 않을 것이다. 죽음은 내가 싫어하는 것이나 그보다 싫은 것이 있으므로 나는 굳이 죽음을 피하지 않을 것이다"라고 했다.

시대의 영웅들이 담대하게 죽음을 맞이하고 대의를 위해 기꺼이 자신을 희생할 수 있었던 것은 살신성인과 사생취의捨生取義 정신 때문이었다. 묵가에서 말하는 "천하에 의로움이 있으면 살고 의로움이 없으면 죽는다. 의로움이 있으면 부유해지고 의로움이 없으면 가난해지며, 의로움이 있으면 다스려지고 의로움이 없으면 어지러워진다"는 가르침도 목숨을 버리고서라도 의를 좇아야 한다는 묵가의 죽음관을 보여 준다.

《묵자·비공非攻》에 실린 일화는 묵자의 사생취의와 담대하게 죽음을 맞이하려는 태도를 잘 보여 준다. 초나라 혜왕이 송나라를 공격하기 위해 공수반에게 운제(높은 사다리*)를 제작하게 했다. 소식을 들은 묵자는 열흘 밤낮을 걸어 초나라에 도착해 공수반에게 운제 공격 계획을 포기하라고 설득했다. 결국 두 사람은 혜왕 앞에서 모의 전쟁을 통해 승패를 겨루기로 했다. 그런데 공수반이 온갖 방법을 사용하여 공격해도 묵자가 차례로 막아 냈다. 이에 화가 난 공수반은 묵자를 죽이겠다고 협박했으나 묵자는 자신의 뜻을 굽히지 않았다. 그리고 자신의 제자들에게 성을 지키는 방법을 이미 알려 주었다고 말했다. 결국 혜왕은 송나라 공격을 포기했다. 이를 통해 묵자의 모든 사람을 차별 없이 사랑하고, 전쟁을 막기 위해 자신의 죽음마저 불사한 죽음관이 세상에 알려졌다.

기원전 547년에 제나라 권신 최저가 조정을 농단했으나 누구도 이에 대해 말하지 못했다. 이때 제나라 사관이 사서에 '최저가 장공을 시해했다'고 기록했다. 최저는 대노하여 기록을 고치라 명했지만 사관은 이를 거부했고 결국 죽임을 당했다. 사관직을 이어받은 그의 동생도 형과 마찬가지로 직필을 하다 죽임을 당했고, 결국 두 사관의 막냇동생이 사관직을 이어받았다. 그 역시 최저의 죄를 낱낱이 기록했다. 사관 삼 형제는 죽을 것을 뻔히 알면서도 정의를 위해 뜻을 굽히지 않은 것이다. 그들이 죽음 앞에서 보여 준 강직한 태도는 유한한 삶에서도 영원히 썩지 않는 가치를 추구했던 이들의 위대하고 숭고한 정신을 전한다.

도가는 우리에게 죽음의 또 다른 방식을 가르쳐 준다. 자연에 순응하는 것이다. 《도덕경》에서 노자는 "듣기로 잘 섭생하는 자는 육지를 거닐어도 무소나 호랑이를 만나지 아니하고 군대에 들어가도 갑옷을 입지 않는다고 한다. 무소는 그 뿔로 들이받을 곳이 없고, 호랑이는 그 발톱으로 박을 곳이 없으며 병사는 그 칼날을 넣을 곳이 없다. 왜 그러할까? 그것은 죽음이 없기 때문이다"라고 했다. 삶과 죽음이 자신의 도력에 달려 있다는 말로, 자신에게 죽음이 없다면 외부의 위험이나 호랑이, 창검도 그를 어찌할 수 없다는 뜻이다.

삶과 죽음은 자연의 이치에 달렸으므로 살아 있는 것에 기뻐하거나 죽는 것에 슬퍼할 것 없고 응당 하늘의 뜻에 순응해야 한다. 이처럼 도가는 세속에 얽매이지 말고 법칙을 준수하며 자연 상태로 돌아갈 것을 가르친다. 회오리바람은 아침 내내 불지 않고, 소나기는 종일토록 내리지 않는다. 세상일 어느 것도 오래가는 것이 없으며 물론 인간도 예외가 아니다. 생명은 찾아오는 것을 물리칠 수 없고 가는 것을 멈추게 할 수도 없다. 이를 깨닫는다면 물질에 얽매이지 않고 세속에서 초탈할 수 있다.

장자는 〈내편·대종사〉에서 죽음을 대하는 이상적인 태도에 대해 말했다. "옛 진인은 삶을 새삼 기뻐할 줄 모르고 죽음을 새삼 미워할 줄 몰랐다. 태어남을 기뻐하지 않았고 죽음을 거역하지도 않았다. 그저 무심히 자연을 따라가고 무심히 자연을 따라올 뿐이었다. 그 시작을 꺼리지 않았으며 그 끝을 바라지도 않았다. 삶을 받으면 기뻐했고 죽으면 삶을 돌려보냈다. 이것이 도를 저버리지 않는 마음이며, 인위적으로 하늘을 돕는 것이 아니니, 이런 사람을 진인이라 했다." 또 장자가 꿈에서 해골을 만난 이야기는 죽음이 주는 두렵고 신비로운 이미지를 깨뜨리고 이를 초월한 해탈의 경지를 보여 준다. 죽음을 대하는 태도에 있어 도가는 유가의 '희생적인 정신'에 반대하며 목숨을 소중히 여기지 않는 것을 어리석다고 여겼고, 모든 것을 자연에 순응해야 한다고 봤다.

지금까지 살펴본 것처럼 우리는 이미 죽은 사람을 통해서 어느 정도 죽음을 이해할 수 있다. 세상에 진정으로 죽음을 체험할 수 있는 사람은 없다. 체험은 살아 있는 사람만이 할 수 있기 때문이다. 따라서 죽음을 체험했다는 말은 죽음의 문턱에서 겨우 살아 나온 것을 의미할 따름이다. 이것이 임사 체험이다. 결국 실제의 죽음이 어떠한지는 아무도 대답해 줄 수 없고, 체험할 수도 없다.

죽음의
전례를 살피다

죽음은 누구도 저항할 수 없을 정도로 강력하다. 하지만 여기 맞서는 인간도 만만치 않았다.

사람의 마음속에는 수많은 감정이 있고, 그 힘은 죽음을 뛰어넘기에 충분하다. 원한과 증오는 죽음을 압도하고, 사랑은 죽음은 멸시하며, 긍지는 기꺼이 목숨을 희생하게 만든다. 그리고 거대한 슬픔은 사람을 죽음에 뛰어들게 만들 수도 있다. 의지가 결연하고 신념이 확고한 사람은 죽음을 두려워하지 않지만, 삶에 집착하고 죽음을 두려워하는 사람은 죽기 전에 마음으로 미리 죽는다. 우리가 일생을 충실하게 산다면 허송세월로 고통을 받지 않을 것이며, 부질없이 바쁘게 보낸 지난날로 부끄러움을 느끼는 일도 없을 것이다. 그리고 여유롭고 담담하게 죽음을 맞이할 수 있을 것이다.[3]

동서고금에 전해지는 수많은 죽음의 전례는 우리에게 어떻게 죽어야 하는지를 알려 준다.

진리와 과학을 위한 죽음

기원전 5세기 무렵, 소크라테스가 사형을 선고받았을 때 그는 살아날 기회가 있었음에도 이를 거부하고 결연한 태도로 자신의 원칙과 진리를 지켰다. 진정 어려운 것은 죽음을 피하는 것이 아니라 불의를 피하는 것이라면서 말이다. 소크라테스가 죽음을 통해 아테네의 법을 준수한 일은 사람들로 하여금 아테네의 공정함과 민주주의를 돌아보게 하는 계기가 되었다. 철학은 죽음에 대한 연습이다. 소크라테스의 죽음은 진리에 대한 철학자의 고집과 죽음 앞에서의 위대하고 숭고한 태도를 보여 준다.

1600년 2월 17일, 조르다노 부르노가 로마의 캄포 디 피오리 광장에서 진리를 외치다 화형을 당했다. 코페르니쿠스의 지동설을 지키기 위해 로마 교회가 보장한 안락한 생활을 포기한 그는 진리를 지키기 위해 기꺼이 순교자로 죽겠다고 맹세했다.

19세기 초, 영국의 의사 A. 화이트는 흑사병 항체를 찾기 위해 자신의 몸을 실험 대상으로 삼았다. 흑사병 환자의 몸에서 고름을 추출해 자신의 허벅지에 바른 다음 팔뚝에 상처를 내고 허벅지에 문질러 고름을 몸 안으로 흡수시켰다. 하지만 실험은 실패로 끝났고, 그는 흑사병에 걸려 고열로 사망했다.

이밖에도 과학과 진리를 위해 목숨을 바친 사례는 많이 있다. 수많은 이들이 자신의 귀중한 생명을 희생하면서까지 사회의 발전을 위해 공헌했다. 마땅히 그들의 정신과 죽음을 존경하고 배워야 한다.

의를 위한 죽음

사마천의 《사기·자객열전》에 예양의 이야기가 나온다. 그는 지백을 섬겼는데, 지백이 병사를 동원해 조양자를 쳤다. 하지만 후에 조양자에게 죽임을 당하고 그의 두개골은 술잔으로 만들어졌다. 예양은 지백의 원수를 갚기 위해 죄수처럼 꾸미고 조양자의 궁으로 잠입했다가 발각되고 말았다. 하지만 조양자는 그의 의로움에 감동하여 그를 풀어 주었다. 그러나 예양은 결심을 굽히지 않았다. 온몸에 옻칠을 하고 문둥병자처럼 꾸민 다음에 석탄을 삼켜 목소리를 쉬게 만들었다. 성에 나가 거지 행세를 하니 부인도 알아보지 못했다. 이때 그를 알아본 한 친구가 만류하며 말했다. "자네의 능력이면 능히 조양자에게 크게 쓰일 것이니 나중에 기회를 봐서 복수해도 되지 않는가? 어째서 자신을 망치면서까지 복수를 하려 하는가?" 예양은 결연히 답했다. "조양자에게 항복하고 그를 위해 일하다 그를 죽인다면 불충이요, 불의일세. 난 절대로 그렇게 할 수 없네." 예양은 조양자가 외출할 때 지나는 다리 밑에 매복해 있다가 다시금 발각되었다. 이번에는 죽음을 피할 수 없으리라 여긴 그는 조양자에게 겉옷을 벗어 달라고 간청했다. 그리고 마치 사람을 베듯 조양자의 옷을 갈라 지백의 복수를 한

사마천의 《사기》에 등장하는 예양(왼쪽)과 그의 자결 모습을 그린 그림(오른쪽).

다음 검을 삼켜 자살했다.

섭정의 이야기도 시사하는 바가 크다. 섭정은 위나라 사람으로 용맹하기가 이를 데 없었으나 사람을 죽여 제나라로 도망쳤다. 그의 실력을 들은 엄중자가 섭정의 어머니에게 금 100냥을 선물로 보내며 자신을 대신해 복수해 줄 것을 부탁했다. 섭정은 이 제안을 단칼에 거절했다가 훗날 어머니가 세상을 떠나자 엄중자가 과거에 보낸 선물에 보답하는 마음에 자발적으로 그의 복수를 도왔다. 홀로 한나라 관청에 뛰어든 그는 재상 한괴를 죽이고 현장에서 붙잡혔다. 그리고 혹시라도 자신 때문에 출가한 누이가 피해를 입을까 걱정하여 스스로 얼굴을 난도질하고 눈을 파냈으며 배를 갈랐다.

예양과 섭정은 모두 의를 위해 자발적으로 죽음을 맞이함으로써 인격적인 매력을 보여 주었다.

이상을 위한 죽음

명나라 때 신하 양계성은 가난한 집안에서 태어났지만 학문을 즐겼고 벼슬에도 급제하여 5품 관직에 올랐다. 그는 간신 엄숭의 행태에 불만을 품고 황제에게 엄숭의 10대 죄악을 고했다가 옥에 갇혀 온갖 고초를 겪었다. 곤장 100대를 맞아 엉덩이 살점이 너덜너덜해졌으며 다리뼈도 부러졌다. 당시는 마취제나 마땅한 약도 없었기에 부서진 그릇과 기와 조각으로 썩은 살점을 조금씩 긁어내야 했지만 비명 한 번 지르지 않았다. 그 처참한 모습에 옥졸들도 고개를 돌릴 정도였다. 결국에는 엄숭의 계략으로 죽임을 맞았다. 죽기 전 양계성은 이런 시를 남겼다. "호탕한 기운은 하늘에 사무치고, 일편단심은 천고에 빛나리. 평생 다 갚지 못한 나라의 은혜를 충성스러운 혼백으로 남아 보답하리." 그는 죽음을 두려워하지 않았다. 오로지 바른 뜻을 지키며 나라에 보답하고자 했다.

남미의 영웅 체 게바라는 쿠바 혁명을 승리로 이끈 주역이다. 새로운 혁명 정권에서 중요한 경제 관료가 되었음에도 그는 이전처럼 노동에 참여했다. 또 검소한 생활을 유지했다. 안락한 권력에 안주하지 않고 쿠바를 떠나 아프리카 콩고의 무장 투쟁에 참여했으며, 이후에는 볼리비아의 혁명 전장에서 전투를 계속했다. 체 게바라는 사람들의 해방과 독립을 위해 안락함이 보장된 삶을 버렸다. 총살되어 죽음을 맞을 때까지 초심을 잃지 않았다.

죽음을 똑바로 마주하다

마르쿠스 아우렐리우스는 로마의 유력 가문에서 태어났다. 18세가 되던 해에 그의 재능을 눈여겨보던 황제 안토니우스의 양자로 들어가 로마 제국의 후계자가 되었다. 그러나 강대했던 로마 제국은 조금씩 쇠퇴하는 중이었다. 오랜 기간 로마인들 밑에서 노역해 오던 유목민들이 반란을 일으켰고, 주변 민족들도 하나둘 침략해 오기 시작했다. 그중에서도 나날이 강대해지는 게르만족과 파르티아족의 기세가 맹렬했다.

아우렐리우스는 그들의 침략을 저지하기 위해 대군을 파견했지만 전투의 승리가 가져온 것은 기쁨이 아니라 전염병과 죽음이었다. 전염병으로 로마에서만 매일 수천 명이 죽어 나갔고, 그다음에 수해가 발생해 기근이 돌았다. 엎친 데 덮친 격으로 아우렐리우스가 재해 구제에 한창 정신이 없을 때 그가 신임하던 장군 카시우스가 반란을 일으켰다. 하지만 그는 관용을 베풀어 반란에 관한 문서를 없앰으로써 더 많은 사람이 연루되는 것을 방지했다. 이때 게르만족이 다시금 공격해 왔다.

어렸을 때부터 책 속에 파묻혀 지내던 황제 아우렐리우스는 두 번이나 출정에 나섰으며, 전투는 6년이나 계속되었다. 변방의 군영에서 지내던 6년 동안 그는 수없이 전쟁과 죽음을 겪으며 인간의 삶이 나약하고 짧다는 것을 깨달았다. 그리고 자신의 죽음에 대한 생각을 정리해 《명상록》을 저술하여 사람들에게 '이성의 신에게 순종할 것'과 '즐거운 마음으로 죽음을 기다릴 것'을 호소했다. 180년에 아우렐리우스는 세 번째 게르만 출정에 나섰다가 병으로 쓰러졌고, 다시는 일어나지 못했다. 천재적인 문학가이자 철학가였던 그는 전쟁과 죽음, 정치를 싫어했지만 이상과 현실 사이에서 현실을 택하며 한 나라를 이끄는 막대한 책임을 떠안았다. 온갖 우여곡절을 겪으며 삶과 죽음을 깨우친 그는 자신의 삶을 통해 기쁜

로마 제국의 황제이자 철학가였던 마르쿠스 아우렐리우스. 《명상록》의 저자로도 유명하다.

마음으로 죽음을 기다려야 한다는 진리를 일깨웠다.

재난 앞에서 빛난 숭고한 죽음

2008년 5월 12일 중국 문천에서 발생한 대규모 지진이 순식간에 수만 명의 생명을 앗아 갔다. 커다란 재난 앞에서 사람들이 보여 준 생명에 대한 자세는 세상에 커다란 울림을 안겼다. 사고 다음날인 5월 13일 오후에 구조대가 흙더미를 파헤치고 도강언 댐 근처의 한 민가

에 도착했을 때다. 그들 앞에 놀라운 광경이 펼쳐져 있었다. 젊은 아기 엄마가 생후 서너 달 정도로 보이는 아기를 품에 안고 몸을 둥그렇게 만 채로 죽어 있었던 것이다. 마지막 순간까지도 어떻게든 아이를 보호하고자 한 것이다. 그녀는 상의가 위로 올라간 채로 고개를 숙이고 있었다. 이미 숨이 끊어진 그녀의 품에서 아기는 아무 일도 없다는 듯이 젖을 빨고 있었다. 또 한 초등학교 건물 구조 현장에서 29세의 젊은 교사가 양팔로 두 아이를 단단히 감싼 채 발견되었다. 구조대는 눈물을 머금고 그의 팔을 부러뜨려 아이들을 구할 수밖에 없었다.

죽음 학습은 사람들에게 희생을 강요하는 것이 아니다. 다만 어쩔 수 없이 죽음을 맞이하는 상황에서 어떻게 하면 더 잘 죽을 수 있는지, 존엄하고 가치 있게 죽을 수 있는지 가르쳐 준다. 삶과 죽음을 선택할 수 있을 때, 물론 우리는 응당 최선을 다해 살아야 한다. 삶이 있어야 희망이 있기 때문이다. 하지만 죽음을 맞닥뜨렸을 때의 용감함과 강인함을 배우는 것도 필요하다.

1976년에 중국에서 당산 대지진이 발생하여 고작 몇 초 만에 수많은 가옥이 파괴되고 여러 사람이 파묻혔다. 그중에는 지진의 물리적 힘이 아니라 극도의 공포와 절망 때문에 죽은 사람들도 있었다. 그들의 시신에는 여기저기 긁고 쥐어뜯은 흔적이 많았다. 그러나 절망 속에서도 희망의 끈을 놓지 않고 마침내 구조된 이들도 있었다. 당산시 제1병원의 간호사 왕 모 씨는 포도당 한 병에 의지해 8일간 버티다 구조되었다. 그녀는 사람들의 신음이 점점 줄어드는 것을 통해 하나둘 죽어 가고 있음을 알았다고 했다. 7월의 무더운 날씨에 시신은 금방 부패하기 시작했고 악취가 진동해 죽음의 분위기가 자욱했다. 그러나 꿋꿋하게 버티며 계속해서 손목시계 태엽을 감았다. 자신의 생명도 시계의 움직임처럼 계속될 것이라 믿었던 것이다. 그리고 결국 그렇게 되었다.

마찬가지로 병원 아래 깔려 있던 루 모 씨도 그다지 운이 없었다. 체력을 유지할 만한 포도당도 없었고 대퇴부는 골절되었다. 하지만 희망을 포기하지 않았다. 남편을 간호하러 왔던 그녀는 지진이 발생한 후 줄곧 병상 밑에 숨은 채, 자신의 소변과 진흙을 먹으며 13일간 힘겹게 버티다 구조되었다. 구조 당시 전신에 요산 중독 증상을 보였고, 혈압도 아주 낮았지만 살고자 하는 강한 의지로 기적적으로 살아날 수 있었다.

우리 주변에는 이와 비슷한 사례가 많이 있다. 우리가 기억해야 할 것은 사신이 가까이 다가왔을 때, 삶과 죽음을 선택할 수 있을 때, 반드시 삶을 선택해야 한다는 것이다. 이것이 사신과의 힘겨루기이자 삶을 소중히 여기는 태도다. 죽음은 늘 우리 주변에 있다. 다양한 경로를 통해 죽음을 이해하고 깨닫고자 노력한다면, 죽음은 신비롭고 두려운 베일을 벗고 다가올 것이다. 그리고 그제야 죽음과 삶을 정확하게 바라볼 수 있다.

죽음은 누구에게나 찾아오지만 언제 올지는 알 수 없다. 그러나 죽음의 그림자에서 벗어나 죽음의 공포를 떨치고, 지금 이 순간을 충실히 사는 법을 배울 수는 있다. 삶은 찰나처럼 짧고 금방 지나가 버린다. 헤밍웨이는 소설 《누구를 위하여 종을 울리나》에서 이렇게 썼다. "지금은 바로 네가 가진 너의 전 생애야. 지금 말고는 아무것도 없어. 어제라는 것도 없고, 내일이라는 것도 없지, 오로지 현재만 있을 뿐이야."

주어진 하루하루를 인생의 마지막 날처럼 산다면 후회 없는 삶을 살면서 죽음이 닥쳐와도 두렵지 않을 것이다.

존엄하게 죽을 권리,
안락사에 대한 논쟁

세상에는 각양각색의 죽음이 있다. 의학 기술의 발전으로 말미암아 현대 사회에는 고통 없이 죽음을 맞이하는 안락사가 등장했다. 오늘날의 사람들은 가치 있고 존엄하게 죽기를 바라기 때문이다. 이제 '어떻게 죽느냐'가 생명의 가치를 가늠하는 기준이 되었다. 구차하게 목숨을 부지하느냐, 아니면 존엄하게 세상을 떠날 것인가? 안락사가 뜨거운 감자로 떠올랐다.

안락사는 그리스어 euthanasia에서 유래했다. 원래는 즐거운 죽음, 또는 존엄한 죽음을 의미한다. 고통 없이 죽음에 이르는 방법이라고 번역되기도 한다. 자살하기 위해서가 아니라, 고통을 벗어나 안락을 얻기 위해 죽는 것을 가리킨다. 편안함과 만족스러움을 보여 주는 죽음이라는 점에서 인자한 죽음이라고 이해할 수도 있다.

죽음을 촉진하는 조치는 선사 시대 때부터 존재했다. 일부 유목 부락에서는 부락 이전 시 노약자와 불구자를 남겨 두었다. 알아서 생존하라는 의미로 그들이 생존할 확률은 매우 낮았다. 고대 그리스 로마 시대에는 병자가 자신의 생명을 끝낼 조치를 취하는 것이 허용되었다. 필요한 경우에는 외부인의 도움을 받아 현대적인 의미와 비슷한 '안락사'를 실시할 수도 있었다.

현대적인 의미의 안락사는 19세기에 시작되었다. 원래는 죽음을 앞둔 사람의 고통을 줄여 주는 특수한 의료 조치 중 하나였다. 그러다 1930년대에 들어 유럽 각국에서 안락사를 적극 제창하며 관련 협회 조직을 설립했다. 하지만 이후 20-30년간 파시즘의 만행과 연결되었다. 독일 파시즘 시대에는 인종 대학살의 수단과 구실로 변질되었고, 히틀러는 안락사라는 명목으로 인종 멸종을 자행하기도 했다. 이로 인해 전후 여러 해 동안 안락사는 자취를 감추었다. 그러다 1960-1970년대에 다시금 세상에 나왔다.

1987년 11월의 어느 날이었다. 독일 연방의 한 TV 방송으로 안락사가 다시금 논란의 쟁점으로 떠올랐다. 실제 안락사를 실행하는 장면을 방영한 것이다. 28세의 꽃다운 처녀 잉그리드 프리커는 학업을 마치고 곧 체육 교사가 될 예정이었지만 갑작스러운 교통사고로 온몸이 마비되었다. 현대 의료 기술로는 치료가 불가능했고, 친지들의 보살핌으로 겨우 생명을 이어가고 있었다. 그녀는 온몸이 마비된 후의 고통을 토로하며 짐승처럼 살아가는 것은 싫다고 호소했다. 그리고 주변에 짐이 되고 싶지 않다며 안락사를 택했다. 프리커는 다른 사람의 도움을 받아 침대에 앉았다. 침대 옆에 놓인 컵에는 청산가리

용액이 담겨 있었고, 긴 빨대가 꽂혀 있었다. 잉그리드는 시청자들이 주목하는 가운데 힘겹게 머리를 컵 쪽으로 기울여 빨대를 물고 청산가리 용액을 천천히 삼켰다.[4]

안락사는 광의적 의미, 협의적 의미 등 여러 갈래로 나뉜다. 토인비는 일찍이 "안락사는 누군가를 처벌하기 위한 것도, 일부 사람들을 보호하기 위해 누군가가 희생하는 것도 아니다. 안락사는 당사자에 대한 일종의 자애로운 행위로 누군가의 생명을 끝내는 것이다. 이것이 바로 내가 안락사에 내린 정의다"[5]라고 했다. 토인비가 말하는 안락사는 광의의 안락사로, 해탈에 도달하는 모든 죽음을 가리킨다. 여기에는 각종 육체적 또는 정신적인 고통으로 실현한 해탈이 포함된다. 즉, 일부 희생적이고 수호적인 자살을 제외한 자살을 안락사라고 볼 수 있다.

협의의 안락사는 임상 의료에서 주로 환자에게 초점을 맞춘 개념이다. 학술계에서는 이를 둘러싼 논쟁이 끊이지 않고 있다. 일반적으로 협의의 안락사는 '불치병을 얻어 죽음에 임박한 환자가 현실적인 고통을 참을 수 없어 확실하게 요구할 경우, 의사가 법적인 절차에 따라 인자하고도 최대한 고통이 적은 방식으로 그의 생명을 끝내 주는 행위'[6]를 말한다.

안락사는 환자의 요청 여부에 따라 다음 네 가지 유형으로 나눌 수 있다.

- 직접적인 자발적 안락사: 환자가 의식이 있는 상황에서 자발적으

로 실행하는 안락사를 말한다. 환자 자신이 불치병에 걸려 죽음에 임박했으며, 육체적으로도 정신적으로도 엄청난 고통을 겪고 있으며, 환자가 직접 안락사를 원하는 경우여야 한다. 어느 하나도 해당하지 않으면 안락사를 실행할 수 없다. 육체적이고 정신적인 고통이라는 조건에서, 정신적인 고통만 있을 경우는 안락사를 실시할 수 없다.

- 간접적인 자발적 안락사: 환자가 직접 안락사 실행 의사를 표현한 경우에만 해당된다. 환자가 무의식 상태 또는 마비 상태가 되기 전에 자신의 죽음 시기를 의료진이 결정하도록 승인해야 한다. 이때 안락사는 환자 본인이 정신이 맑은 상태에서 자발적으로 제안하거나 위탁해야 하며, 법적인 절차에 따라 실시된다. 사고할 수 없는 상태의 식물인간 또는 행동 능력이 없는 사람에게는 실시할 수 없다.

- 직접적인 비자발적 안락사: 환자의 진실한 의향을 알 수 없거나 환자의 동의 여부를 고려하지 않고 의사나 가족 또는 친구가 안락사 결정을 내리는 경우다. 태어나자마자 심장 이상으로 피부가 푸른빛으로 변하는 청색아의 경우가 여기에 해당된다.

- 간접적인 비자발적 안락사: 환자가 자신의 진실한 의향을 표시할 수 없는 상황에서 의사나 가족 또는 친구가 실제 상황에 근거해 환자를 도와 안락사를 결정하는 경우다. 식물인간에 대해 안락사를 실시하는 경우가 여기에 해당된다.

의사가 환자에게 취하는 임종 의료 조치에 따라서 안락사를 분류할 수도 있다.

- 주동적인 안락사: 의사가 환자에게 안락사를 실행하는 과정에서 주동적으로 일부 조치를 취해 환자의 죽음을 앞당기는 것이다. 적극적 안락사라고도 한다.

- 피동적인 안락사: 의사가 안락사 실행을 요구하는 환자에게 각종 생명을 유지할 수 있는 조치를 중단하는 것으로, 환자의 사망을 앞당기는 것이다. 소극적 안락사라고도 한다.

직접적인 자발적 안락사와 간접적인 자발적 안락사 모두 환자의 입장에서 환자의 바람에 따라 고통을 경감하기 위해 이루어진다. 앞서 말한 법률적 의미에 부합하는 안락사다. 하지만 나머지 두 종류의 비자발적 안락사는 환자의 진실한 바람이 아닐 수도 있다. 게다가 환자의 고통을 경감하려는 의도가 아니라 사회나 가족 등의 부담을 줄이기 위한 의도가 실려 있는 경우가 많다. 반드시 본인이 제안하거나 위탁해야 한다는 조건에 위배되므로 진정한 의미의 안락사라고 할 수 없다.

안락사의 본질은 고통을 줄이거나 해소함으로써 곧 죽음을 앞둔 환자에게 안락한 죽음을 선사하는 것이다. 환자를 죽음에 이르게 하는 것이 아니라 죽음의 질을 높이는 것, 즉 좋은 죽음을 맞이하는 것이 목적이다. 광의의 안락사는 협의의 안락사는 물론이고 일부 식물인간과 중증 장애인에 대한 적극적이고 주동적인 또는 소극적이며 방임적인 방식으로 생명을 끝내는 것까지 포함한다. 하지만 광의의 안락사는 대상 범위가 비교적 넓어 사회문제를 야기하기 쉽다. 또 실행도 어렵고 타살과의 경계 구분이 모호하다.

법적인 의미의 안락사는 대부분 협의의 안락사를 의미한다. 안락사는 반드시 의사가 법률 절차에 따라 환자의 고통을 최소화하는 방식으로 생명을 끝내야 한다. 따라서 고통을 최소화하지 않는 방법은 안락사라 할 수 없으며, 안락사를 실행하는 과정 또한 반드시 법적 절차를 엄격히 준수해야 한다.

안락사의 등장은 죽음에 대한 인간의 태도 변화를 보여 준다. 처음에는 죽음에 대해 두려움을 느끼다가 나중에는 어쩔 수 없이 받아들이고, 수단과 방법을 동원해 죽음에 저항하다가 자발적으로 죽음을 선택하는 단계까지 이른 것이다. 현대 문명이 발전함에 따라 나타난 새로운 요구이자, 용감하고 즐겁게, 존엄하고 떳떳하게, 담담하게 죽음을 맞이하고자 하는 갈망이기도 하다. 안락사 실행에 대한 요구가 점점 늘어나는 것도 이 때문이다.

하지만 간단한 문제가 아니다. 안락사는 인간의 생사와 관련이 큰데다 의학, 윤리학, 사회학, 심리학 등 여러 분야와 얽혀 있어 관련 문제가 복잡하다. 합법성을 실현하기 위해서는 여러 측면을 신중하고 또 신중하게 고려해야 한다. 특히 안락사의 입법 문제에 있어 반드시 엄격한 법적 절차를 마련함으로써 타살의 발생을 막아야 한다. 한편으로는 도덕적으로 자살과의 구분을 더욱 명확히 하여 '안락사의 합법화는 현대 사회의 자살에 대한 입장을 바꾸는 것이 아니며, 자살을 인정하는 것은 더더욱 아니다'[7]라는 점을 대중에게 명확히 인지시켜야 한다.

안락사와 자살은 어느 정도 비슷한 부분도 있으나 근본적으로 다르다. 자살은 사회에 보편적으로 존재하는 행위이자 개인이 자신의 생명을 포기하는 방식이다. 타인을 해하지 않으나 사회에 직접적으로 큰 영향을 미친다. 위법 행위에 속하지 않지만 사회에서 인정받지 못하는 행위다. 모든 생명은 소중하므로 쉽게 포기해서는 안 된다. 자살률의 상승은 사회에 부정적이고 염세적인 정서가 만연하다는 것을 의미한다. 자살의 증가는 사회에 두렵고 부정적이고 퇴폐적이고 염세적인 분위기를 형성해 사회의 건강한 발전에 악영향을 끼친다. 따라서 자살은 절대 합법화될 수 없다. 반면에 안락사는 사고방식의 변화나 입법 등 관련 분야의 개선에 따라 합법화될 수 있다.

전 세계적으로 안락사 합법화는 우여곡절의 역사를 겪었다.

- 1935년: 영국에서 최초로 안락사협회Voluntary Euthanasia Society가 설립되어 안락사 법안을 제시했다.
- 1976년: 미국 캘리포니아 주에서 인류 역사상 첫 번째 안락사 관련 법안인 〈자연사법Natural Death Act〉이 반포되었다.
- 2000년: 11월 28일에 네덜란드 하원에서 104표 대 40표로 안락사 법안이 통과되었다. 2001년 4월 10일에는 네덜란드 상원에서 찬성 45표, 반대 28표, 기권 1표로 안락사 법안이 통과되었다. 이 법안은 네덜란드 여왕 베아트릭스가 서명한 이후 정식으로 발효되었으며, 이로써 네덜란드는 세계에서 처음으로 안락사를 합법화한 국가가 되었다.[8]

현재 미국, 영국, 네덜란드, 오스트레일리아, 스페인 등의 국가에서 안락사 입법이 실현되었다. 중국의 경우 2000년 1월 13일, 홍콩 특별행정구의무위원회에서 〈피동적인 안락사 수칙〉이 통과되면서 안락사 문제에 획기적인 진전을 이루었다. 2011년 1월 10일에는 대만 입법원에서 〈완화 의료 조례〉 수정안이 통과되어 불치병 말기 환자는 법적 절차를 거쳐 호흡기를 제거해 평안히 세상을 떠날 수 있게 되었다. 이로써 대만은 세계에서 안락사를 시행하는 몇 안 되는 지역이 되었다. 하지만 대다수 국가에서는 여전히 안락사를 무단으로 실시할 경우 법적 제재를 가한다.

안락사는 죽음을 일으키는 원인이 아니다. 안락사는 죽음을 앞둔 불치병 환자를 대상으로 시행된다. 그들에게 죽음은 조만간 발생할 사건으로, 생명의 가치는 기본적으로 상실되었다. 남은 것은 '죽음의 질' 문제다.

세네카는 이렇게 말했다. "내 몸이 완전하기만 하다면 나는 노년을 포기하지 않을 것이다. 하지만 나의 머리가 흔들리기 시작하고 기관들이 하나하나 손상되어 생활이 아닌 호흡만이 남아 있을 뿐이라면, 나는 차라리 이 낡아서 무너질 것 같은 건물을 떠날 것이다. 병이 치료될 가능성이 있고 머리가 손상되지 않는 한 나는 절대로 고통을 이기지 못해 스스로 삶을 끝내는 일은 저지르지 않을 것이다. 그렇게 죽는 것은 굴복과 다름없다. 그러나 만약 내가 겪는 고통이 결코 벗어날 수 없는 것이라면 나는 차라리 떠날 것이다. 두려움과 고통 때문이 아니라, 그것들이 내 삶의 목적을 제지하기 때문이다."

오늘날 세계 여러 나라는 저마다 조화로운 사회를 구축하기 위해 섬세한 노력을 기울이고 있다. 이와 관련하여 인문학적 관심이 나날이 고조되고 있으며, 안락사에 대한 연구도 심화되고 있는 중이다. 그러나 아직은 각 분야의 제도가 미비한 상태다. 하루아침에 안락사를 합법화하기는 어렵겠지만, 무엇이 소중한 생명을 지키고 한 번뿐인 숭고한 죽음을 맞이하는 길인지에 대해서는 차근차근 헤쳐 나가야 할 것이다.

W h a t i s D e a t h

1. 마르크스, 엥겔스, 《마르크스 엥겔스 선집》(제2권), 인민출판사, 1972, p. 113
2. 소갈 린포체, 《티베트의 지혜》, 중국사회과학출판사, 청해인민출판사, 2002, p. 39
3. 루양, 《죽음의 미학死亡美學》, 북경대학출판사, 2007, p. 45
4. 우싱융, 《생사에 대하여》, 인민출판사, 2011, p. 241
5. 황잉첸, 《죽음과 해탈》, 작가출판사, 1997, p. 39
6. 리후이, 《생명, 심리, 정서: 중국 안락사 연구生命、心裏、情緒: 中國安樂死研究》, 법률출판사, 2011, p. 59
7. 위의 책, p. 81
8. 위의 책, p. 2

《死亡哲学十二讲》
作者: 楊足儀
copyright © 2015 by 北京斯坦威图书有限责任公司
All rights reserved.
Korean Translation Copyright © 2018 by PAGIJONG PRESS
Korean edition is published by arrangement with 北京斯坦威图书有限责任公司
through EntersKorea Co., Ltd. Seoul.

출판에이전트가 추천한 책 – ①

죽음미학

초판 인쇄 2018년 8월 10일
초판 발행 2018년 8월 17일
지은이 양주이(楊足儀)
펴낸이 박찬익
옮긴이 강은혜
펴낸곳 ㈜박이정
주소 서울시 동대문구 천호대로 16가길 4
전화 02) 922-1192~3
팩스 02) 928-4683
홈페이지 www.pjbook.com
이메일 pijbook@naver.com
등록 2014년 8월 22일 제305-2014-000028호
ISBN 979-11-5848-391-3 (93120)

*책값은 뒤표지에 있습니다.